KB251024

NCS 국가직무능력표준
National Competency Standards

2026 개정사항 반영

국가공인 회계관리2급

기출문제집

삼일회계법인 저

삼일회계법인
삼일인포마인

회계관리2급 자격시험 안내

■ 개요

　회계, 세무, 원가, 경영관리 등 재경분야의 실무 전문가임을 인증하는 삼일회계법인 주관 자격
시험으로 수준에 따라 재경관리사 / 회계관리 1급 / 회계관리 2급으로 구분됩니다.

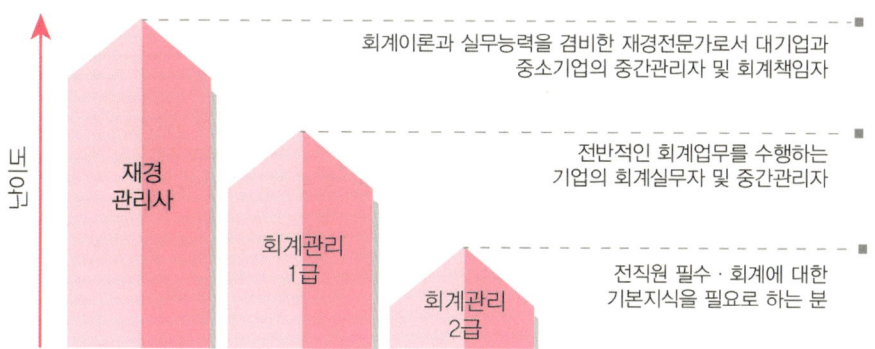

■ 2026년 시험안내

	재경관리사	회계관리 1급	회계관리 2급
자격종류	국가공인 등록 민간자격		
공인번호	금융위원회 제2025-2호	금융위원회 제2025-3호	
등록번호	금융위원회 제2008-0106호	금융위원회 제2008-0105호	
시험과목	재무회계 세무회계 원가관리회계	재무회계 세무회계	회계원리
시험시간	14:00 ~ 16:30 (150분)	14:00 ~ 15:40 (100분)	11:00 ~ 11:50 (50분)
평가 및 합격	객관식 4지선다형 40문항 / 과목별 70점(100점 만점) 이상 합격		
시행지역	서울, 인천, 경기, 부산, 대구, 광주, 대전, 천안, 청주, 익산, 창원, 울산 외		
응시료	7만 원	5만 원	3만 원
환불규정	접수기간 내 100% 환불 / 접수취소기간 내 50% 환불 / 접수취소기간 종료 이후 환불불가		
자격발급기관	삼일회계법인		

■ 회계관리2급 시험일자

정기회차	원서접수기간	시험일	합격자발표
1회차	2026. 01. 06 ~ 01. 13	01. 31 (토)	02. 06 (금)
2회차	2026. 02. 26 ~ 03. 05	03. 28 (토)	04. 03 (금)
3회차	2026. 04. 16 ~ 04. 23	05. 16 (토)	05. 22 (금)
4회차	2026. 05. 26 ~ 06. 02	06. 20 (토)	06. 26 (금)
5회차	2026. 06. 30 ~ 07. 07	07. 25 (토)	07. 31 (금)
6회차	2026. 08. 20 ~ 08. 27	09. 19 (토)	09. 29 (화)
7회차	2026. 10. 15 ~ 10. 22	11. 14 (토)	11. 20 (금)
8회차	2026. 11. 24 ~ 12. 01	12. 19 (토)	12. 24 (목)

* 홈페이지(www.samilexam.com)에서 시험일정과 장소 관련 자세한 정보를 확인할 수 있습니다.

■ 시험문의

홈페이지	www.samilexam.com
연락처	070-4412-3131, kr_samilexam@pwc.com

■ 회계관리2급 평가범위

과목	평가범위		
회계원리	1. 회계의 첫걸음	회계의 개념	회계의 개념, 재무제표의 의의 및 구성요소, 복식부기의 원리
		회계의 흐름	부기의 개념, 종류, 원리
			회계의 순환과정
			거래의 이중성과 8요소
			분개장과 총계정원장
	2. 계정과목 이해하기	자산계정 살펴보기	자산계정과목 이해
		부채계정 살펴보기	부채계정과목 이해
		자본계정 살펴보기	자본계정과목 이해
		수익계정 살펴보기	수익계정과목 이해
		비용계정 살펴보기	비용계정과목 이해
	3. 결산마무리	정리, 그리고 완성 – 결산	결산의 의의 및 절차
		시산표로 다시 보기	시산표의 의의 및 작성절차
		결산정리사항 살펴보기	계정과목별 결산 검토사항 및 결산수정분개
		회계장부 끝맺음	재무상태표 계정의 마감
			손익계정의 마감
	4. 재무제표 쉽게 읽는 법	재무제표 둘러보기	재무제표의 개념 정리
		감사의견 확인하기	감사의견 확인하는 방법 이해
		재무상태표 바로보기	재무상태표 해석하는 방법 이해
		손익계산서 바로보기	손익계산서 해석하는 방법 이해

NCS(국가직무능력표준) 능력단위요소별 출제범위

■ 회계·감사 분야 전체 출제범위

구분	능력단위	능력단위요소	수준	회계관리 2급 출제범위
회계	전표관리	01. 회계상 거래 인식하기	3	○
		02. 전표작성하기	3	○
		03. 증빙서류 관리하기	3	○
	자금관리	01. 현금시재 관리하기	3	○
		02. 예금 관리하기	3	○
		03. 법인카드 관리하기	3	○
		04. 어음·수표 관리하기	3	○
	원가계산	01. 원가요소 분류하기	3	×
		02. 원가배부하기	3	×
		03. 원가계산하기	4	×
		04. 원가정보 활용하기	4	×
	결산관리	01. 결산분개하기	3	○
		02. 장부마감하기	3	○
		03. 재무제표 작성하기	4	○
	회계정보시스템 운용	01. 회계관련DB마스터 관리하기	3	×
		02. 회계프로그램 운용하기	3	×
		03. 회계정보 활용하기	3	×
	재무분석	01. 재무비율 분석하기	4	○
		02. CVP 분석하기	4	×
		03. 경영의사결정 정보 제공하기	5	×
	회계감사	01. 내부 감사 준비하기	5	×
		02. 외부 감사 준비하기	4	○
		03. 재무정보 공시하기	4	○
	사업결합회계	01. 연결재무정보 수집하기	4	×
		02. 연결정산표 작성하기	5	×
		03. 연결재무제표 작성하기	6	×
		04. 합병·분할회계 처리하기	6	×
	비영리회계	01. 비영리 대상 판단하기	4	×
		02. 비영리회계 처리하기	4	×
		03. 비영리 회계보고서 작성하기	4	×

Contents

국가공인
회계관리 2급

회계관리 2급
기출문제집
2025

01 다음은 ㈜삼일의 제25기(20X1년 1월 1일 ~ 12월 31일) 기초와 기말 재무상태표이다. 당기 중 추가적인 자본거래 및 배당금 지급 등이 없다고 할 때, ㈜삼일의 20X1년 당기순이익은 얼마인가?

(단위: 백만 원)

기초 재무상태표				기말 재무상태표			
현금	100	매입채무	60	현금	100	매입채무	50
매출채권	90	차입금	100	매출채권	60	차입금	110
토지	100	자본금	80	토지	100	자본금	80
기계장치	150	이익잉여금	200	기계장치	230	이익잉여금	250
합계	440	합계	440	합계	490	합계	490

① 20백만 원

② 30백만 원

③ 50백만 원

④ 80백만 원

02 다음 중 재무제표의 종류와 이를 통해 알 수 있는 정보를 연결한 것으로 옳지 않은 것은?

① 재무상태표 : 일정시점의 기업의 자산, 부채, 자본의 금액

② 손익계산서 : 일정시점의 기업의 누적 잉여금

③ 자본변동표 : 일정기간 유상증자 및 배당액 등 자본의 변동내역

④ 현금흐름표 : 일정기간의 차입액 및 상환액

03 회계상 거래로 인식되기 위해서는 그 거래가 회사의 (㉠)에 영향을 미쳐야 하고, 그 영향을 (㉡)(으)로 측정할 수 있어야 한다. 빈칸에 적절한 단어는 무엇인가?

	㉠	㉡
①	현금	문서
②	신용도	금액
③	재산상태	금액
④	인지도	문서

04 다음 거래에서 나타나는 거래의 8요소를 보기에서 모두 고른 것은?

> 건물 임차료 500만 원과 관리비 100만 원을 현금으로 지급하였다.
>
> **보기**
>
> ㄱ. 자산의 증가   ㄴ. 자산의 감소
> ㄷ. 부채의 증가   ㄹ. 부채의 감소
> ㅁ. 수익이 발생   ㅂ. 비용의 발생

① ㄱ, ㅂ   ② ㄴ, ㄷ
③ ㄴ, ㅂ   ④ ㄷ, ㅁ

05 다음 거래에 대한 총계정원장의 전기 결과로 옳은 것은?

> 다음달의 추가적인 자금사용에 대비하여 은행에서 현금 20,000원을 차입하였다.

① 　　　　　　현금
　　차입금　20,000

② 　　　　　　현금
　　　　　　　　　대여금　20,000

③ 　　　　　　차입금
　　현금　20,000

④ 　　　　　　차입금
　　　　　　　　　대여금　20,000

06 다음은 ㈜삼일의 20X1년 거래내역이다. 20X1년 말 총계정원장상 현금잔액을 계산하면 얼마인가(단, 전기 말 ㈜삼일의 현금잔액은 2,500원이다)?

> ㄱ. 20X1. 2. 1 : 유상증자를 통해 주주로부터 500원을 추가로 출자받다.
> ㄴ. 20X1. 3. 5 : 전기 발생한 매입채무 300원을 지급하다.
> ㄷ. 20X1. 5.17 : 700원 상당 재고자산을 외상매입하다.
> ㄹ. 20X1. 8. 1 : 2,500원 매출 대금을 받을어음으로 수령하다.
> ㅁ. 20X1.12.31 : 직원에 대한 급여 1,000원을 미지급하다.

① 1,000원

② 1,700원

③ 2,700원

④ 5,200원

07 다음 자료를 이용하여 기말 당좌차월 금액을 계산하면 얼마인가?

> ㄱ. 회사는 은행과 500,000원을 한도로 당좌차월 계약을 맺었다.
> ㄴ. 기초 당좌예금 잔액은 700,000원이다.
> ㄷ. 기중 재료의 매입대금으로 1,000,000원의 수표를 발행하여 지급하였다.
> ㄹ. 기중 상품 판매대금 200,000원을 당좌계좌에 입금하였다.

① 　　　 0원　　　　　　　　② 100,000원
③ 200,000원　　　　　　　④ 400,000원

08 다음 중 주요 채권, 채무 계정에 관한 설명으로 옳은 것은?

① 재고자산을 외상으로 판매하여 발생한 채권은 미지급금으로 분류한다.
② 제조업을 영위하는 회사가 사용하던 기계장치를 외상으로 처분한 경우 매입채무로 회계처리 한다.
③ 재고자산인 상품을 인수하고 대금을 나중에 지급하기로 하였다면 미수금으로 분류한다.
④ 상품을 인수하기 전, 대금을 먼저 지급하였을 때 사용하는 채권자 계정은 선급금이다.

09 다음은 12월 31일이 결산일인 ㈜삼일의 매도가능증권 거래내역이다. 20X3년 손익계산서에 계상되는 매도가능증권처분손익은 얼마인가?

> ㄱ. 20X1년　6월　1일 : A주식 100주를 주당 5,000원에 취득하였다.
> ㄴ. 20X1년 12월 31일 : A주식의 주당 공정가치는 5,300원이다.
> ㄷ. 20X2년 12월 31일 : A주식의 주당 공정가치는 4,900원이다.
> ㄹ. 20X3년　9월　1일 : A주식 50주를 주당 5,200원에 처분하였다.

① 처분이익 10,000원　　　　② 처분이익 15,000원
③ 처분손실　5,000원　　　　④ 처분손실 15,000원

10 다음 중 재고자산으로 분류해야 하는 것을 모두 고른 것은?

> ㄱ. 제조업을 영위하는 회사가 영업에 사용할 목적으로 구입한 소프트웨어
> ㄴ. 제조업을 영위하는 회사가 투자의 목적으로 소유하고 있는 건물
> ㄷ. 제조업을 영위하는 회사가 공정에 투입하여 제품을 생산할 목적으로 보유중인 원재료
> ㄹ. 부동산매매업을 영위하는 회사가 판매목적으로 보유하고 있는 토지

① ㄴ   ② ㄱ, ㄷ

③ ㄴ, ㄹ   ④ ㄷ, ㄹ

11 다음은 ㈜삼일의 재고와 관련된 자료이다. 총평균법에 의해 재고단가를 결정하는 경우 매출원가와 기말재고금액을 계산하면 각각 얼마인가(단, 기말시점에 계속기록법에 의한 재고수량과 실지재고조사법에 의한 재고수량은 일치한다)?

	수 량	매입단가	금 액
기초 재고	100개	10원	1,000원
3. 1 매입	100개	11원	1,100원
5. 8 판매	(100개)	-	-
6.30 매입	100개	12원	1,200원
7. 2 판매	(50개)	-	-
8.27 매입	100개	13원	1,300원

	매출원가	기말재고
①	1,650원	2,950원
②	1,725원	2,875원
③	1,950원	2,650원
④	2,200원	2,400원

12 ㈜삼일은 20X1년 영업을 개시하였다. 20X1년 말 ㈜삼일이 상품을 평가한 결과 상품50개의 가치가 크게 하락하여 단위당 시가가 850원(취득원가는 단위당 1,000원)이라고 할 때 이와 관련하여 기말에 수행할 분개로 옳은 것은?

① 분개없음

② (차) 매출원가   50,000원   (대) 매출액   50,000원

③ (차) 재고자산평가손실   7,500원   (대) 재고자산평가손실충당금   7,500원
     (매출원가)

④ (차) 재고자산감모손실   7,500원   (대) 재고자산감모손실충당금   7,500원
     (영업외비용)

13 다음 중 유형자산에 관한 설명으로 옳지 않은 것은?

① 유형자산에는 토지, 건물, 구축물, 기계장치, 건설중인자산 등이 있다.

② 유형자산은 수익·비용대응의 원칙에 따라 감가상각비로 비용화 된다.

③ 유형자산의 사용기간 동안 유형자산의 원상을 회복시키거나 능률을 유지하기 위한 추가적인 지출이 발생하였다면, 수선비 등의 비용계정으로 처리하여야 한다.

④ 유형자산의 취득원가에는 설치비, 시운전비용과 같은 취득부대비용은 포함하지 않는다.

14 다음 자료를 이용하여 건물 처분시 발생하는 유형자산처분손익을 계산하면 얼마인가?

- 20X1년 1월 1일 건물 A 취득
  (취득가액 30,000,000원, 잔존가액 2,000,000원, 내용연수 20년, 정액법 상각)
- 20X2년 12월 31일 사용하던 건물 A를 29,000,000원에 처분

① 처분이익 1,800,000원   ② 처분이익 2,000,000원

③ 처분손실 1,800,000원   ④ 처분손실 2,000,000원

15 다음 무형자산에 관한 설명 중 옳은 것을 모두 고르시오.

> ㄱ. 개발활동과 관련된 비용은 일정 요건을 충족할 경우 무형자산인 개발비로 인식될 수 있다.
> ㄴ. 무형자산은 영업활동을 위해 사용할 목적으로 보유하고 있으나, 물리적 형체가 없어 식별이 불가능하고, 기업이 통제하고 있지 못하는 자산이다.
> ㄷ. 재무상태표에 계상되는 영업권은 합병, 영업양수 등의 과정에서 유상으로 취득한 것에 한한다.

① ㄱ, ㄴ ② ㄱ, ㄷ
③ ㄴ, ㄷ ④ ㄱ, ㄴ, ㄷ

16 다음 중 일반기업회계기준에 따라 기타비유동자산 항목으로 분류되는 것은?

① 단기금융상품 ② 지분법적용투자주식
③ 영업권 ④ 장기매출채권

17 다음 중 유동부채로 계상할 수 없는 항목에 해당하는 것은?

① 임직원이 퇴사할 경우를 대비해 설정해 놓은 퇴직급여충당부채
② 차입 당시에는 장기차입금이었으나, 기간이 경과함에 따라 결산일로부터 1년 이내에 상환될 금액
③ 상품을 구입하면서 당기에 교부한 3개월 만기의 어음 금액
④ 종업원에게 급여 지급 시 총급여에서 공제한 소득세, 국민연금, 건강보험료 중 회사가 해당기관에 아직 납부하지 않은 금액

18 다음은 ㈜삼일의 20X1년 7월 1일에 발생한 차입금 관련 자료이다. 20X1년의 결산이 발생주의에 따라 적절히 수행되었을 경우, 20X2년 6월 30일에 ㈜삼일이 수행하여야 하는 분개로 옳은 것은?

> ㄱ. 차입금 : 20,000,000원
> ㄴ. 만　기 : 5년(원금 만기 일시 상환조건)
> ㄷ. 이자율 : 6%(*), 매년 6월 30일 이자지급조건
> 　　(*)시장이자율 수준으로 차입이자율이 결정되었다고 가정한다.

①	(차) 이자비용	600,000원	(대) 현금	600,000원
②	(차) 이자비용	600,000원	(대) 현금	1,200,000원
	미지급비용	600,000원		
③	(차) 이자비용	1,200,000원	(대) 현금	1,200,000원
④	(차) 차입금	1,200,000원	(대) 현금	1,200,000원

19 ㈜삼일은 전기에 발행하였던 사채를 당기 중 중도상환하였다. 사채의 중도상환으로 발생한 사채상환손익을 구하면 얼마인가(단, 기간경과에 따른 지급이자 부분은 고려하지 않는다)?

> ㄱ. 액면금액　　　　　　　　　　　　　　　　　10,000,000원
> ㄴ. 상환 시 사채할인발행차금 잔액　　　　　　　　500,000원
> ㄷ. 상환가액　　　　　　　　　　　　　　　　　　9,000,000원

① 상환이익　500,000원　　　　② 상환이익　1,000,000원

③ 상환손실　500,000원　　　　④ 상환손실　1,000,000원

20 다음 중 퇴직연금제도에 관한 설명으로 옳지 않은 것은?

① 확정급여형 퇴직연금제도에서 종업원이 받는 퇴직급여 금액은 확정적이다.
② 확정급여형 퇴직연금제도에서 퇴직연금 운용에 따른 위험과 효익은 회사가 부담한다.
③ 확정기여형 퇴직연금제도에서 회사는 금융기관에 정해진 부담금을 입금하는 것으로 의무가 종결된다.
④ 확정기여형 퇴직연금제도에서 보고기간 종료일 현재 종업원이 퇴직할 경우 지급하여야 할 퇴직일시금에 상당하는 금액을 퇴직급여충당부채로 계상한다.

21 다음 중 자본에 관한 설명으로 옳은 것은?

① 액면금액을 초과하여 주식을 발행하는 경우 자본금 계정은 변동하지 않는다.
② 자기주식은 회사가 발행한 자기회사의 주식을 다시 취득한 것을 말한다.
③ 자본잉여금은 영업활동에 의하여 획득된 이익 중 사외유출되지 않고 기업 내부에 유보된 이익이다.
④ 자본조정은 아직 손익으로 확정할 수는 없으나 포괄적인 의미에서 잠재적인 손익에 해당하는 항목을 말한다.

22 다음은 ㈜삼일의 20X1년 말 재무상태표에서 발췌한 자본의 계정 잔액이다. 이익잉여금으로 보고될 금액은 얼마인가?

자본금	1,000,000원	주식할인발행차금	500,000원
임의적립금	400,000원	자기주식	200,000원
미처분이익잉여금	3,000,000원	이익준비금	100,000원

① 3,500,000원　　　　② 3,700,000원
③ 4,500,000원　　　　④ 4,700,000원

23 다음 중 기업회계기준에 따른 수익인식에 관해 옳지 않은 주장을 하는 사람은 누구인가?

> 철수 : 수익을 인식할 때 진행기준을 적용하면 진행률에 따라 기간별로 수익을 나누어서 인식한다.
>
> 영희 : 대가를 현금 이외의 자산으로 받는 경우 제공한 자산의 공정가치를 기준으로 수익을 측정해야한다.
>
> 영수 : 수익획득활동으로 인한 현금 또는 현금청구권을 합리적으로 측정할 수 있어야 수익을 인식할 수 있다.
>
> 진희 : 특별한 추가조건이 없는 일반적인 재화의 판매에 대해서는 판매기준 또는 인도기준을 수익의 인식시점으로 채택하고 있다.

① 철수   ② 영희

③ 영수   ④ 진희

24 ㈜서울은 ㈜부산에 20X1년 중 상품 100개를 개당 500원씩 50,000원에 판매하였다. 이 중 3개가 불량품으로 판명되어 반품되었으며, 2개는 품질이 떨어져 개당 100원씩 깎아주었다. 동 거래에 대하여 ㈜서울이 20X1년에 인식할 매출액은 얼마인가?

① 47,000원   ② 48,300원

③ 49,800원   ④ 50,000원

25 다음 중 제조업을 영위하는 ㈜삼일의 영업외수익에 해당하는 계정과목으로만 짝지어진 것으로 옳은 것은?

① 미수금, 이자수익, 선수수익

② 임대료, 미수수익, 잡이익

③ 매도가능증권평가이익, 배당금수익, 이자수익

④ 잡이익, 유형자산처분이익, 자산수증이익

26 다음 자료를 이용하여 손익계산서에 표시될 매출원가를 계산하면 얼마인가?

기초 상품재고액	10,000원	당기 상품 매입액	150,000원
기말 상품재고액	10,000원		

① 130,000원 ② 140,000원

③ 150,000원 ④ 160,000원

27 다음 거래에 관한 회계처리로 옳은 것은?

급여 지급일에 총급여 3,000,000원 중에서 근로소득세, 주민세, 건강보험료 등 200,000원을 차감한 잔액을 현금으로 지급하였다.

①	(차) 급여	3,000,000 원	(대) 가수금	3,000,000 원
②	(차) 급여	3,000,000 원	(대) 예수금	3,000,000 원
③	(차) 예수금	3,000,000 원	(대) 현금	3,000,000 원
④	(차) 급여	3,000,000 원	(대) 현금	2,800,000 원
			예수금	200,000 원

28 다음 중 영업외비용에 해당하는 계정과목에 관한 설명으로 옳지 않은 것은?

① 기부금　　　　　: 사업상 필요에 의하여 지출하는 접대비용 및 교제비용
② 기타의 대손상각비 : 매출채권 이외의 채권에 대한 대손상각비를 처리하는 계정
③ 이자비용　　　　: 외부에서 조달한 타인자본에 대하여 지급하는 이자
④ 재고자산감모손실 : 재고자산의 수량부족으로 인한 손실 중 원가성이 없는 부분

29 다음 중 일반적으로 기말에 실시하는 결산정리 절차에 해당하지 않는 것은?

① 외화자산에 대해 기말 환율을 적용하여 원화로 환산

② 유형자산의 감가상각비 산출

③ 회수기일이 도래한 매출채권의 현금회수 회계처리

④ 단기매매증권의 공정가치 평가

30 다음 중 시산표에서 발견할 수 없는 오류를 모두 고른 것은?

> ㄱ. 거래 전체를 누락한 경우
> ㄴ. 차변에 기재할 금액을 차변에 중복기재한 경우
> ㄷ. 차변·대변 중 한쪽의 금액을 누락한 경우
> ㄹ. 차변과 대변에 같은 금액의 오류가 포함된 경우

① ㄱ, ㄴ   ② ㄱ, ㄷ

③ ㄱ, ㄹ   ④ ㄴ, ㄷ

31 미지급비용은 아직 지급기일이 도래하지 않고 있는 비용을 말한다. 이렇게 지급기일이 도래하지 않았음에도 불구하고 당기의 비용으로 인식하는 것은 어떠한 기준에 근거한 것인가?

① 순액주의   ② 실현주의

③ 현금주의   ④ 발생주의

32 ㈜삼일의 20X1년 말 미수임대료 잔액은 50,000원, 20X2년 말 미수임대료 잔액은 70,000원이다. 20X2년 손익계산서상의 임대료수익이 500,000원일 때, ㈜삼일이 20X2년 현금으로 회수한 임대료는 얼마인가?

① 480,000원　　　　　　　　　　② 500,000원

③ 550,000원　　　　　　　　　　④ 570,000원

33 ㈜삼일의 결산일 현재 매출채권 잔액이 1,000,000원이고, 이 중 실제 회수가능한 금액을 900,000원으로 추정할 때 이에 대한 올바른 결산수정분개는(단, 결산 전 대손충당금 잔액은 없다)?

① (차) 대손상각비	100,000원	(대) 매출채권	100,000원
② (차) 대손상각비	100,000원	(대) 대손충당금	100,000원
③ (차) 대손충당금	100,000원	(대) 매출채권	100,000원
④ (차) 대손충당금	100,000원	(대) 대손상각비	100,000원

34 다음 중 감사의견의 종류에 관한 설명으로 옳은 것은?

① 재무제표의 일부가 기업회계기준에서 정하는 방법대로 회계처리되지 않고, 이것이 재무제표에 중요한 영향을 미치는 경우 의견거절을 표명한다.

② 회사의 재무제표가 기업회계기준을 심각하게 위배한 경우 한정의견을 표명한다.

③ 재무제표에 기업회계기준 위배사항이 없거나 중요하지 않은 경우 적정의견을 표명한다.

④ 감사인이 재무제표 신뢰가능성에 대한 의견표명에 필요한 충분한 감사증거를 수집하지 못한 경우 부적정의견을 표명한다.

35 다음 중 재무상태표를 통해서 파악할 수 있는 내용으로 옳지 않은 것은?

① 회사의 각 단계별 활동에 따른 이익구조를 파악할 수 있다.

② 회사 주주의 몫이 총자산에서 어느 정도를 차지하는지 파악함으로써 부실한 기업인지 여부를 판단할 수 있다.

③ 회사의 단기유동성을 분석할 수 있다.

④ 회사가 다음연도 중에 지급해야 하는 부채의 금액이 얼마인지 파악할 수 있다.

36 ㈜삼일의 20X1년 12월 31일 재무상태표가 다음과 같을 경우 당좌비율을 계산하면 얼마인가?

<table>
<tr><td colspan="4" align="center">재무상태표</td></tr>
<tr><td>유동자산</td><td></td><td>유동부채</td><td></td></tr>
<tr><td>현금및현금성자산</td><td>40,000 원</td><td>매입채무</td><td>100,000 원</td></tr>
<tr><td>매출채권</td><td>160,000 원</td><td></td><td></td></tr>
<tr><td>재고자산</td><td>50,000 원</td><td>비유동부채</td><td></td></tr>
<tr><td></td><td></td><td>장기차입금</td><td>400,000 원</td></tr>
<tr><td>비유동자산</td><td></td><td>자본</td><td></td></tr>
<tr><td>유형자산</td><td>450,000 원</td><td>자본금</td><td>50,000 원</td></tr>
<tr><td>무형자산</td><td>100,000 원</td><td>이익잉여금</td><td>250,000 원</td></tr>
</table>

① 100%   ② 150%

③ 200%   ④ 250%

37 결산 시점에 진부화된 재고자산에 대한 평가가 누락되어 재고자산이 실제보다 과대계상 된 경우 자기자본비율과 부채비율에 미치는 영향으로 옳은 것은(단, 부채금액이 존재한다고 가정한다)?

	자기자본비율	부채비율
①	증가	증가
②	감소	증가
③	감소	불변
④	증가	감소

38 다음 ㈜삼일의 20X1년 재무자료를 이용하여 매출채권회전율을 계산하면 얼마인가?

ㄱ. 매출액	120,000,000원
ㄴ. 매출원가	80,000,000원
ㄷ. 20X1년 평균매출채권	10,000,000원
ㄹ. 20X1년 평균재고자산	8,000,000원
ㅁ. 1년은 360일로 가정한다.	

① 6회   ② 8회

③ 10회   ④ 12회

39 ㈜삼일의 20X1년 손익계산서와 관련된 자료는 다음과 같다. 자료를 이용하여 매출총이익률과 영업이익률을 계산하면 얼마인가?

매출액	50,000,000원
매출원가	35,000,000원
판매비와관리비	8,000,000원
영업외수익	500,000원
영업외비용	300,000원
법인세비용	50,000원

	매출총이익률	영업이익률
①	30%	15%
②	15%	20%
③	30%	14%
④	15%	13%

40 다음 중 당기순이익을 발행한 유통보통주식수로 나누어 1주당 창출한 이익이 얼마인지를 파악할 수 있는 재무비율은 무엇인가?

① 순이익증가율 ② 주당순이익

③ 당기순이익률 ④ 자기자본이익률

01 다음 중 회계정보의 기능과 적용환경에 관한 설명으로 옳지 않은 것은?

① 회계정보는 회사의 이해관계자들이 합리적인 의사결정을 할 수 있도록 재무적 정보를 측정하여 전달하는 것을 목적으로 한다.

② 재무제표는 회사의 이해관계자들에게 정보를 보고하기 위한 수단으로 작성되는 보고서이다.

③ 회계정보는 회계기준에 따라 기록되고 보고되는데, 우리나라의 비상장기업은 K-IFRS를 선택하여 적용할 수 없으며, 의무적으로 일반기업회계기준을 따라야 한다.

④ 회계기준을 위반한 회계처리를 분식회계라고 하며, 이러한 분식회계는 정보이용자들에게 커다란 손실을 입힐 수 있다.

02 다음 중 거래의 8요소를 나타낸 표현으로 옳은 것은?

	왼쪽(차변)	오른쪽(대변)
①	수익의 발생	자산의 증가
②	부채의 증가	자본의 증가
③	비용의 감소	부채의 감소
④	자산의 증가	자본의 증가

03 회계순환과정이란 거래를 기록하고 요약하여 재무제표를 작성하는 과정을 의미한다. 다음 항목 중 회계순환과정에서 가장 먼저 수행해야 할 과정은?

① 총계정원장에 전기　　　　　　② 정산표 작성

③ 시산표 작성　　　　　　　　　④ 전표 작성(분개)

04 다음 대화의 주제에서 나타나는 재무상태표의 작성기준으로 옳은 것은?

> 김대리 : 이부장님, 현재 A거래처에 매출채권이 8,000만 원이고 B거래처에 선수금이 2,000만
> 원입니다. 재무상태표에 매출채권 6,000만 원으로 표시하면 더 간단할 것 같은데요.
>
> 이부장 : 그렇게 처리하면 자금규모의 전체 금액을 모르게 될 위험성이 있어요.

① 실현주의   ② 총액주의
③ 유동성배열법   ④ 잉여금구분의 원칙

05 다음 거래를 분개장에 기록한 결과로 옳은 것은?

> [3월 14일] 사무용으로 사용할 컴퓨터를 150,000원에 외상으로 구입하였다.

	월	일	적요	계정번호	차변	대변	잔액
①	3	14	유형자산 　　　선급금		150,000	150,000	
②	3	14	미수금 　　　유형자산		150,000	150,000	
③	3	14	유형자산 　　　미지급금		150,000	150,000	
④	3	14	선수금 　　　유형자산		150,000	150,000	

06 다음 자료를 통해 제3기 기말자본을 계산하면 얼마인가(단, 기중에 자본거래는 없다고 가정한다)?

(단위: 원)

구분	기초자산	기초부채	기초자본	기말자산	기말부채	기말자본	총수익	총비용	순이익
제2기	2,000	800	XXX	2,300	XXX	XXX	500	300	200
제3기	2,300	XXX	XXX	2,500	XXX	?	700	400	300

① 1,500원 ② 1,700원
③ 1,900원 ④ 2,300원

07 다음 중 현금및현금성자산의 범위에 포함되지 않는 것은?

① 결산일 현재 만기일이 2개월 후 도래하는 1년 만기 정기예금
② 송금수표
③ 우편환증서
④ 보통예금

08 다음 항목 중 당좌자산의 합계금액은 얼마인가?

현금	50,000원	미수금	1,000,000원
미지급금	250,000원	상품	670,000원
매출채권	300,000원	장기대여금	220,000원
차입금	640,000원	선수금	580,000원

① 1,350,000원 ② 1,570,000원
③ 2,020,000원 ④ 2,240,000원

09 ㈜삼일은 20X1년에 다음과 같은 유가증권을 공정가치로 취득하였다. 다음 중 취득금액을 각 성격에 따라 적절하게 계정분류한 것으로 옳은 것은?

취득금액	유가증권의 성격
300,000원	채무증권이며 ㈜삼일은 동 채권을 만기까지 보유할 의도와 능력이 있음
100,000원	지분증권이며 ㈜삼일은 동 주식을 향후 2년 이내에 처분할 의도가 없음

	단기매매증권	매도가능증권	만기보유증권
①	0원	300,000원	100,000원
②	300,000원	100,000원	0원
③	0원	100,000원	300,000원
④	100,000원	0원	300,000원

10 다음은 ㈜삼일의 20X1년 중 상품매입과 관련된 내역이다. 상품의 취득원가로 계상될 금액은 얼마인가?

내 역	금 액
총매입액	8,000,000원
외상매입대금 조기결제로 인한 매입할인	100,000원
상품매입시 지불한 운임 및 보험료	300,000원

※ 상품매입시 지불한 운임 및 보험료는 총매입액에 포함되지 아니함

① 7,900,000원
② 8,000,000원
③ 8,200,000원
④ 8,400,000원

11 다음은 ㈜삼일의 상품입출고 내역과 재고조사결과이다. 재고자산의 흐름을 선입선출법으로 가정했을 때 1월 말 재고자산금액을 계산하면 얼마인가?

1/1	월초재고	10개	@ 500원
1/17	매입	20개	@ 600원
1/20	매출	25개	
1/25	매입	8개	@ 700원

① 8,450원   ② 8,600원

③ 8,850원   ④ 9,100원

12 다음 중 재고자산에 관한 설명으로 빈 칸에 들어갈 말로 옳은 것은?

재고자산의 시가가 취득원가 이하로 하락하여 발생한 평가손실은 (ㄱ)로(으로) 인식하고 매출원가에 가산한다. 그리고 재무상태표에 재고자산을 표시할 때에는 재고자산 금액에서(ㄴ)을(를) 차감해서 재고자산 순액이 표시되도록 한다.

	(ㄱ)	(ㄴ)
①	재고자산감모손실	재고자산감모손실충당금
②	재고자산감모손실	재고자산평가손실충당금
③	재고자산평가손실	재고자산감모손실충당금
④	재고자산평가손실	재고자산평가손실충당금

13 다음은 제조업을 영위하는 ㈜삼일이 보유하고 있는 20X1년 말 일부 자산의 장부금액 내역이다. 이 중 유형자산으로 분류해야 할 자산들의 합계로 옳은 것은?

내 역	금 액
투자목적으로 보유중인 토지	153,000,000원
자가사용목적으로 보유중인 건물	271,000,000원
영업활동목적으로 사용하는 공기구 및 비품	43,000,000원
건설중인 공장건물(건설중인 자산)	47,000,000원

① 314,000,000원
② 361,000,000원
③ 424,000,000원
④ 514,000,000원

14 다음 중 감가상각을 해야하는 유형자산으로만 짝지은 것은 무엇인가?

① 차량운반구, 건물
② 건물, 토지
③ 투자부동산, 토지
④ 건설중인 자산, 기계장치

15 ㈜삼일은 20X1년 1월 1일 ㈜용산을 합병하면서 현금 150,000,000원을 지급하였다. ㈜용산의 20X1년 1월 1일 현재 자산의 공정가치는 200,000,000원(장부금액은 150,000,000원)이며 부채의 공정가치는 90,000,000원(장부금액은 87,000,000원)이다. ㈜삼일이 ㈜용산을 합병하면서 발생한 영업권 금액은 얼마인가?

① 40,000,000원
② 50,000,000원
③ 53,000,000원
④ 87,000,000원

16 다음 중 무형자산을 정액법으로 감가상각하기 위해 필요한 정보로 옳지 않은 것은?

① 취득원가
② 기초 감가상각누계액
③ 잔존가액
④ 내용연수

17 다음 중 부채계정으로만 나열한 것으로 옳은 것은?

① 선급금, 선수금, 선수수익
② 미지급금, 미수금, 예수금
③ 선급금, 미수금, 예수금
④ 선수금, 미지급금, 미지급비용

18 다음 중 차입 관련 회계처리에 관한 설명으로 옳지 않은 것은?

① 차용증서에 의하여 금전을 빌리며 발생한 부채는 차입금으로 처리한다.
② 돈을 빌리기 위해 어음을 발행하는 경우, 지급어음에 해당하므로 매입채무로 처리한다.
③ 지급기일이 결산일로부터 1년 이후에 도래하는 차입금은 비유동부채로 분류한다.
④ 차입당시에는 장기차입금이었다 하더라도, 기간이 경과함에 따라 상환기일이 결산일로부터 1년 이내에 도래하게 되면 유동성대체 회계처리를 수행하여야 한다.

19 다음의 시장상황에서 사채를 발행할 경우 사채발행과 관련된 분개에서 대변에 나타날 계정과목으로 가장 옳은 것은?

> 시장이자율 6%, 액면이자율 9% 임. (즉, 시장이자율 〈 액면이자율)

① 사채, 사채할증발행차금　　　　② 사채, 사채할인발행차금

③ 현금, 사채할증발행차금　　　　④ 현금, 사채할인발행차금

20 ㈜삼일의 퇴직급여충당부채에 관한 자료가 다음과 같을 때 기말에 추가로 설정하여야 할 퇴직급여충당부채를 계산하면 얼마인가?

> ㄱ. 기말 현재 전 임직원이 퇴직한다고 가정했을 때 지급할 퇴직금 금액은 10,000,000원이다.
> ㄴ. 퇴직급여충당부채 기초잔액은 8,500,000원이다.
> ㄷ. 기중 퇴직자에게 지급한 퇴직금은 2,400,000원이다.
> 　　(퇴직금지급액은 모두 퇴직급여충당부채와 상계하였다)

① 1,500,000원　　　　② 2,400,000원

③ 3,900,000원　　　　④ 6,100,000원

21 20X1년 1월 1일 보통주 100주(주당 액면금액 5,000원)를 주당 6,000원에 발행하는 과정에서 발행수수료와 증자등기비용 등으로 10,000원이 발생하였다. 위 거래를 적절하게 분개한 것은 무엇인가?

① (차) 현금   590,000원   (대) 자본금   590,000원

② (차) 현금   590,000원   (대) 자본금   500,000원
                                                            주식할인발행차금   90,000원

③ (차) 현금   590,000원   (대) 자본금   500,000원
                                                              주식발행초과금   90,000원

④ (차) 현금   590,000원   (대) 자본금   500,000원
        지급수수료비용   10,000원   주식발행초과금   100,000원

22 다음 자본계정 중 그 분류가 다른 하나는 무엇인가?

① 임의적립금   ② 기타법적적립금
③ 이익준비금   ④ 매도가능증권평가이익

23 다음 중 수익에 관한 설명으로 옳은 것은?

① 수익은 기업의 통상적인 경영활동에서 발생하는 자산의 유출이나 사용 또는 부채의 발생액이다.

② 외상으로 상품을 판매하는 기업은 수익인식요건을 가장 잘 만족하는 대금회수시점에 수익을 인식하여야 한다.

③ 수익의 측정이란 손익계산서에 계상할 수익의 금액을 화폐액으로 측정하는 것으로 대가를 현금 이외의 자산으로 받는 경우 수익을 측정할 수 없다.

④ 수익은 수익획득과정이 완료되거나 실질적으로 거의 완료되었으며, 수익획득활동으로 인한 현금 또는 현금청구권을 합리적으로 측정할 수 있어야 인식할 수 있다.

24 다음 공사와 관련하여 진행기준에 따라 수익을 인식할 경우 20X1년에 인식해야 할 공사매출액은 얼마인가?

---

1. 공사기간 : 20X1년 1월 1일 ~ 20X3년 12월 31일(3년)
2. 총계약도급금액 : 60,000,000원
3. 총공사예정원가 : 50,000,000원
4. 20X1년에 발생된 공사원가는 15,000,000원이다.
5. 진행율은 총 공사예정원가 대비 발생원가를 기준으로 측정한다.

---

① 15,000,000원　　　　　　② 18,000,000원

③ 20,000,000원　　　　　　④ 35,000,000원

25 다음 중 영업외수익에 해당하는 계정과목에 관한 설명으로 옳지 않은 것은?

① 채무면제이익 : 주주나 제3자 등으로부터 자산을 무상으로 증여받을 경우 그 금액
② 사채상환이익 : 사채를 상환함에 따라 발생하는 이익
③ 외환차익 : 외화자산의 회수나 외화부채의 상환 시에 발생하는 이익
④ 잡이익 : 금액적으로 중요하지 않거나 그 항목이 구체적으로 밝혀지지 않은 이익

26 다음 중 제조업을 영위하는 ㈜삼일의 비용에 관한 설명으로 옳은 것은?

① 매출원가와 판매비와관리비 중 매출액과 직접 대응되는 원가는 판매비와관리비이다.
② 감가상각비는 수익을 창출하는 과정에 사용될 것으로 기대되는 기간동안 체계적이고 합리적인 방법으로 배분한다.
③ 접대비는 일반적으로 영업외비용으로 분류한다.
④ 기부금은 일반적으로 영업비용으로 분류한다.

27 제조업을 영위하는 ㈜삼일의 다음 항목 중 판매비와관리비에 포함되어야 하는 항목의 합계 금액은 얼마인가(단, 아래 비용은 제조활동과 관련이 없다고 가정한다)?

ㄱ. 관리직 사원 급여 :	35,000,000원
ㄴ. 사무실 임차료 :	8,000,000원
ㄷ. 이자비용 :	3,000,000원
ㄹ. 투자자산처분손실 :	2,000,000원
합 계	48,000,000원

① 43,000,000원　　　　　　　② 45,000,000원

③ 46,000,000원　　　　　　　④ 48,000,000원

28 다음 중 당기순이익에 관한 설명으로 옳은 것은?

① 당기순이익은 당기 발생한 세무상 소득과 일반적으로 일치한다.

② 당기순이익은 법인세비용차감전순이익에 법인세비용을 가산하여 산출한다.

③ 당기순이익은 손익계산서의 마감을 통해 재무상태표의 이익잉여금으로 대체된다.

④ 당기순이익은 일정기간 동안의 자본거래를 포함한 순자산 변동액을 의미한다.

29 결산절차는 예비절차와 결산보고서 작성의 2단계로 이루어진다. 다음 중 예비절차에 해당하지 않는 것은?

① 수정전시산표의 작성　　　　② 결산정리사항의 요약

③ 부속명세서 작성　　　　　　④ 결산수정분개의 전기

30 ㈜삼일의 시산표가 다음과 같은 경우 전기이월이익잉여금은 얼마인가?

(단위: 원)

차 변	계정과목	대 변
	〈 자 산 〉	
500,000	현금및현금성자산	
1,500,000	매출채권	
150,000	재고자산	
750,000	토 지	
500,000	건 물	
	〈 부 채 〉	
	매입채무	300,000
	차 입 금	1,200,000
	〈 자 본 〉	
	자 본 금	500,000
	전기이월이익잉여금	( )
	매 출	2,500,000
1,500,000	매출원가	
200,000	판매관리비	
	영업외수익	100,000
100,000	법인세비용	
5,200,000	합 계	XXXXXXX

① 100,000원   ② 300,000원

③ 500,000원   ④ 600,000원

31 다음 중 기말 결산 시 계정대체가 필요한 임시계정에 해당하지 않는 항목은?

① 전도금   ② 가수금

③ 현금과부족   ④ 비품

32 ㈜삼일은 기중에 공장에 대한 2년치 보험료를 선급하고 이를 모두 비용으로 처리하였다. 다음 중 ㈜삼일이 결산시 선급비용에 대한 회계처리를 누락한 경우에 재무제표에 미치는 영향으로 옳은 것은?

① 비용이 과대계상 된다.　　　　② 비용이 과소계상 된다.

③ 자산이 과대계상 된다.　　　　④ 부채가 과소계상 된다.

33 ㈜삼일은 20X1년 3월 1일에 자동차 10대를 대당 $ 5,000에 외상으로 수출하였다. 당기 중 8대분에 해당하는 매출채권이 회수되었으며, 나머지 2대분은 20X1년 말 현재 미회수 상태이다. 기말 외화매출채권 잔액과 관련하여 인식할 외화환산손익은 얼마인가?

> ㄱ. 판매시점의 환율 ₩ 1,300 / $
>
> ㄴ. 회수시점의 환율 ₩ 1,290 / $
>
> ㄷ. 기말시점의 환율 ₩ 1,350 / $

① 외화환산손실 500,000원　　　　② 외화환산이익 500,000원

③ 외화환산손실 600,000원　　　　④ 외화환산이익 600,000원

34 다음 중 손익계산서를 통해서 파악할 수 있는 내용으로 옳지 않은 것은?

① 매출액증가율을 통해 회사의 영업활동이 전년도에 비해 얼마나 활발하게 이루어졌는지 알아볼 수 있다.

② 이익률을 전기와 비교해 봄으로써 수익성의 추이에 대해 분석해 볼 수 있다.

③ 유동자산과 유동부채의 비교를 통해 회사의 단기적인 지급능력을 파악해 볼 수 있다.

④ 회사의 각 단계별 활동에 따른 이익구조를 파악할 수 있다.

35 회사의 외부감사인은 재무제표에 대한 의견을 감사보고서에 표명하는데 이를 감사의견이라고 한다. 다음 감사의견의 종류로 옳은 것은?

> 우리의 의견으로는, …의 근거에서 논의된 사항의 유의성으로 인하여, ××주식회사의 20X1년 12월 31일과 20X0년 12월 31일 현재의 재무상태, 동일로 종료되는 양 보고기간의 재무성과 및 현금흐름을 일반기업회계기준에 따라 중요성의 관점에서 공정하게 표시하고 있지 않습니다.

① 적정의견   ② 한정의견
③ 부적정의견   ④ 의견거절

36 다음의 재무정보 자료를 이용하여 유동비율을 계산하면 얼마인가?

현금및현금성자산	700,000원	미지급금	3,000,000원
매출채권	1,800,000원	단기차입금	2,000,000원
재고자산	5,000,000원	장기차입금	5,000,000원
유형자산	10,000,000원	자본	7,500,000원

① 50%   ② 75%
③ 125%   ④ 150%

37 다음 중 부채비율이 높아지는 거래로 옳은 것은?

① 매출채권의 회수   ② 단기차입금의 상환
③ 장기차입금의 유동성 대체   ④ 사채의 발행

38 다음 자료를 이용하여 ㈜삼일의 20X1년 기말 매출채권 잔액을 구하면(단, ㈜삼일은 평균매출채권 금액을 이용하여 매출채권회수기간을 산출하고 있다)?

> ㄱ. 20X1년 기초매출채권   11,000,000원
> ㄴ. 20X1년 매출액   60,000,000원
> ㄷ. 매출채권회수기간   60일
> ㄹ. 1년은 360일로 가정한다.

① 9,000,000원　　　　　② 10,000,000원
③ 11,000,000원　　　　　④ 12,000,000원

39 다음은 ㈜삼일의 20X1년 손익계산서의 일부이다.

매출액	?
매출원가	?
매출총이익	?
판매비와관리비	?
영업이익	12,000,000원
영업외수익	3,000,000원
영업외비용	2,500,000원
세전이익	12,500,000원
법인세비용	2,500,000원
당기순이익	10,000,000원

영업이익률은 15%, 매출총이익률은 50%로 확인된다면, ㈜삼일의 20X1년 매출총이익 금액을 계산하면 얼마인가?

① 12,000,000원　　　　　② 40,000,000원
③ 48,000,000원　　　　　④ 50,000,000원

40 다음 자료를 이용하여 주당순이익을 계산하면 얼마인가(단, 당기 중 유통보통주식수의 변동은 없다고 가정한다)?

매출액	150,000,000원
당기순이익	10,000,000원
보통주자본금	20,000,000원
보통주1주당 액면금액	5,000원
보통주1주당 발행금액	10,000원

① 2,500원

② 5,000원

③ 7,500원

④ 10,000원

01 다음 중 일반기업회계기준에서 규정하고 있는 재무제표의 종류로 옳지 않은 것은?

① 자본변동표
② 손익계산서
③ 현금흐름표
④ 제조원가명세서

02 다음 중 손익계산서의 손익을 구분표시하여 보여줄 때 가장 상위부터 보여지는 손익 순으로 옳게 나열한 것은?

손익계산서	
20X1년 1월 1일 ~ 20X1년 12월 31일	
Ⅰ. 매출액	XXX
Ⅱ. 매출원가	XXX
Ⅲ. ( )	XXX
Ⅳ. 판매관리비	XXX
Ⅴ. ( )	XXX
Ⅵ. 영업외수익	XXX
Ⅶ. 영업외비용	XXX
Ⅷ. ( )	XXX
Ⅸ. 법인세비용	XXX
Ⅹ. ( )	XXX

① 매출총손익 → 법인세비용차감전순손익 → 영업손익 → 당기순손익
② 매출총손익 → 영업손익 → 법인세비용차감전순손익 → 당기순손익
③ 매출총손익 → 영업손익 → 당기순손익 → 법인세비용차감전순손익
④ 영업손익 → 매출총손익 → 법인세비용차감전순손익 → 당기순손익

03 복식부기란 회사의 재산에 영향을 미치는 거래를 파악하여 재산이 변화한 원인과 그로 인한 결과를 동시에 기록하는 방법이다. 이때 자산, 부채, 자본의 증감이나 수익, 비용의 발생을 일정한 원리에 따라 차변과 대변으로 분리하여 이중으로 기록하는데 이를 복식부기의 원리라고 한다. 다음 중 복식부기의 원리로 옳지 않은 것은?

① 자산의 증가는 차변에, 감소는 대변에 기록한다.

② 부채의 감소는 차변에, 증가는 대변에 기록한다.

③ 자본의 감소는 대변에, 증가는 차변에 기록한다.

④ 수익의 발생은 대변에, 비용의 발생은 차변에 기록한다.

04 다음의 회계순환과정(Accounting cycle) 중 빈칸에 들어갈 용어가 순서대로 옳게 나열된 것은?

> 기래의 인식 - (ㄱ) - (ㄴ) - (ㄷ) - (ㄹ) - 계정의 마감 - 재무제표

	(ㄱ)	(ㄴ)	(ㄷ)	(ㄹ)
①	분개장	총계정원장	시산표	정산표
②	총계정원장	분개장	시산표	정산표
③	분개장	총계정원장	정산표	시산표
④	총계정원장	분개장	정산표	시산표

05 다음은 제조업을 영위하는 ㈜삼일에서 발생한 거래의 일부이다. 각 거래에 대한 분개가 옳게 짝지어진 것은?

> ㄱ. 법인카드로 300만 원 상당의 컴퓨터(비품)를 구입하였다.
> ㄴ. 원재료 3톤(톤당 단가 500만 원)을 외상으로 구매하였다.
> ㄷ. 소유하고 있는 건물의 당월분 임대료 200만 원이 보통예금 계좌에 입금되었다.
> ㄹ. 결산일 현재 차입금 이자 100만 원이 발생하였으나 실제로는 지급하지 않았다.

① ㄱ: (차) 소모품비   3,000,000원   (대) 매입채무   3,000,000원

② ㄴ: 분개없음

③ ㄷ: (차) 현금및현금성자산   2,000,000원   (대) 임대수익   2,000,000원

④ ㄹ: 분개없음

06 다음 현금계정의 날짜별 기입내용을 보고 발생한 거래를 추정한 것으로 옳은 것은?

<table>
<tr><td colspan="4" align="center">현 금</td></tr>
<tr><td colspan="4" align="right">(단위: 원)</td></tr>
<tr><td>1/2</td><td>자본금</td><td align="right">5,000,000</td><td>1/13   토지   3,000,000</td></tr>
<tr><td>1/15</td><td>외상매출금</td><td align="right">1,000,000</td><td>1/25   차입금   2,500,000</td></tr>
</table>

① 1월 2일 5,000,000원을 유상증자하였다.

② 1월 13일 토지대금 3,000,000원을 미지급하였다.

③ 1월 15일 거래처에 외상매입금 1,000,000원을 현금으로 지급하였다.

④ 1월 25일 은행으로부터 2,500,000원을 차입하였다.

07 삼일은행에 당좌예금통장(당좌차월 한도 : 100,000원)을 개설하고, 현금 150,000원을 예금한 경우의 회계처리로 옳은 것은?

① (차) 당좌예금   250,000원   (대) 현금   150,000원
                                          차입금   100,000원

② (차) 당좌예금   150,000원   (대) 현금   150,000원

③ (차) 당좌예금   100,000원   (대) 현금   100,000원

④ (차) 차입금   50,000원   (대) 현금   50,000원

08 ㈜삼일의 아래 세부 계정잔액 정보를 이용하여 기말 재무상태표에 표시될 계정과목과 금액을 산정한 것으로 옳은 것은?

외상매출금	40,000원	지급어음	100,000원
타인발행수표	100,000원	당좌예금	50,000원
외상매입금	70,000원		

① 현금및현금성자산 250,000원   ② 매출채권 140,000원

③ 매입채무   70,000원   ④ 당좌자산 190,000원

09 회사가 다음과 같은 성격의 유가증권을 보유하고 있는 경우 기업회계기준상 분류로 옳은 것은?

ㄱ. 채무증권
ㄴ. 만기 및 상환금액 확정
ㄷ. 만기까지 보유할 적극적인 의도와 능력이 존재함
ㄹ. 단기간 내의 매매차익을 목적으로 취득하지 않음

① 단기매매증권   ② 매도가능증권

③ 만기보유증권   ④ 장기금융상품

10 다음 중 ㈜삼일의 재고자산과 관련된 재무제표의 주석에 대한 설명으로 옳지 않은 것은?

재무제표에 대한 주석
제2기 : 20X2년 12월 31일 현재
제1기 : 20X1년 12월 31일 현재

㈜삼일

10. 재고자산

보고기간종료일 현재 재고자산의 내역은 다음과 같습니다.

(단위: 원)

구분	평가전 금액	평가충당금	장부금액
제품	1,200,000	(80,000)	1,120,000
재공품	2,200,000	(250,000)	1,950,000
원재료	1,750,000	(150,000)	1,600,000
저장품	150,000	–	150,000
계	5,300,000	(480,000)	4,820,000

① ㈜삼일의 보고기간종료일 현재 재무상태표에 계상되는 재고자산 순액은 4,820,000원이다.

② ㈜삼일이 보고기간종료일 현재 소모품, 수선용 부분품 등으로 보유한 재고자산의 금액은 150,000원이다.

③ ㈜삼일의 보고기간종료일 현재 제품과 재공품의 취득원가는 3,400,000원이다.

④ ㈜삼일이 보고기간종료일 현재 보유한 재고자산의 시가가 차기 이후에 회복되더라도 재고자산평가손실충당금은 환입될 수 없다.

11 다음 자료를 이용하여 ㈜삼일의 20X1년 손익계산서상의 매출총이익을 계산하면 얼마인가?

기초재고액	180,000원	총매입액	560,000원
매입할인	15,000원	매입환출	20,000원
총매출액	690,000원	기말재고액	250,000원

① 200,000원
② 215,000원
③ 235,000원
④ 415,000원

12 다음 설명의 빈 칸에 들어갈 말로 올바르게 짝지어진 것은?

투자의 목적 또는 비영업용으로 소유하는 토지와 건물은 (　　ㄱ　　)으로 분류되고, 영업활동에서의 판매를 위하여 보유하고 있는 토지와 건물은 (　　ㄴ　　)으로 분류된다.

	ㄱ	ㄴ
①	투자부동산	재고자산
②	유형자산	재고자산
③	유형자산	기타비유동자산
④	기타비유동자산	유형자산

13 다음 유형자산의 후속적 지출 중 일반적으로 발생 시 비용계정으로 처리하는 것으로 옳은 것은?

① 일상적인 공장설비의 유지·보수
② 건물의 증축비용
③ 엘리베이터 설치비용
④ 난방장치 설치비용

14 ㈜삼일은 20X1년 1월 1일에 차량 1대를 구입하고 이를 유형자산으로 회계처리 하였다. 해당 차량을 20X2년 6월 30일에 처분하였다면, 20X2년 동 차량의 보유 및 처분이 당기 손익에 미친 영향으로 옳은 것은?

> ㄱ. 20X1년 1월 1일 취득가액 : 20,000,000원
> ㄴ. 내용연수 및 상각방법 : 5년, 정액법
> ㄷ. 잔존가치 : 0원
> ㄹ. 20X2년 6월 30일 처분가액 : 15,000,000원

① 3,000,000원 감소

② 1,000,000원 감소

③ 영향없음

④ 3,000,000원 증가

15 다음 중 무형자산과 관련하여 옳지 않은 이야기를 하는 사람은?

> 경수: 무형자산의 인식요건을 충족한 지출은 자산으로 처리합니다.
> 희경: 경상개발비는 상각대상인 무형자산입니다.
> 철수: 특허권과 실용신안권 등은 산업재산권으로 분류됩니다.
> 영희: 영업권 중에서도 내부적으로 창출된 영업권은 무형자산으로 인식할 수가 없습니다.

① 경수

② 희경

③ 철수

④ 영희

16 다음은 도소매업을 영위하는 ㈜삼일의 비유동자산 계정과목을 나열한 것이다. 재무상태표상 기타비유동자산으로 분류되어야 할 항목을 모두 고른 것은?

> ㄱ. 투자부동산   ㄴ. 이연법인세자산
>
> ㄷ. 산업재산권   ㄹ. 지분법적용투자주식
>
> ㅁ. 공구와기구   ㅂ. 장기미수금

① ㄱ, ㄴ   ② ㄴ, ㄷ, ㄹ

③ ㄹ, ㅁ, ㅂ   ④ ㄴ, ㅂ

17 ㈜삼일의 시산표에서 다음과 같은 오류가 발견되었다. 이에 대한 수정분개로 옳은 것은?

> 원재료 200,000원을 외상매입하였으나, 수표를 발행하여 지급한 것으로 기입하였다.

①	(차) 당좌예금	200,000원	(대) 외상매입금	200,000원
②	(차) 외상매입금	200,000원	(대) 당좌예금	200,000원
③	(차) 외상매입금	200,000원	(대) 상품	200,000원
④	(차) 상품	200,000원	(대) 당좌예금	200,000원

18 다음의 거래를 분개할 때 빈칸에 알맞은 계정과목으로 옳은 것은?

급여 지급일에 총급여 1,500,000원 중에서 근로소득세 8,000원, 주민세 800원, 건강보험료 25,000원, 국민연금 50,000원을 차감한 잔액을 현금으로 지급하였다.

(차) 급여	1,500,000원	(대) 현 금	1,416,200원
		( )	83,800원

① 세금과공과　　　　　　　　　② 미수수익

③ 예수금　　　　　　　　　　　④ 복리후생비

19 다음 중 사채에 관한 설명으로 옳은 것은?

① 액면이자율이 시장이자율보다 작은 경우에는 할증발행을 하게 된다.
② 사채를 할인발행한 경우에도 만기에 액면금액을 상환해야 한다.
③ 사채발행비는 미래의 이자비용을 감소시키는 효과가 있다.
④ 사채를 조기상환하는 경우 현금상환액이 사채의 장부가액보다 큰 경우 사채상환이익이 발생한다.

20 다음 중 비유동부채에 해당하는 것을 모두 고른 것은?

ㄱ. 자금조달을 위하여 당기에 발행한 3년 만기의 사채
ㄴ. 당기 유상증자로 유입된 현금 중 주식의 액면금액을 초과하는 부분
ㄷ. 당기 중 상품을 구입하면서 교부한 2년 만기의 어음
ㄹ. 임직원의 퇴직에 대비하여 설정한 퇴직급여충당부채

① ㄱ, ㄴ, ㄷ　　　　　　　　　② ㄱ, ㄴ, ㄹ

③ ㄱ, ㄷ, ㄹ　　　　　　　　　④ ㄴ, ㄷ, ㄹ

21 다음 중 괄호 안에 들어갈 단어로 옳은 것은?

> (   )은 채권자를 보호하고 회사의 재무적 기초를 견고히 하고자 상법의 규정에 의하여 강제적으로 적립하는 법정적립금이다. 주식회사는 자본금의 2분의 1이 될 때까지 매 결산기의 현금배당액의 10분의 1 이상의 금액을 (   )으로 적립하여야 한다.

① 이익준비금   ② 대손준비금

③ 사업확장적립금   ④ 기업합리화적립금

22 다음의 자료를 회계처리 할 경우에 관한 설명으로 옳은 것은?

> ㈜삼일의 주식발행 내역
> - 액면가액 : 5,000원   - 발행주식수 : 1,000주
> - 발행가액 : 4,000원   - 신주발행비 : 100,000원

① 납입자본금은 4,000,000원이다.

② 주식할인발행차금은 1,100,000원이다.

③ 자본조정 항목은 1,000,000원이다.

④ 기타포괄손익누계액은 100,000원이다.

23 다음 중 수익에 관한 설명으로 옳지 않은 것은?

① 수익은 기업의 통상적인 경영활동에서 발생하는 경제적 효익의 총유입을 말한다.

② 기업이 영업활동이 아닌 부수적인 활동에서 발생시킨 수익은 영업외수익으로 분류한다.

③ 기업이 주된 영업활동으로 발생시키는 수익은 매출액으로 분류한다.

④ 판매대가를 현금 이외의 자산으로 받는 경우 해당 자산을 현금화시키기 전까지는 수익을 인식할 수 없다.

24 다음 중 괄호 안에 들어갈 단어로 옳은 것은?

> 상품을 판매하고 판매대금 10,000,000원 중 2,000,000원만 현금으로 수령한 경우에도 10,000,000원 전액을 매출로 계상하여야 한다. 이와 같이 회계처리를 하는 것은 (   )에 근거한 회계처리 방법이다.

① 보수주의   ② 현금주의

③ 중요성   ④ 발생주의

25 다음은 건설업을 영위하는 ㈜삼일의 A 현장 건설공사 관련 자료이다. 총 도급금액은 40,000,000원이고, 공사기간은 20X1년 1월 1일부터 20X3년 12월 31일 이라고 할 때, 20X2년에 인식할 공사수익을 계산하면 얼마인가?

구분	20X1년	20X2년	20X3년
총공사예정원가 추정액	28,000,000원	25,000,000원	27,000,000원
기간별 발생원가	8,400,000원	9,100,000원	9,500,000원

① 8,000,000원   ② 14,560,000원

③ 16,000,000원   ④ 20,000,000원

26 다음 중 제조업을 영위하는 ㈜삼일의 비용에 대해 옳지 않은 주장을 하는 사람은 누구인가?

① 진희 : 감가상각비는 수익을 창출하는 과정에 사용될 것으로 기대되는 기간동안 체계적이고 합리적인 방법으로 배분한다.

② 영수 : 매출원가는 매출액과 직접 대응되는 원가이다.

③ 영희 : 이자비용은 일반적으로 영업외비용으로 분류한다.

④ 철수 : 기부금은 일반적으로 판매비와관리비로 분류한다.

27 다음 자료에 대한 분개로 옳은 것은?

> 20X1년 7월 31일 :
> ㈜삼일은 직전연도 법인세 산출세액의 절반인 5,600,000원을 현금으로 중간예납 하였다.

① (차) 선급법인세   5,600,000원   (대) 현금   5,600,000원
② (차) 미지급법인세   5,600,000원   (대) 현금   5,600,000원
③ (차) 법인세비용   5,600,000원   (대) 선급법인세   5,600,000원
④ (차) 법인세비용   5,600,000원   (대) 미지급법인세   5,600,000원

28 다음 중 제품 제조 및 관련 서비스 제공을 주업으로 하는 ㈜삼일의 영업이익에 영향을 주는 거래가 아닌 것은?

① 종업원에 대한 교육훈련비 500,000원을 현금 지급하였다.
② 당기에 용역매출이 30,000,000원 발생하였다.
③ 유가증권(장부금액 10,000,000원)을 9,800,000원으로 평가하였다.
④ 신제품 출시로 인하여 광고선전비 1,000,000원을 현금 지출하였다.

29 다음 중 결산수정분개에 관한 설명으로 옳지 않은 것은?

① 화폐성 외화자산·부채에 대하여 기말 환율을 적용하여 평가하여야 한다.
② 매도가능증권은 기말 현재의 공정가치로 평가하며, 평가손익은 기타포괄손익누계액 항목으로 처리한다.
③ 재고자산 실사결과 수량이 부족한 부분에 대해서는 재고자산을 차감 조정한다.
④ 유·무형자산에 대한 감가상각비 계상 및 퇴직급여충당부채의 설정은 기중에 각 거래가 발생한 시점에서 이루어지는 것이 일반적이다.

30 다음 회계순환과정의 설명에서 (가)에 들어갈 세부절차로 옳은 것은?

> 회계순환과정은 기중거래의 기록절차와 결산절차로 구분된다. 기중거래의 기록절차는 회계상의
> 거래를 분개하고 전기하는 과정을 말하고, 결산절차는 기중기록과 결산정리사항을 통합하여
> 최종적인 재무제표를 작성하는 과정을 말한다.
>
> 결산절차는 예비절차와   (가)   의 2단계로 이루어진다.

① 수정전시산표의 작성　　　　　② 결산보고서 작성

③ 결산수정분개　　　　　　　　　④ 결산수정분개의 전기

31 다음 중 시산표에 관한 설명으로 옳지 않은 것은?

① 시산표는 총계정원장의 기록이 정확한지를 검증하는 기능을 한다.

② 시산표의 종류에는 합계시산표, 잔액시산표, 합계잔액시산표가 있다.

③ 시산표상의 차변과 대변 잔액의 차이를 발생시키지 않는 유형의 오류는 파악하기 어
렵다.

④ 합계시산표는 각 계정의 차변잔액과 대변잔액이 기재된 시산표이다.

32 ㈜삼일의 20X1년말 현재 수정전시산표 상의 퇴직급여충당부채 잔액은 5,000,000원이며,
담당자가 계산한 당기말 퇴직금추계액은 20,000,000원이다. 이때 수행하여야 하는 결산수
정분개로 옳은 것은?

① (차) 퇴직급여　　　　　　　15,000,000원　　(대) 퇴직급여충당부채　15,000,000원

② (차) 퇴직급여　　　　　　　20,000,000원　　(대) 퇴직급여충당부채　20,000,000원

③ (차) 퇴직급여충당부채　　　15,000,000원　　(대) 퇴직급여　　　　　15,000,000원

④ (차) 퇴직급여충당부채　　　20,000,000원　　(대) 퇴직급여　　　　　20,000,000원

33 다음 거래에 대한 결산수정분개로 옳은 것은?

> ㈜삼일은 20X1년 10월 1일에 만기 5년, 연 이자율 5% 조건으로 200,000,000원을 대여하고, 20X1년 12월 31일 해당 대여금에 대하여 당기분 경과이자를 인식하였다.

① (차) 미수수익   2,500,000원   (대) 이자수익   2,500,000원

② (차) 현금   2,500,000원   (대) 선수수익   2,500,000원

③ (차) 미수수익   5,000,000원   (대) 이자수익   5,000,000원

④ (차) 미수수익   5,000,000원   (대) 현금   5,000,000원

34 ㈜삼일의 20X1년 말 현재 재고자산의 취득원가는 35,000,000원이며 결산 전 전기이월된 장부상 재고사산평가손실충당금 잔액은 1,000,000원이었다. 재고자산의 시가하락으로 상품의 가치가 하락하여 순실현가능가액이 32,730,000원으로 추정되었을 경우 결산수정분개가 재무상태표와 손익계산서에 미치는 영향으로 옳은 것은?

	재무상태표	손익계산서
①	부채 증가, 이익잉여금 증가	순이익 1,270,000원 감소
②	자산 감소, 이익잉여금 감소	순이익 1,270,000원 감소
③	부채 증가, 이익잉여금 증가	순이익 2,000,000원 감소
④	자산 감소, 이익잉여금 감소	순이익 2,000,000원 감소

35 다음의 경우 감사인이 표명한 감사의견으로 옳은 것은?

> 우리의 의견으로는, 회사의 재무제표는 근거문단에 기술된 사항이 미치는 영향을 제외하고는 ABC 주식회사의 20X1년 12월 31일과 20X0년 12월 31일 현재의 재무상태, 동일로 종료되는 양 보고기간의 재무성과 및 현금흐름을 일반기업회계기준에 따라 중요성의 관점에서 공정하게 표시하고 있습니다.

① 한정의견   ② 적정의견

③ 부적정의견   ④ 의견거절

36 다음 중 주주입장에서 바라본 기업의 이익창출능력을 나타내는 재무비율로 옳은 것은?

① 자기자본이익율   ② 유동비율

③ 총자산회전율   ④ 당좌비율

37 다음은 ㈜삼일의 20X1년 말의 재무상태표이다. 이와 관련하여 옳지 않은 의견을 제시한 사람은 누구인가?

재무상태표
제5기 20X1년 12월 31일 현재

㈜삼일   (단위: 원)

자산		부채	
유동자산	300,000	유동부채	200,000
당좌자산	50,000	비유동부채	500,000
재고자산	250,000	부채총계	700,000
비유동자산	440,000	자본	
투자자산	100,000	자본금	300,000
유형자산	300,000	자본잉여금	100,000
무형자산	10,000	이익잉여금	(360,000)
기타비유동자산	30,000	자본총계	40,000
자산총계	740,000	부채와자본총계	740,000

① 철수 : 회사의 유동비율이 100%를 넘어가는군요.

② 영희 : 당좌비율이 높으니 단기적 유동성에 대해서는 걱정할 필요가 없겠어요.

③ 영철 : 손익거래에서 발생한 손실 누적으로 인하여 이익잉여금이 (-)인 것은 큰 문제입니다.

④ 수영 : 부채비율도 높아 채권자에 대한 위험도 높은 상황입니다.

38 ㈜삼일의 당기 재고자산회전율은 3.2회이며, 매출채권회전율은 4.5회이다. 다음의 설명 중 옳지 않은 것은(1년을 365일로 가정한다)?

① 일반적으로 매출액을 평균매출채권으로 나누어 매출채권회전율을 계산한다.

② 매출원가를 평균재고자산으로 나누어 재고자산회전율을 계산할 수 있다.

③ ㈜삼일의 차기 재고자산회전율이 4.1회로 증가하였다면, 차기 재고자산의 진부화 가능성이 높아진다.

④ ㈜삼일의 차기 매출채권회전율이 3.9회로 감소하였다면, 차기 대손설정율은 증가할 가능성이 높아진다.

39 다음은 최근 한 신문기사 내용의 일부로 이 신문기사에 대해 회계전문가가 다음과 같은 논평을 하였다. 이에 관한 설명으로 옳지 않은 것은?

> 재무제표에 딸린 주석(註釋)이 '투자정보 창고'
>
> IFRS 시대에선 주석의 위상이 달라진다. 재무제표 본문에 표시되지 않은 대부분의 정보가 주석에 담기기 때문이다. 한국거래소 관계자는 "IFRS를 적용한 재무제표의 수치들은 경영진의 판단과 추정에 영향을 받을 수밖에 없다"며 "주석은 한마디로 정보의 보고(寶庫)"라고 설명했다.
> (중략)

① 주석은 비교적 설명이 길거나 동일한 내용으로 둘 이상의 계정과목에 대하여 설명을 하게 되는 경우에 사용된다.

② 최근 기업회계는 주석공시를 강화하는 방향으로 발전해 가고 있다.

③ 설명하고자 하는 계정과목 옆에 주석번호를 표시한 후 별지에 주석번호 순서대로 필요한 내용을 기재한다.

④ 주석은 재무제표에 포함되지는 않지만 많은 정보를 제공하기 때문에 그 중요성이 강조되고 있다.

40 다음은 ㈜삼일의 20X1년 손익계산서이다. 자료에 관한 분석으로 옳은 것은?

손익계산서
20X1년 1월 1일부터 20X1년 12월 31일까지

㈜삼일 　　　　　　　　　　　　　　　　　　(단위: 만 원)

Ⅰ. 매출액	5,000
Ⅱ. 매출원가	(2,400)
Ⅲ. 매출총이익	2,600
Ⅳ. 판매비와관리비	(1,000)
Ⅴ. 영업이익	1,600
Ⅵ. 영업외수익	500
Ⅶ. 영업외비용	(600)
Ⅷ. 법인세비용차감전순이익	1,500
Ⅸ. 법인세비용	(100)
Ⅹ. 당기순이익	1,400

① 회사가 영업활동으로 매출액 대비 이익을 얼마나 남겼는지는 법인세차감전순이익률을 통해 알 수 있다.

② ㈜삼일의 영업이익률은 32% 이다.

③ 영업이익률은 주주가 투자한 금액대비 얼마나 이익을 달성했는지를 의미한다.

④ 당기순이익은 계속적으로 발생할 가능성이 매우 높은 이익이다.

01 다음 중 회계의 궁극적 목적에 관한 설명으로 옳은 것은?

① 납부하여야할 세금을 최소한으로 줄여준다.
② 자금 차입 시 우대이율을 적용받을 수 있도록 한다.
③ 이해관계자들이 합리적인 의사결정을 할 수 있도록 유용한 재무적 정보를 측정하여 전달한다.
④ 경영성과를 실제보다 좋아보이도록 재무정보를 작성함으로써 투자를 유도한다.

02 다음 중 부기(Book keeping)에 대한 설명으로 옳지 않은 것은?

① '부기'는 장부기입이라는 어원에서 만들어진 용어로서, '회계'보다는 넓은 개념이다.
② 복식부기는 기록 상의 오류에 대한 자기검증 기능을 가진다는 장점이 있다.
③ 복식부기는 재무상태표 및 손익계산서 구성요소의 변화내역을 기록하는 것이다.
④ 복식부기에 의하면 자산의 증가를 수반하는 수익의 증가는 대변에, 부채의 증가를 수반하는 비용의 증가는 차변에 기록된다.

03 다음은 회계순환과정의 일부를 나타낸 것이다. (가)에 해당하는 내용으로 옳은 것은?

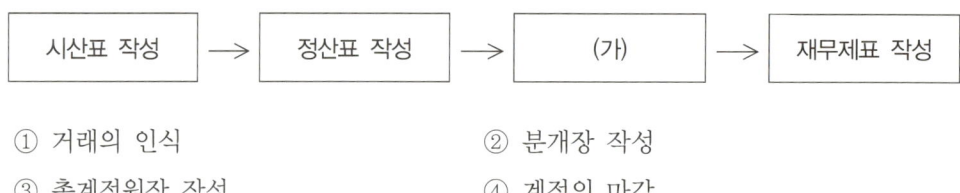

| 시산표 작성 | → | 정산표 작성 | → | (가) | → | 재무제표 작성 |

① 거래의 인식
② 분개장 작성
③ 총계정원장 작성
④ 계정의 마감

04 다음 중 재무상태표 작성기준에 대하여 옳지 않은 설명을 한 사람은 누구인가?

① 철수 : 동일한 거래처에 매출채권과 매입채무가 동시에 있는 경우, 원칙적으로 순액으로 표시하지 않고 총액으로 표시해야 합니다.

② 영수 : 건물은 보유목적에 따라 유형자산, 투자자산 또는 재고자산으로 분류됩니다.

③ 지현 : 재무상태표는 금액이 큰 자산의 순서로 보여주어야 합니다.

④ 미영 : 손익거래에서 발생한 잉여금은 이익잉여금으로 구분해야 합니다.

05 다음 각각의 단일거래를 하나의 분개로 나타낼 때, 거래 8요소 상의 결합관계가 다른 하나를 고르시오.

① 금융기관으로부터 조달했던 운영자금 1억 원을 상환하다.

② 기계장치를 취득하면서 매입대금은 차년도에 지급하기로 하다.

③ 상품 2,000만 원을 2개월 이내 대금지급 조건으로 매입하다.

④ 매도가능증권 1,000만 원의 취득대금을 단기차입금 실행을 통해 지급하다.

06 다음은 ㈜삼일의 계정별원장 중 일부를 나타낸 것으로, 당기 10월 1일에 체결된 1건의 임대차계약에 대한 기록이다. 이에 관한 설명으로 옳은 것은(단, ㈜삼일의 결산기간은 1월 1일부터 12월 31일이다)?

선수수익			
12/31 임대료	30,000원	10/1 현 금	120,000원

① 회사의 선수수익은 차기에 임대서비스를 제공할 의무이므로 결산일 현재 재무상태표에 120,000원으로 인식한다.

② 회사의 임대료는 실현주의 요건에 따라 손익계산서에 30,000원으로 인식한다.

③ 회사는 최초 수익계정을 이용하여 회계처리하였고 결산조정을 통해 부채계정을 인식하였다.

④ 회사의 1개월분 임대료는 10,000원이며 손익계산서에 인식되는 당기 기간 귀속분은 90,000원이다.

07 다음 중 재무상태표 상 표시될 계정과목으로의 분류가 적절하지 않은 것은?

> ㄱ. 보통예금   ㄹ. 외상매입금   ㅅ. 타인발행수표
>
> ㄴ. 우편환증서   ㅁ. 지급어음   ㅇ. 외상매출금
>
> ㄷ. 6개월 만기 정기예금   ㅂ. 원재료   ㅈ. 미지급금

① 현금및현금성자산 - ㄱ, ㄴ, ㄷ   ② 매출채권 - ㅇ

③ 당좌자산 - ㄱ, ㄴ, ㄷ, ㅅ, ㅇ   ④ 유동부채 - ㄹ, ㅁ, ㅈ

08 ㈜삼일의 결산일 현재 외상매출금 잔액이 5,000,000원이고, 이 중 3%가 대손될 것으로 추정된다. 결산수정 전의 대손충당금 잔액이 90,000원일 경우 올바른 결산수정분개는?

① (차) 대손충당금   60,000원   (대) 외상매출금   60,000원

② (차) 대손상각비   60,000원   (대) 대손충당금   60,000원

③ (차) 대손충당금   150,000원   (대) 외상매출금   150,000원

④ (차) 대손상각비   150,000원   (대) 대손충당금   150,000원

09 ㈜삼일은 20X1년 중 ㈜강남의 주식 100주를 주당 1,000원에 취득하고 단기매매증권으로 분류하였다. 취득과 직접 관련된 거래원가로 5,000원이 지출되었고 20X1년 말 동 유가증권의 공정가치가 주당 1,200원이 되었다고 할 때, ㈜삼일의 당해 손익계산서에 단기매매증권평가손익으로 인식될 금액은 얼마인가?

①   단기매매증권평가이익   15,000원

②   단기매매증권평가이익   20,000원

③   단기매매증권평가손실   15,000원

④   단기매매증권평가손실   20,000원

10 다음 중 기말재고자산에 포함될 항목에 대한 설명으로 옳은 것은?

① 선적지인도기준으로 판매한 상품이 현재 운송중일 경우 기말재고자산에 포함하여야 한다.

② 시용판매의 경우 매입자가 매입의사를 표시하기 전까지 기말재고자산에서 제외하여야 한다.

③ 수탁판매의 경우 수탁자는 보관중인 상품을 기말재고자산에 포함하여야 한다.

④ 도착지인도기준으로 구매한 상품이 현재 운송중일 경우 기말재고자산에서 제외하여야 한다.

11 다음 자료를 이용하여 선입선출법하의 매출원가율을 구하면 얼마인가?

	수량(개)	매입단가(원)
기초재고(1. 1)	300	100
당기매입(5. 1)	400	110
당기매입(9. 1)	250	120
	950	

당기에 650개의 재고자산이 판매되었으며, 총 매출액은 100,000원이다.

① 65%   ② 68.5%

③ 74.75%   ④ 78%

12 도소매업을 영위하는 ㈜삼일은 A와 B 두 종류의 상품을 판매하고 있다. 계속기록법에 의한 20X1년 수량 변동내역 및 기말 재고실사 결과가 다음과 같고, A와 B의 취득단가가 각각 500원과 300원으로 연중 동일하다고 할 때, 재고실사 수량차이 관련 결산조정이 동 기간 영업이익에 미칠 영향으로 옳은 것은(단, 당기 발생한 총 감모 중 20%는 정상감모이고, 80%는 비정상 감모이다)?

<table>
<tr><th colspan="6" style="text-align:center">상품재고 수량</th></tr>
<tr><td>기초재고</td><td>A</td><td>100개</td><td>당기판매</td><td>A</td><td>900개</td></tr>
<tr><td></td><td>B</td><td>100개</td><td></td><td>B</td><td>1,800개</td></tr>
<tr><td>당기매입</td><td>A</td><td>1,000개</td><td>기말재고</td><td>A</td><td>200개</td></tr>
<tr><td></td><td>B</td><td>2,000개</td><td></td><td>B</td><td>300개</td></tr>
</table>

기말 재고실사 수량	
A	180개
B	250개
합계	430개

① 5,000원 감소 ② 5,600원 감소
③ 20,000원 감소 ④ 28,000원 감소

13 다음은 석유화학제품 제조업을 영위하는 ㈜삼일의 회계팀 직원이 투자자산 계정분류와 관련하여 논의한 내용이다. 옳지 않은 설명을 하는 사람은 누구인가?

① 김대리 : 당기 중 용산에 취득한 오피스텔 건물은 비영업용으로 사용되고 있으므로 유형자산이 아닌 투자자산으로 분류하여야 합니다.

② 박과장 : 피투자기업에 대한 통제를 목적으로 취득한 ㈜한강의 주식은 일반 투자 목적 유가증권과는 다른 계정과목으로 분류하여야 합니다.

③ 오차장 : A금융기관에 예치해 둔 금융상품들은 모두 투자의 목적으로 보유하고 있는 것이므로 보유 예상기간과는 무관하게 비유동자산으로 분류하여야 합니다.

④ 윤부장 : 지난 달 취득하여 단기매매증권으로 분류해 둔 ㈜마포의 주식은 당좌자산에 포함되어야 합니다.

14 다음은 감가상각방법에 따른 감가상각비를 나타낸 것이다. (가), (나)와 관련된 설명으로 옳지 않은 것을 모두 고른 것은?

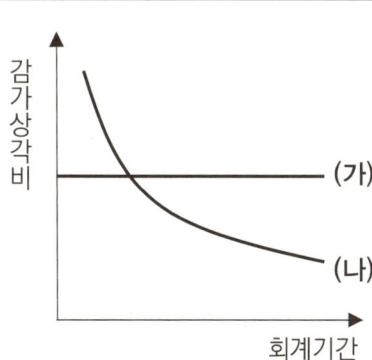

ㄱ. (가)의 감가상각비는 감가상각대상금액을 매기 균등하게 상각하여 계산한다.

ㄴ. 유형자산의 경제적 내용연수 전체기간에 대하여 인식될 총 감가상각비는 (나)보다 (가)가 더 크다.

ㄷ. (가)의 감가상각비는 잔존가액을 내용연수로 나누어 계산한다.

ㄹ. (나)의 감가상각비는 매기 기초장부금액에 일정한 상각률을 곱하여 계산한다.

① ㄱ, ㄴ   ② ㄱ, ㄷ

③ ㄱ, ㄹ   ④ ㄴ, ㄷ

15 다음은 ㈜삼일의 기계장치 구입과 관련하여 지출한 내역이다. 다음 중 기계장치의 취득원가는 얼마인가?

순수한 기계구입대금	3,000,000원
공장까지의 운임	200,000원
공장 내 설치비	30,000원
시운전비	70,000원
보유 중에 발생한 수선유지비	200,000원
합 계	3,500,000원

① 3,000,000원　　　　　　② 3,200,000원

③ 3,300,000원　　　　　　④ 3,400,000원

16 다음 중 무형자산에 관한 설명으로 옳지 않은 것은?

① 내부적으로 창출한 영업권은 무형자산으로 인정되지 않는다.

② 무형자산 상각시에는 무형자산상각누계액을 설정하지 않고 무형자산 계정에서 직접 차감할 수 있다.

③ 무형자산은 사용가능한 시점부터 합리적인 기간동안 상각하도록 하고 있으며, 합리적인 상각방법을 정할수 없는 경우에는 정액법을 사용한다.

④ 무형자산이란 식별가능하고, 기업이 통제하고 있으며, 미래 경제적 효익이 있는 비화폐성 자산으로서, 반드시 법적 권리를 가지고 있어야만 무형자산으로 인정된다.

17 다음은 ㈜삼일의 기중 당좌거래 자료이다. ㈜삼일이 기말시점에 동 거래와 관련하여 재무상태표에 계상해야 할 단기차입금을 계산하면 얼마인가?

> ㄱ. 기초 당좌예금 잔액은 3,000,000원이며, 동 계좌는 은행과 3,000,000원을 한도로 당좌차월 계약이 체결되어 있다.
> ㄴ. 기중 상품 판매대금 2,000,000원이 당좌계좌에 입금되었다.
> ㄷ. 기중 원재료 매입대금으로 4,000,000원의 당좌수표를 발행하여 지급하였다.

① 0원
② 1,000,000원
③ 3,000,000원
④ 4,000,000원

18 다음 중 시채의 발행가액에 식접적으로 영향을 미치는 요소가 아닌 것은?

① 시장이자율
② 경쟁기업의 사채발행가격
③ 액면금액
④ 액면이자율

19 다음 종업원의 퇴직과 관련된 설명 중 빈칸에 들어갈 용어를 옳게 짝지은 것은?

종업원은 입사하여 퇴사할 때까지 회사를 위해 근로를 제공한 대가로 퇴직시에 퇴직금을 받을 권리가 있다. 이는 근로자퇴직급여보장법에 명시되어 있는 종업원들의 권리이다.

반대로 기업의 입장에서는, 미래에 종업원이 퇴직할 시점에 법에 의해 확정적으로 퇴직금을 지급해야 하므로, 법적인 의무가 존재할 뿐 아니라 종업원의 퇴직시점에 경제적 효익의 유출 가능성이 매우 높다. 뿐만 아니라, 퇴직 전 월평균 급여에 근속연수를 곱해서 퇴직금을 지급해야 하므로 예상되는 퇴직금도 측정이 가능하다.

즉, 종업원의 미래 예상되는 퇴직금은 기업이 현재 부담하는 의무로서 미래경제적 효익의 유출가능성이 매우 높고 금액의 신뢰성 있는 측정이 가능하므로 회계상 (ㄱ)의 정의에 충족된다. 따라서, 기업은 종업원의 퇴직금과 관련된 (ㄱ)(으)로서 이를 (ㄴ)(이)라는 계정과목으로 재무제표에 계상하여야 한다.

그렇다면 (ㄴ)금액은 어떻게 계산되는 것일까? 재무제표에 계상될 (ㄴ)의 금액은 결산일 현재 전 임직원이 퇴사할 경우 지급해야 할 총 퇴직금예상액으로 결정하여야 한다. 우리는 이 예상액을 (ㄷ)이라고 부른다. (ㄷ)을 계산하여 재무제표상 계상되어야 할 (ㄴ)(을)를 확정하였다면, 결산수정분개를 하기 전의 (ㄴ)의 금액과 (ㄷ)과의 차이 금액을 다음과 같이 회계처리 한다.

(차) (ㄹ)	XXX 원	(대) (ㄴ)	XXX 원

이로써 우리는 종업원의 퇴직과 관련하여 지급해야 할 근무의 대가를 재무제표상 의무로 인식하고, 그 의무만큼을 손익계산서상 비용으로 처리할 수 있게 된다.

	ㄱ	ㄴ	ㄷ	ㄹ
①	부채	퇴직급여충당부채	퇴직금추계액	퇴직급여
②	자산	퇴직연금운용자산	퇴직금추계액	지급수수료
③	부채	퇴직급여충당부채	퇴직금지급액	퇴직급여
④	자산	퇴직연금운용자산	퇴직금지급액	지급수수료

20 다음은 자금의 차입 조달과 관련하여 연속적으로 발생한 거래를 나열한 것이다. 각 시점 별 분개로 옳지 않은 것은(단, 이자율은 연 5%이며, 이자는 원금과 함께 만기에 일시 지급하기로 약정하였다)?

> ㄱ. 20X1.07.01 : 18개월 만기 차입금 10,000,000원을 조달하다.
>
> ㄴ. 20X1.12.31 : 결산조정을 통하여 이자비용을 인식하다.
>
> ㄷ. 20X1.12.31 : 유동성 대체하다.
>
> ㄹ. 20X2.12.31 : 만기에 누적 이자를 지급하다.
>
> ㅁ. 20X2.12.31 : 만기에 원금을 상환하다.

① ㄱ – (차) 현금   10,000,000원   (대) 장기차입금   10,000,000원

② ㄴ – (차) 이자비용   250,000원   (대) 미지급비용   250,000원

③ ㄷ – (차) 장기차입금   10,000,000원   (대) 단기차입금   10,000,000원

④ ㄹ – (차) 이자비용   500,000원   (대) 현금   750,000원
　　　　　미지급비용   250,000원

21 주주총회에서 이익잉여금의 처분을 다음과 같이 확정하였다. 처분사항 확정시와 현금배당시 각각의 회계처리로 옳은 것은?

> [이익잉여금 처분사항]
> – 현금배당 : 30,000,000원   – 이익준비금 : 현금배당액의 10%

① 이익잉여금 처분사항(확정) 주주총회일
  (차) 미처분이익잉여금 33,000,000원   (대) 미지급배당금   30,000,000원
                                              이익준비금   3,000,000원

② 이익잉여금 처분사항(확정) 주주총회일
  (차) 미처분이익잉여금 33,000,000원   (대) 현금   30,000,000원
                                              이익준비금   3,000,000원

③ 배당금 지급시
  (차) 미지급배당금   33,000,000원   (대) 현금   33,000,000원

④ 배당금 지급시
  (차) 미지급배당금   3,000,000원   (대) 현금   3,000,000원

22 다음의 거래가 재무상태표상의 자본항목에 미치는 영향으로 옳은 것은?

> 20X1년 1월 1일 보통주 100,000주(1주당 액면금액 5,000원)를 1주당 6,500원에 할증발행하는 과정에서 발행수수료와 증자등기비용 등으로 6,000,000원이 발생하였다. 단, 기존 주식발행초과금 잔액은 없다.

	자본금	자본잉여금	이익잉여금
①	증가	증가	불변
②	불변	감소	불변
③	불변	감소	감소
④	증가	증가	감소

23 다음 중 수익의 측정기준에 관한 설명으로 옳지 않은 것은?

① 대가를 현금으로 받은 경우 현금 수령액을 수익으로 인식한다.

② 대가를 현금 이외의 자산으로 받은 경우에는 판매한 자산의 공정가치를 수익으로 인식한다.

③ 수익 금액이 합리적으로 측정되지 않는다면 손익계산서에 당기의 경영성과로 인식할 수 없다.

④ 상품이나 제품을 판매한 후 에누리나 반품 또는 매출할인이 발생한 경우에는 이를 차감하고 수익을 인식한다.

24 ㈜삼일의 기말수정분개 전 당기순이익은 220,000원이다. 결산과정에서 다음 사항들에 오류 및 누락이 있었음을 발견하였다. 이 사항들을 반영한 후 ㈜삼일의 올바른 당기순이익을 계산하면 얼마인가?

> ㄱ. 회계처리 오류
>   - 보험료 선급분 : 15,000원(당기 보험료로 회계처리함)
> ㄴ. 회계처리 누락
>   - 임대료 미수분 : 30,000원 계상 누락
>   - 차입금 이자 미지급분 : 20,000원 계상 누락
>   - 대여금 이자 미수분 : 5,000원 계상 누락

① 235,000원 ② 240,000원

③ 245,000원 ④ 250,000원

25 다음은 ㈜삼일의 20X1년 1월 1일부터 20X1년 12월 31일까지의 재무정보이다. 자료를 바탕으로 당기 총수익을 계산하면 얼마인가?

기초자산	300,000원	기초부채	80,000원
기말자산	370,000원	기말부채	90,000원
총비용	70,000원	추가출자	20,000원

① 80,000원   ② 90,000원
③ 100,000원   ④ 110,000원

26 다음 중 비용에 대한 설명으로 옳지 않은 것은?

① 주된 영업활동에서 발생한 비용 중 매출액과 직접 대응되는 원가를 매출원가로 처리한다.
② 주된 영업활동 이외의 보조적 또는 부수적인 활동에서 발생하는 비용은 영업외비용으로 처리한다.
③ 판매활동 및 회사의 유지·관리활동과 관련된 비용은 판매비와관리비로 처리한다.
④ 당기 법인세부담액으로 인한 비용은 영업비용으로 처리한다.

27 다음은 자동차 부품 제조업을 영위하는 ㈜삼일의 비제조원가 발생항목 중 일부이다. 동 자료에 의해 판매비와관리비에 포함될 금액을 계산한 것으로 옳은 것은?

퇴직급여	11,000원	접대비	20,000원	연구비	15,000원
기부금	5,000원	외화환산손실	16,000원	이자비용	3,000원

① 31,000원   ② 40,000원
③ 46,000원   ④ 51,000원

28 다음 중 구매자가 매입채무를 조기에 지급하여 판매자로부터 대금의 일정액을 할인받는 것을 무엇이라고 하는가?

① 선급금   ② 매입환출

③ 매입할인   ④ 매입에누리

29 다음 중 결산절차에 해당하지 않은 것은?

① 시산표의 작성   ② 총계정원장에의 전기

③ 결산수정분개   ④ 부속명세서 작성

30 시산표를 작성한 결과 차변잔액과 대변잔액이 일치하지 않았다. 이러한 오류를 확인하기 위해서 장부를 검토할 경우 가장 효율적인 검토순서는?

① 전표 → 보조원장 → 총계정원장 → 시산표

② 시산표 → 총계정원장 → 보조원장 → 전표

③ 전표 → 총계정원장 → 보조원장 → 시산표

④ 시산표 → 보조원장 → 총계정원장 → 전표

31 다음 거래 중 결산수정분개가 필요하지 않은 경우에 해당하는 것은?

① 당기 12월 1일에 취득한 건물에 대해 기말 12월 31일 현재 감가상각비를 인식하지 않았다.

② 결산일 현재 파악된 바에 의하면 매출거래처인 A사가 폐업하여 일부 채권의 회수가능성이 불확실해졌다.

③ 차기에 납품할 제품에 대해 미리 대금을 받고 선수금으로 처리하였다.

④ 결산일까지 내역이 밝혀지지 않은 가수금을 그대로 재무상태표에 계상하였다.

32 다음 중 외화자산·부채의 환산에 관한 설명으로 옳지 않은 것은?

① 일반기업회계기준에서는 결산시 화폐성 외화자산을 보고기간 말의 마감환율을 적용하여 환산하도록 규정하고 있다.

② 화폐성자산의 예로는 현금및현금성자산, 매출채권, 대여금 등이 있다.

③ 화폐성부채의 예로는 매입채무, 차입금, 사채 등이 있다.

④ 결산시 화폐성 외화부채의 경우 환율이 오를수록 이익이 발생한다.

33 다음 중 손익계정 및 재무상태표 계정의 마감에 관한 설명으로 옳은 것은?

① 집합손익계정의 차변에는 수익계정의 잔액을, 대변에는 비용계정의 잔액을 기록한다.

② 장부를 마감하게 되면 손익계정과 재무상태표계정 모두 잔액이 모두 0이 된다.

③ 집합손익계정의 대변과 차변의 차액은 당기순이익(순손실)이 되며 자본조정계정으로 대체한다.

④ 영구계정에 대하여 해당 계정의 반대편에 차기이월이라고 기재한다.

34 다음 중 금융감독원 전자공시시스템을 통해 입수할 수 있는 정보로 옳지 않은 것은?

① 사업보고서   ② 감사보고서

③ 기업내부경영전략보고서   ④ 회계감사를 받은 공시된 재무제표

35 다음 중 외부감사와 감사의견에 관한 설명으로 옳은 것은?

① 외부감사는 회사가 제시한 재무제표가 일정한 회계기준에 따라 적정하게 작성되었는지를 외부감사인이 확인하는 절차이다.

② 적정의견은 회사의 경영성과와 재무상태가 투자하기에 적절하다는 것을 의미한다.

③ 회사의 재무제표가 전반적으로 기업회계기준을 심각하게 위배한 경우 한정의견을 표명한다.

④ 감사의견이 부적정의견인 것은 상장기업의 상장폐지 사유에 해당하지 않는다.

36 ㈜삼일의 20X2년 재무자료를 이용하여 20X2년 유동비율을 계산하면 얼마인가(단, 소수점 첫째자리에서 반올림한다)?

당좌자산	5,000,000원
재고자산	3,155,000원
유형자산	4,000,000원
유동부채	3,500,000원
비유동부채	4,100,000원

① 227% ② 233%

③ 252% ④ 266%

37 다음은 ㈜삼일의 재무자료이다. ㈜삼일의 당기 재고자산회전율이 2회일 경우, 매출원가를 계산하면 얼마인가(단, ㈜삼일은 재고자산회전율을 매출원가 기준으로 산정한다)?

ㄱ. 당기순이익	30,000,000원
ㄴ. 평균매출채권	10,000,000원
ㄷ. 평균재고자산	20,000,000원

① 10,000,000원   ② 20,000,000원

③ 30,000,000원   ④ 40,000,000원

38 다음 자료를 이용하여 자기자본이익률(ROE)을 계산하면 얼마인가?

ㄱ. 당기순이익	10,000,000원
ㄴ. 자산총계	30,000,000원
ㄷ. 부채총계	20,000,000원

① 80%   ② 100%

③ 150%   ④ 200%

39 다음 자료에 의하여 당기의 매출액을 계산하면 얼마인가(단, 영업외수익은 없으며 매출총이익을 매출액으로 나눈 수치인 매출총이익률은 50% 이다)?

ㄱ. 판매비와관리비	600,000원
ㄴ. 영업외비용	400,000원
ㄷ. 법인세비용차감전순이익	1,000,000원

① 4,000,000원   ② 5,000,000원

③ 5,600,000원   ④ 6,000,000원

40 다음은 ㈜삼일의 20X1년 말 손익계산서이다. 당기 실적에 대한 실무진들의 분석이 다음과 같을 때 옳지 않은 의견을 제시한 사람은 누구인가?

손익계산서
20X1년 1월 1일부터 20X1년 12월 31일까지

㈜삼일 (단위: 원)

Ⅰ. 매출액	10,000
Ⅱ. 매출원가	(3,600)
Ⅲ. ○○이익	6,400
Ⅳ. 판매비와관리비	(3,400)
Ⅴ. ○○이익	3,000
Ⅵ. 영업외수익	1,000
Ⅶ. 영업외비용	(1,600)
Ⅷ. ○○이익	2,400
Ⅸ. 법인세비용	(400)
Ⅹ. ○○이익	2,000

---

① 회사가 이번에 주된 영업활동에서 발생시킨 비용은 7,000원이군요.

② 영업활동 이외의 보조적 또는 부수적 활동에서 발생한 비용은 1,600원입니다.

③ 매출총이익률은 64% 입니다. 즉, 회사의 매출원가는 매출액 대비 64% 라는 것을 의미합니다.

④ 영업이익률은 30% 입니다. 이는 회사가 영업활동으로 매출액 대비 30%를 이익으로 남겼다는 것을 의미하지요.

01 다음 중 회계에 관한 설명으로 옳지 않은 것은?

① 재무회계는 재무제표를 통해 재무정보를 제공한다.

② 회계란 회사의 경영활동에 관심을 갖는 다양한 이해관계자가 합리적인 의사결정을 할 수 있도록 회사에 관한 유용한 재무적 정보를 측정하여 전달하는 과정이다.

③ 회사의 회계정보 이용자란 현재의 투자자뿐만 아니라 잠재적 투자자도 포함하는 개념이다.

④ 관리회계는 내부관리의 목적이기보다는 회사 외부의 이해관계자들에게 재무정보를 제공하는 것을 주된 목적으로 한다.

02 다음 중 재무상태표의 작성기준으로 옳지 않은 것은?

① 자산·자본·부채는 순액으로 표기하지 않고 총액으로 기재한다.

② 자산과 부채는 결산일 현재 1년 또는 영업주기를 기준으로 구분 및 표시한다.

③ 자산은 유동성이 높은 것부터 먼저 표시하고, 부채는 유동성이 낮은 것부터 먼저 표시한다.

④ 자본거래에서 발생한 잉여금은 자본잉여금으로 기재하고, 손익거래에서 발생한 잉여금은 이익잉여금으로 구분 및 표시한다.

03 다음 거래 중 당기 비용이 증가하는 거래를 고른 것은?

> ㄱ. 건물을 취득하고 현금을 50,000원 지급하였다.
> ㄴ. 이전에 빌린 차입금 중 100,000원을 상환하였다.
> ㄷ. 당기 종업원 급여 20,000원을 지급하였다.
> ㄹ. 사채업자에게 빌린 차입금에 대한 전기 이자비용을 당기에 50,000원 지급하였다.
> ㅁ. 당기말 확정급여형 퇴직연금제도와 관련하여 추가적으로 100,000원의 퇴직급여충당부채를 계상하였다.

① ㄱ, ㄷ

② ㄷ, ㅁ

③ ㄴ, ㄹ

④ ㄷ, ㄹ

04 다음은 ㈜삼일의 20X1년 재무자료이다. (ㄱ) ~ (ㄹ)을 각각 계산하면 얼마인가(단, 기중에 자본거래는 없다고 가정한다)?

(단위: 원)

기초 자산	기초 부채	기초 자본	기말 자산	기말 부채	기말 자본	총수익	총비용	순이익
1,800	(ㄱ)	1,200	(ㄴ)	400	(ㄷ)	1,300	900	(ㄹ)

	(ㄱ)	(ㄴ)	(ㄷ)	(ㄹ)
①	600	2,000	1,600	400
②	600	2,000	1,600	500
③	600	1,400	1,400	400
④	700	1,400	1,400	500

05 다음의 거래를 총계정원장에 전기하는 경우 관련 계정의 증감내용이 기입될 곳으로 옳은 것은?

[거래] 상품을 70,000원에 외상으로 판매하였다.

재고자산		매출채권	
가	나	다	라

① 나, 라 ② 가, 다
③ 나, 다 ④ 가, 라

06 다음은 회계소프트웨어를 개발하는 ㈜삼일의 거래를 나열한 것이다. 각 거래에 대한 분개로 옳지 않은 것은?

① 매출채권 100,000 원을 회수하였다.
(차) 현금   100,000원   (대) 매출   100,000원

② 장부금액이 50,000 원인 토지(영업목적으로 보유)를 70,000 원에 처분하였다.
(차) 현금   70,000원   (대) 토지   50,000원
                                                       유형자산처분이익   20,000원

③ 컴퓨터를 70,000 원에 외상으로 구입하였다.
(차) 유형자산   70,000원   (대) 미지급금   70,000원

④ 다음 달의 추가적인 자금사용에 대비하여 당기에 은행에서 현금 20,000원을 차입하였다.
(차) 현금   20,000원   (대) 차입금   20,000원

07 ㈜삼일의 자산은 다음과 같이 구성되어 있다. 이때 재무상태표에 현금및현금성자산으로 표시되어야 하는 금액을 계산하면 얼마인가?

현금시재액	120,000원
취득당시 만기가 3개월 이내인 국공채	200,000원
B사 주식	130,000원
결산일 현재 만기가 10개월 남은 정기예금	130,000원

① 120,000원   ② 200,000원
③ 320,000원   ④ 450,000원

08 다음 중 당좌예금에 관한 설명으로 옳지 않은 것은?

① 수표를 발행하기 위해서는 은행에 당좌예금 계좌를 개설하여야 한다.
② 은행과 당좌차월계약을 맺으면 당좌예금의 잔액을 초과하여 수표를 발행할 수 있다.
③ 당좌차월은 부채로서 미지급비용이라는 계정과목으로 분류한다.
④ 당좌예금은 현금성자산에 속한다.

09 다음 중 제조업을 영위하는 ㈜삼일이 보유하고 있는 자산의 계정분류로 옳지 않은 것은?

	계정분류	자산
①	단기매매증권	단기적인 시세차익을 목적으로 취득한 ㈜용산의 주식
②	만기보유증권	만기까지 보유할 목적으로 취득한 ㈜이촌의 사채
③	매출채권	회사의 제품을 주된 거래처에 인도하고 수령한 어음
④	매도가능증권	금전대차계약을 맺고 ㈜신용산에 빌려준 금액

10 다음은 회계기간 말 재고자산 관련 자료이다. 기말 재고자산평가금액을 계산하면 얼마인가?

ㄱ. 선적지 인도조건으로 구입하여 운송중인 재고자산	160,000원
ㄴ. 도착지 인도조건으로 구입하여 운송중인 재고자산	80,000원
ㄷ. 도착지 인도조건으로 판매하여 운송중인 재고자산	50,000원
ㄹ. 수탁자에게 판매를 위탁하기 위해 보낸 상품 중 미판매 적송품	90,000원

① 240,000원
② 290,000원
③ 300,000원
④ 380,000원

11 다음은 계속기록법에 의해 기록된 ㈜삼일의 3월 매입과 매출자료이다. 재고자산가액 결정 시 선입선출법을 적용할 경우 월말재고자산의 단가를 계산하면 얼마인가(단, ㈜삼일은 3월 1일 영업을 개시하였다)?

일자	입 출 고			잔 액		
	수량	단가	금액	수량	단가	금액
3월 1일	입고 200개	150원	30,000원	200개	150원	30,000원
3월 5일	입고 300개	190원	57,000원	500개	…	…
3월 12일	출고(100개)	…	…	400개	…	…

① 170원 ② 180원
③ 190원 ④ 200원

12 다음 중 재고자산에 관한 설명으로 옳지 않은 것은?

① 상품을 보관하는 과정에서 파손·마모 등으로 인하여 실지재고수량이 회계장부상의 수량보다 적은 경우에 발생하는 손실은 재고자산감모손실로 분류된다.
② 재고자산평가손실충당금을 설정한 재고자산의 시가가 다시 상승하는 경우에는 재고자산의 평가금액을 한도없이 증가시킬 수 있다.
③ 정상적인 감모손실은 매출원가에 가산하고, 비정상적인 감모손실은 영업외비용으로 처리한다.
④ 재고자산의 시가가 장부금액 이하로 하락하여 발생한 평가손실은 재고자산평가손실로 인식한다.

13 다음은 ㈜서울이 20X1년 10월 1일에 매입한 매도가능증권 관련 자료이다. 해당 날짜별 분개 중 옳지 않은 것은?

> ㄱ. 20X1년 10월 1일 ㈜용산의 주식 100주를 5,000,000원에 취득
> ㄴ. 20X1년 12월 31일 ㈜용산의 주식 1주당 공정가치는 52,000원
> ㄷ. 20X2년 12월 31일 ㈜용산의 주식 1주당 공정가치는 55,000원
> ㄹ. 20X3년 3월 31일 ㈜용산의 주식 100주를 5,300,000원에 처분

① 20X1년 10월 1일
  (차) 매도가능증권   5,000,000원   (대) 현금   5,000,000원

② 20X1년 12월 31일
  (차) 매도가능증권   200,000원   (대) 매도가능증권평가이익   200,000원

③ 20X2년 12월 31일
  (차) 매도가능증권   300,000원   (대) 매도가능증권평가이익   300,000원

④ 20X3년 3월 31일
  (차) 현금   5,300,000원   (대) 매도가능증권   5,500,000원
     매도가능증권처분손실   200,000원

14 다음은 ㈜삼일의 20X1년 말 시점의 유형자산에 대한 자료이다. ㈜삼일의 20X2년 유형자산 감가상각비를 계산하면 얼마인가(단, 20X2년 중 취득과 처분은 없으며, 유형자산의 잔존가치는 0원이다)?

유형자산

20X1년 12월 31일   (단위: 원)

건물	20,000,000
감가상각누계액	(18,000,000)
	2,000,000
기계장치	6,000,000
감가상각누계액	(1,500,000)
	4,500,000

〈 추가정보 〉

구분	감가상각방법	비고
건물	정액법	내용연수 20년
기계장치	정률법	상각률 0.25

① 1,225,000원   ② 1,600,000원

③ 2,125,000원   ④ 2,500,000원

15 다음 조건을 모두 충족하는 계정과목은 무엇인가?

> ㄱ. 영업활동을 위해 사용하는 자산 중 물리적 실체가 없는 자산
> ㄴ. 입지조건 등으로 인하여 기업이 다른 기업에 비해 초과수익을 기대할 수 있는 자산
> ㄷ. 내부적으로 창출된 것은 인정하지 않음

① 개발비   ② 산업재산권

③ 영업권   ④ 임차보증금

16 다음 세부 계정잔액 자료를 이용하여 일반기업회계기준에 따른 재무상태표 상 기타비유동 자산으로 공시될 합계 금액을 계산한 것으로 옳은 것은?

ㄱ. 임차보증금	5,000,000원
ㄴ. 장기미수금	3,000,000원
ㄷ. 단기매매증권	2,500,000원
ㄹ. 구축물	4,500,000원
ㅁ. 소프트웨어	1,500,000원
ㅂ. 매출채권(1년 이내 회수예정)	2,000,000원

① 2,500,000원   ② 4,500,000원

③ 7,500,000원   ④ 8,000,000원

17 다음 중 유동부채에 관한 설명으로 옳지 않은 것은?

① 선수수익은 일정기간동안 계속적으로 용역을 제공하기로 약정하고 수취한 수익 중 차기 이후에 속하는 금액을 의미한다.

② 예수금은 거래처 또는 종업원으로부터 일시적으로 현금을 수취하고 후에 이를 다시 반환하거나 해당기관에 납부할 때까지 기록하기 위하여 사용하는 계정이다.

③ 선급비용은 이자비용이나 임차료처럼 비용이 발생하였으나 현금을 지급하지 않은 경우 발생기준에 따라 기간경과분에 해당하는 비용을 당기에 인식할 때 사용하는 부채 계정이다.

④ 당기법인세부채는 기중에 원천징수하거나 중간예납 등을 통해 선급한 법인세를 제외하고 보고기간 말에 인식하는 미지급법인세를 말한다.

18 다음의 거래가 재무제표 및 재무비율에 미치는 영향으로 옳은 것은?

> 회사의 현금 부족으로 인하여 이번 달에 지급했어야 할 외상매입대금을 갚지 않고, 이를 3년 만기 차입금으로 전환하였다.

① 유동비율이 증가한다.　　　② 부채가 감소한다.

③ 순자산이 증가한다.　　　④ 부채비율이 감소한다.

19 ㈜삼일은 20X1년 1월 1일에 액면가액 1,000,000원(만기5년, 액면이자율 8%)의 사채를 920,000원에 할인발행하였다. 20X2년 말 동 사채를 970,000원에 상환하였다고 할 때 사채상환손익은 얼마인가(단, 상환시 사채할인발행차금 잔액은 45,000원이며, 기간경과에 따른 이자지급부분은 고려하지 않는다)?

① 사채상환손실 15,000원　　　② 사채상환이익 45,000원

③ 사채상환이익 15,000원　　　④ 사채상환손실 80,000원

20 다음 중 퇴직급여충당부채에 관한 설명으로 옳지 않은 것은?

① 퇴직급여충당부채는 유동부채로 분류한다.
② 결산일 현재 전 임직원이 퇴사할 경우 지급해야할 퇴직금예상액을 설정한다.
③ 퇴직금을 실제 지급시점에서 전액을 비용처리한다면 발생주의 원칙에 위배되고 기간손익이 왜곡된다.
④ 퇴직급여충당부채는 대변에 설정한다.

21 다음 계정과목 중 자본잉여금에 포함되지 않는 것은?

① 주식발행초과금
② 주식할인발행차금
③ 감자차익
④ 자기주식처분이익

22 20X1년 1월 1일 보통주 100주(주당 액면금액 10,000원)를 주당 12,000원에 할증발행하는 과정에서 발행수수료와 증자등기비용 등 신주발행비로 30,000원이 발생하였다. 다음 중 동 거래를 적절하게 분개한 것은 무엇인가?

① (차) 현금   1,200,000원   (대) 자본금   1,200,000원

② (차) 현금   1,200,000원   (대) 자본금   1,000,000원
                                        주식발행초과금   200,000원

③ (차) 현금   1,170,000원   (대) 자본금   1,000,000원
                                        주식발행초과금   170,000원

④ (차) 현금   1,170,000원   (대) 자본금   1,200,000원
        주식할인발행차금   30,000원

23 다음 중 현금주의에 의한 회계처리에 해당하는 것은?

① 미지급한 보험료를 부채에 계상함

② 외상판매한 상품의 판매대금 수취시에 수익으로 계상함

③ 금융상품에 대한 미수이자를 자산으로 계상함

④ 다음 회계연도에 대한 보험료 선급액을 자산으로 계상함

24 ㈜삼일의 전기 매출액은 2,000,000원이였으며, 당기 매출액을 계산하기 위한 자료는 다음과 같을 경우 매출액 증가율은 얼마인가?

매출원가	2,000,000원
판매비와관리비	300,000원
영업이익	500,000원

① 10% ② 20%

③ 25% ④ 40%

25 12월말 결산법인인 ㈜서울은 20X1년 1월 1일에 ㈜용산과 다음과 같은 건설공사계약을 체결하였다.

> ㄱ. 공사기간 : 4년(20X1년 1월 1일 ~ 20X4년 12월 31일)
> ㄴ. 공사계약금액 : 80,000,000원
> ㄷ. 공사예정원가 : 60,000,000원
> ㄹ. 공사는 매년 25%씩 진행된다(공사 예정원가와 실제 발생원가는 동일하다)

다음 중 ㈜서울의 건설공사계약에 관한 설명으로 옳은 것은?

① 공사가 미완료된 20X1년에 인식할 공사관련 매출액은 없다.
② 건설공사는 수익인식기준 중 완성기준을 적용하여 매출을 인식한다.
③ 20X2년에 인식할 공사이익은 10,000,000원이다.
④ 공사가 완료되는 20X4년에 인식될 매출액은 20,000,000원이다.

26 다음 중 제조업을 영위하는 ㈜삼일의 손익계산서 분류 상 성격이 다른 하나는?

① 이자비용
② 광고선전비
③ 외화환산손실
④ 사채상환손실

27 도·소매업을 영위하는 ㈜삼일의 20X1년 비용이 다음과 같다면, ㈜삼일의 20X1년 손익계산서에 계상될 영업외비용은 얼마인가(단, 결산수정분개는 모두 반영되었다)?

ㄱ. 매출원가	2,500,000원	ㄴ. 급여(관리사원)	1,200,000원
ㄷ. 퇴직급여(관리사원)	150,000원	ㄹ. 배당금 지급	200,000원
ㅁ. 기타의 대손상각비	100,000원	ㅂ. 임차료(본사건물)	280,000원
ㅅ. 잡손실	120,000원	ㅇ. 기부금	300,000원

① 400,000원
② 520,000원
③ 1,650,000원
④ 1,750,000원

28 다음 중 당기순이익을 증가시키는 거래로 옳은 것은?

① 장기차입금의 유동성분류   ② 매출채권의 회수

③ 매입채무의 지급   ④ 단기매매증권의 평가이익 인식

29 다음 자료를 이용하여 결산절차를 순서대로 나열한 것으로 옳은 것은?

> 가. 장부(계정)를 마감한다.   나. 결산 수정분개를 한다.
>
> 다. 수정전시산표를 작성한다.   라. 재무제표를 작성한다.

① 다 → 라 → 나 → 가   ② 나 → 다 → 가 → 라

③ 다 → 나 → 가 → 라   ④ 나 → 다 → 라 → 가

30 다음 중 시산표에 관한 설명으로 옳지 않은 것은?

① 시산표는 총계정원장의 기록이 정확한지를 검증하는 기능을 한다.

② 시산표의 종류에는 합계시산표, 잔액시산표, 합계잔액시산표가 있다.

③ 시산표상의 차변합계와 대변합계가 일치하는 경우에도 차변과 대변이 함께 중복 기록되는 등의 오류가 발생할 수 있다.

④ 잔액시산표는 각 계정의 차변합계액과 대변합계액이 기재된 시산표이다.

31 ㈜삼일은 ㈜용산에게 20X1년 11월 1일 건물을 임대하고, 1년치 임대료 2,400,000원을 선수한 후 다음과 같이 회계처리 하였다. 이와 관련하여 20X1년 12월 31일에 수행될 결산수정분개로 옳은 것은(임대료수익은 월할계산 한다고 가정한다)?

(차) 현금	2,400,000원	(대) 임대료수익	2,400,000원

① (차) 임대료수익 2,000,000원 (대) 선수수익 2,000,000원
② (차) 임대료수익 2,400,000원 (대) 현금 2,400,000원
③ (차) 임대료수익 400,000원 (대) 미수수익 400,000원
④ (차) 선급비용 2,000,000원 (대) 지급임차료 2,000,000원

32 기말 결산시 당기에 지급되지 않은 기간 경과분 이자비용을 회계처리하지 않았다면 해당 오류가 당기 재무제표에 미치는 영향으로 옳은 것은?

① 수익의 과소계상   ② 부채의 과대계상

③ 자본의 과대계상   ④ 비용의 과대계상

33 다음 중 빈칸에 들어갈 항목으로 옳은 것은?

외화매출채권을 결산시점에서도 계속 보유하고 있을 경우 환율변동으로 인하여 발생하는 이익을 (ㄱ)이라고 하고, 외화매출채권의 회수에서 발생하는 환율변동 이익을 (ㄴ)이라고 한다.

	(ㄱ)	(ㄴ)
①	외환차익	외화환산이익
②	외화환산이익	외환차익
③	매출채권처분이익	이자수익
④	자산수증이익	외화환산이익

34 다음 중 감사의견에 관한 설명으로 옳지 않은 것은?

① 감사인이 재무제표 신뢰가능성에 대한 의견표명에 필요한 충분한 감사증거를 수집하지 못하였을 경우 의견거절을 표명한다.

② 재무제표가 기업회계기준을 심각하게 위반한 경우 부정적의견을 표명한다.

③ 재무제표 일부가 기업회계기준에서 정하는 방법대로 회계처리되지 않고, 이것이 재무제표에 중요한 영향을 미치는 경우에 한정의견을 표명한다.

④ 재무제표에 기업회계기준 위배사항이 전혀 없는 경우에만 적정의견이 표명이 가능하다.

35 다음 중 재무상태표를 이용해서 계산 가능한 재무제표 비율은 무엇인가?

① 매출채권회전율   ② 매출액 증가율

③ 재고자산회전기간   ④ 당좌비율

36 다음은 ㈜용산의 재무상태이다. ㈜용산의 부채비율을 계산하면 얼마인가?

유동자산	1,500,000원	유동부채	1,000,000원
비유동자산	5,500,000원	비유동부채	2,000,000원
		자본	4,000,000원

① 40.0%   ② 62.5%

③ 75.0%   ④ 200.0%

37 다음 거래와 관련된 설명으로 옳지 않은 것은?

> – 재고자산을 외상으로 구입하여 기말 현재 보유하고 있다.
> – 관련 매입채무는 1년 이내에 갚아야 한다.

① 자본의 변동은 없다.
② 재고자산 구입 전 유동비율이 100% 이상일 때는, 유동비율은 감소한다.
③ 재고자산 회전율은 증가한다.
④ 당좌비율은 감소한다.

38 다음 자료를 이용하여 주당순이익(EPS)을 계산하면 얼마인가?

> ㄱ. 매출액 150,000,000원
> ㄴ. 영업이익 90,000,000원
> ㄷ. 당기순이익 30,000,000원
> ㄹ. 유통보통주식수 6,000주
> ㅁ. 우선주식수 3,000주

① 5,000원
② 10,000원
③ 15,000원
④ 30,000원

39 다음 중 기업의 재무적 안정성(회사 자금사정 여유)을 판단하기 위한 재무비율로 가장 적절하지 않은 것은?

① 유동비율
② 당좌비율
③ 부채비율
④ 매출총이익률

40 ㈜삼일의 20X1년 손익계산서와 관련된 자료는 다음과 같다. ㈜삼일의 20X1년 당기순이익률은 얼마인가?

매출액	6,000,000원
매출원가	2,500,000원
판매비와관리비	1,000,000원
영업외수익	110,000원
영업외비용	60,000원
법인세비용	150,000원

① 14%   ② 25%

③ 28%   ④ 40%

01 다음 중 회계와 재무제표에 관한 설명으로 옳지 않은 것은?

① 재무제표는 기업회계기준에 따라 작성된다.

② 회계는 외부보고를 주된 목적으로 하는 재무회계와 내부보고를 목적으로 하는 관리회계로 구분된다.

③ 기업이 산출한 회계정보를 다양한 정보이용자들에게 전달하는 수단으로 재무제표가 이용된다.

④ 회계정보이용자는 재무상태표를 통하여 일정기간에 발생한 기업의 현금유입과 유출에 대한 정보를 알 수 있다.

02 다음 중 일반기업회계기준에서 규정하고 있는 재무제표의 종류로 옳지 않은 것은?

① 재무상태표   ② 손익계산서

③ 총계정원장   ④ 주석

03 ㈜삼일의 20X1년 12월 31일 현재 기말자산은 1,000,000원, 기말부채는 450,000원이고 20X1년 1월 1일부터 20X1년 12월 31일까지의 당기순이익은 250,000원이다. 기중 다른 자본 거래는 없었을 경우, 20X1년 1월 1일의 기초자본은 얼마인가?

① 250,000원   ② 300,000원

③ 350,000원   ④ 400,000원

04 다음 중 재무제표와 관련된 산식으로 옳지 않은 것은?

① 매출 − 매출원가 − 판매비와관리비 = 당기순이익

② 자산 − 부채 = 자본

③ 기초현금 ± 당기 중 현금의 증감 = 기말현금

④ 기초상품 + 당기매입 − 기말상품 = 매출원가

05 다음은 7월 현금계정 원장에 각 일자별로 전기된 내용의 일부이다.

현금					
7월 2일	자본금	10,000,000원	7월 4일	재고자산	15,000,000원
7월 3일	차입금	10,000,000원	7월 10일	급여	1,000,000원
7월 15일	매출채권	5,000,000원	7월 23일	이자비용	100,000원

상기 전기된 내용에 대한 분개를 추정한 내용 중 옳지 않은 것은?

① 7월 2일 현금 10,000,000원을 출자하여 회사를 설립하였다.

② 7월 3일 금융기관으로부터 10,000,000원을 차입하였고, 7월 23일 이자비용 100,000원이 현금으로 지급되었다.

③ 7월 10일 직원에 대한 급여로 1,000,000원이 지출되었다

④ 7월 15일 고객사에 재고자산을 외상으로 판매하고 매출액 5,000,000원을 인식하였다.

06 다음의 연속된 거래에서 미지급금 계정에 관한 내용으로 옳은 것은(단, 제시된 거래 이외의 거래는 없다)?

> – 7월 1일
> ㈜삼일은 ㈜서울로부터 10,000,000원의 업무용 차량을 구입하고 3개월내에 대금을 지급하기로 하다.
> – 8월 10일
> 차량 구입대금 중 3,000,000원을 현금으로 지급하다.

① 　　　　　　　　미지급금
8/10　3,000,000원	7/1　10,000,000원

② 　　　　　　　　미지급금
	8/10　3,000,000원

③ 　　　　　　　　미지급금
7/1　10,000,000원	8/10　3,000,000원

④ 　　　　　　　　미지급금
7/1　10,000,000인	
8/10　3,000,000원	

07 다음 중 현금및현금성자산의 회계처리에 관한 설명 중 옳지 않은 것은?

① 현금이 들어온 경우 차변에 기재하고 나간 경우 대변에 기재한다.
② 매일 발생하는 현금의 수입과 지출을 기록하기 위한 보조장부를 현금출납장이라 한다.
③ 현금과부족은 실제로 소유하는 현금과 장부상의 현금간에 차이가 발생하는 경우 사용하는 일시적인 계정이다.
④ 현금부족액이 결산시까지 원인이 밝혀지지 않으면 잡수익 등의 수익으로 처리한다.

08 다음 중 당좌자산에 해당하는 계정과목으로 옳지 않은 것은?

① 단기금융상품

② 외상매출금

③ 보통예금

④ 재고자산

09 다음은 ㈜삼일이 투자 목적으로 취득한 A사 주식에 관한 내용이다. 동 유가증권이 ㈜삼일의 20X2년 당기손익에 미치는 영향을 계산하면 얼마인가?

ㄱ. 20X1년 중 주식 120주를 총 3,000,000원에 취득하고 매도가능증권으로 분류하였다.

ㄴ. 20X1년 말 동 주식을 공정가치로 평가하고 총 360,000원의 평가이익을 인식하였다.

ㄷ. 20X2년 중 80주를 주당 27,000원에 처분하였다.

ㄹ. 20X2년 말 잔여 주식 40주에 대하여 총 120,000원의 평가손실을 인식하였다.

① (손실) 80,000원

② (손실) 160,000원

③ (이익) 80,000원

④ (이익) 160,000원

10 다음 자료를 이용하여 20X2년 손익계산서에 계상될 대손상각비와 재무상태표에 계상될 대손충당금 기말 잔액을 계산하면 얼마인가?

ㄱ. 20X1년 12월 31일 : 매출채권 2,000,000원과 대손충당금 500,000원이 차기이월되었다.

ㄴ. 20X2년 6월 30일 : ㈜용산에 대한 매출채권 300,000원은 ㈜용산의 파산으로 인하여 회수하지 못하여 대손처리하였다.

ㄷ. 20X2년 12월 31일 : 기말 매출채권잔액 3,500,000원에 대한 대손추산액은 400,000원이다.

	손익계산서(대손상각비)	재무상태표(대손충당금)
①	100,000 원	200,000 원
②	100,000 원	400,000 원
③	200,000 원	200,000 원
④	200,000 원	400,000 원

11 다음 중 재고자산 평가방법에 관한 설명으로 옳지 않은 것은?

① 개별법은 특수기계 주문제작과 같이 재고자산의 종류가 적고 제품별로 원가를 식별할 수 있을 때 사용되는 방법이다.

② 물가가 상승하고 있을 때 선입선출법을 적용하면 가중평균법에 비해 일반적으로 매출총이익이 적게 계상된다.

③ 후입선출법은 최근에 구매한 상품이 먼저 판매된다고 가정한다.

④ 선입선출법을 적용할 경우 기말재고자산은 최근에 구입한 상품의 원가로 구성된다.

12 20X1년에 영업을 개시한 ㈜삼일은 20X1년 기말에 실사를 통해 상품 1,000개(단위당 취득원가 8,000원)가 있음을 확인하였다. 상품의 가치가 크게 떨어져 단위당 시가가 5,000원이라고 할 때 이에 관한 설명으로 옳지 않은 것은?

① 재고자산의 시가가 장부금액 이하로 하락하여 발생한 손실은 재고자산평가손실로 인식한다.

② 기말에 수행할 회계처리를 통해 순자산이 3,000,000원 감소한다.

③ 재고자산평가손실충당금은 재고자산에서 가산항목으로 표시된다.

④ 가치가 하락한 상품의 가치가 추후 상승하는 경우 재고자산을 증가시키고, 새고자산평가손실환입으로 인식한다.

13 아래 내용의 괄호 안에 알맞은 단어와 관련 계정과목이 적절하게 짝지어진 것은?

> 비유동자산은 (   ), 유형자산, 무형자산, 기타비유동자산으로 구분된다.

① 투자자산 – 지분법적용투자주식 ② 투자자산 – 단기매매증권

③ 재고자산 – 재공품 ④ 당좌자산 – 매출채권

14 다음은 ㈜삼일의 기계장치 관련 자료이다. 기계장치 처분에 관한 설명으로 옳지 않은 것은?

- 취득원가 : 2,000,000원 (20X1년 1월 1일 현금으로 취득)
- 내용연수 : 3년
- 잔존가치 : 200,000원
- 감가상각방법 : 정액법
- 처분금액 : 1,200,000원 (20X2년 12월 31일 현금으로 매각)

① 처분시점의 기계장치 장부금액은 800,000원이다.

② 처분시점까지 인식한 기계장치 감가상각비는 총 1,200,000원이다.

③ 유형자산처분이익은 200,000원이다.

④ 유형자산처분이익은 영업외수익에 해당한다.

15 다음 중 일반기업회계기준상 무형자산에 관한 설명으로 옳지 않은 것은?

① 일반기업회계기준에서는 무형자산의 상각방법으로 합리적인 방법을 선택하여 적용하도록 하고 있으나 합리적인 상각방법을 정할 수 없는 경우에는 정액법을 사용한다.

② 무형자산의 상각기간은 독점적·배타적인 권리를 부여하고 있는 관계법령이나 계약에 의한 경우를 제외하고는 20년을 초과하지 못한다.

③ 내부적으로 창출한 영업권은 일정 요건을 충족하면 무형자산으로 인정된다.

④ 무형자산이 사용가능한 시점부터 합리적인 기간 동안 상각한다.

16 다음 자료에 의해 유동자산과 비유동자산을 계산하면 각각 얼마인가?

현금	130,000원	산업재산권	350,000원	매입채무	89,000원
상품	470,000원	자본금	220,000원	장기미수금	75,000원
기계장치	720,000원	매출채권	180,000원	미지급금	25,000원

	유동자산	비유동자산
①	780,000원	1,070,000원
②	780,000원	1,145,000원
③	855,000원	1,070,000원
④	1,155,000원	1,365,000원

17 상품매매업을 영위하는 ㈜삼일은 20X1년 12월 29일에 상품을 외상으로 매입하였으며 이에 대한 회계처리를 이중기록하였다. 해당 오류가 20X1년 말 ㈜삼일의 재무상태표에 미치는 영향으로 옳은 것은?

	자산	부채	손익
①	과대계상	과소계상	이익과대계상
②	과소계상	과대계상	영향없음
③	과대계상	과대계상	영향없음
④	과소계상	과소계상	이익과대계상

18 다음은 ㈜삼일의 20X1년 말 재무제표에 공시된 계정잔액 중 일부를 나열한 것이다. 다음 자료를 이용하여 유동부채 금액을 계산하면 얼마인가?

미수금	2,000원	미지급비용	1,000원
미지급금	1,500원	예수금	1,500원
선수수익	1,000원	선급금	1,000원
선급비용	2,500원	받을어음	1,000원

① 3,500원　　　　　　　　　② 5,000원

③ 6,000원　　　　　　　　　④ 7,500원

19 ㈜삼일이 액면금액 100,000원의 사채를 95,000원에 발행하였을 경우 발행시점의 회계처리로 옳은 것은?

①	(차) 현금	100,000원	(대) 사채		95,000원
				사채할인발행차금	5,000원
②	(차) 현금	95,000원	(대) 사채		100,000원
	사채할인발행차금	5,000원			
③	(차) 현금	105,000원	(대) 사채		100,000원
				사채할증발행차금	5,000원
④	(차) 현금	95,000원	(대) 사채		90,000원
				사채할증발행차금	5,000원

20 다음 거래에서 ㈜삼일의 20X2년 12월 31일의 대체분개 회계처리시 차변과 대변에 나타날 수 있는 계정으로 옳은 것은?

> - 20X1년 1월 1일
>   ㈜삼일은 은행으로부터 3년을 기한으로 10,000,000원을 차입하고 만기일에 현금으로 상환하기로 하였다.
> - 20X2년 12월 31일
>   상환기일이 1년 이내로 도래하여 대체분개를 하였다.

	차변	대변
①	장기차입금	유동성장기부채
②	이자비용	장기차입금
③	유동성장기부채	장기차입금
④	장기차입금	현금

21 다음 중 자본에 관한 내용으로 옳은 것은?

① 자본금은 '발행주식수 × 1주당 액면금액'으로 계산한다.

② 단기매매증권평가손익은 단기매매증권을 보유하면서 발생한 평가손익으로 기타포괄손익누계액으로 인식한다.

③ 자본조정은 손익거래에서 발생한 이익 중에서 배당을 하지 않고 기업내부에 유보되어 있는 금액을 말한다.

④ 자본거래에 해당하나 최종 납입된 자본으로 볼 수 없는 경우에는 자본잉여금으로 회계처리한다.

22 다음 중 괄호 안에 들어갈 단어로 옳은 것은?

> (   )은 채권자를 보호하고 회사의 재무적 기초를 견고히 하고자 상법의 규정에 의하여
> 강제적으로 적립하는 법정적립금이다. 주식회사는 자본금의 (   )이 될 때까지 매
> 결산기의 현금배당액의 10분의 1 이상의 금액을 적립하여야 한다.

① 이익준비금, 2분의 1
② 대손준비금, 2분의 1
③ 사업확장적립금, 3분의 1
④ 이익준비금, 3분의 1

23 ㈜삼일은 디지털카메라를 제조하여 판매하는 회사로서 매출확대를 위해 아래와 같이 다양한 방법을 사용하여 제품을 판매하고 있다. 수익인식기준에 근거하여 ㈜삼일이 당기에 인식해야 할 매출액을 계산하면 얼마인가?

> ㄱ. TV홈쇼핑을 통해 시용판매한 금액 20,000,000원
>   (무료체험기간이 종료되지 않은 시용품 판매액 4,000,000원 포함)
> ㄴ. Z마켓을 통해 판매한 제품 9,000,000원
>   (단, 파손으로 반품된 금액 2,500,000원이 포함되어 있으며, 그 외의 반품예상액은 없음)
> ㄷ. 위탁매매업자인 L마트에 위탁판매한 제품 4,500,000원
>   (단, L마트가 소비자에게 아직 판매하지 못한 금액 2,500,000원 포함)

① 24,500,000원
② 26,000,000원
③ 29,000,000원
④ 31,000,000원

24 다음 중 빈칸에 들어갈 용어로 옳은 것은?

수익인식기준 중 (ㄱ)은 수익을 용역제공기간 중에 인식하는 것을 의미한다. (ㄱ)으로 수익을 인식하는 가장 대표적인 예로는 건설공사를 들 수 있으며, (ㄱ)에 따라 수익을 인식하면 (ㄴ)에 따라 기간별로 수익을 나누어 인식한다.

	(ㄱ)	(ㄴ)
①	인도기준	원가율
②	판매기준	이익률
③	진행기준	진행률
④	회수기준	회수율

25 다음 중 완구 제조업을 영위하는 ㈜삼일의 영업이익에 영향을 주는 거래에 해당하는 것은?

① 장부가액이 10,000,000원인 사채를 상환하면서 9,500,000원을 지급하였다.
② 주주로부터 5,000,000원의 토지를 증여받았다.
③ 신제품 출시로 인하여 광고선전비 1,000,000원을 현금 지출하였다.
④ 유가증권(장부금액 10,000,000원)을 9,800,000원으로 평가하였다.

26 다음은 컴퓨터부품 제조업을 영위하는 ㈜삼일의 20X1년 중 지출내역을 요약한 것이다. ㈜삼일의 20X1년 손익계산서상 판매비와관리비는 얼마인가?

ㄱ. 판매직사원 급여	1,700,000원
ㄴ. 판매직사원 퇴직급여	1,500,000원
ㄷ. 외환차손	350,000원
ㄹ. 매출채권에 대한 대손상각비	140,000원
ㅁ. 토지취득과 관련된 취득세	320,000원
ㅂ. 본사건물 감가상각비	360,000원
※ 위 항목 중 매출원가에 포함된 비용은 없음	

① 3,200,000원
② 3,340,000원
③ 3,560,000원
④ 3,700,000원

27 법인세비용은 영업활동의 결과인 일정기간에 벌어들인 소득에 대하여 부과하는 세금이므로 영업활동이 보고되는 기간에 비용으로서 인식되어야 한다. 직전연도 법인세 산출세액이 존재할 경우, 중간 예납일에 이루어져야 할 분개로서 옳은 것은(단, 이연법인세는 고려하지 않으며, 현재 미납된 법인세는 없다)?

①	(차) 법인세비용	XXX	(대) 선급법인세	XXX	
			미지급법인세	XXX	
②	(차) 선급법인세	XXX	(대) 현금	XXX	
③	(차) 미지급법인세	XXX	(대) 현금	XXX	
④	(차) 미지급법인세	XXX	(대) 선급법인세	XXX	

28 다음 중 결산절차의 단계가 짝지어진 것으로 옳지 않은 것은?

① 예비절차 – 수정전 시산표의 작성
② 예비절차 – 결산 정리사항의 요약
③ 결산보고서 작성 – 계정의 마감
④ 결산보고서 작성 – 결산수정분개

29 ㈜삼일의 시산표가 다음과 같은 경우 매출액은 얼마인가?

(단위: 원)

차 변	계정과목	대 변
	〈 자　산 〉	
600,000	현금및현금성자산	
1,000,000	매출채권	
450,000	재고자산	
550,000	토　　지	
400,000	건　　물	
	〈 부　채 〉	
	매입채무	800,000
	차 입 금	1,000,000
	〈 자　본 〉	
	자 본 금	800,000
	전기이월이익잉여금	200,000
	매　　출	(　　　　)
3,000,000	매출원가	
400,000	판매비와관리비	
	이자수익	200,000
100,000	법인세비용	
6,500,000	합　　계	XXXXXXX

① 3,000,000원
② 3,200,000원
③ 3,500,000원
④ 4,000,000원

30 다음 중 기말 결산수정분개사항으로 적절하지 않은 것은?

① 정기예금의 유동성 분류
② 가지급금 및 가수금의 계정대체
③ 유가증권의 평가
④ 외화채권 회수 시 발생하는 외환차익의 인식

31 다음 거래에 대한 결산수정분개로 발생하는 손익 관련 계정과목과 금액은?

> 회사는 20X1년 10월 1일에 만기 2년, 연 이자율 6% 의 이자지급 조건으로 10,000,000원을
> 차입하였다. 20X1년 12월 31일 결산일 현재 아직 이자를 지급하지 않아 장부상 이자비용을
> 계상하지 않았다.

① 미지급비용 150,000원   ② 이자비용　150,000원
③ 선급비용　100,000원   ④ 이자비용　100,000원

32 ㈜삼일의 전 임직원이 퇴사할 경우 지급하여야 할 퇴직금은 당기 말 현재 12,000,000원으로 추정된다. 기중에 퇴사한 임직원에게 퇴직금 2,000,000원을 지급했다면, ㈜삼일의 당기 손익계산서에 퇴직급여로 계상될 금액은 얼마인가(단, 기초 시점의 퇴직금추계액은 10,000,000원이었다)?

① 2,000,000원   ② 4,000,000원
③ 4,500,000원   ④ 10,000,000원

33 다음은 한 신문기사 내용의 일부이며 이에 대해 회계전문가 김삼일이 논평하였다. 다음 논평 중 옳지 않은 것은?

> 이모씨는 20X1년 12월부터 20X4년 3월까지 자신이 저지른 400억 원대 횡령·배임 범죄로 회사가 완전자본잠식 상태에 빠져 상장폐지될 위기에 처하자 회사 장부를 조작해 달라고 회계전문가 김모씨에게 돈을 건네면서 청탁을 했다. 김모씨는 각종 계약서를 위조하는 등의 수법으로 (ㄱ)A사의 당기순손실 314억 원을 '0'원으로 둔갑시켜 줬다. (ㄴ)당초 '의견거절'이라고 적었던 감사보고서도 A사에 더 유리한 '한정의견'으로 바꿔줬다. (ㄷ)대표적인 장부조작방법은 불법사채자금을 빌려 이를 주주가 투자해준 자금으로 위장한 것이었다. (ㄹ)또한 회사에 가공의 재고자산을 만들어서 이익을 부풀리는 방법도 사용하였다.

① (ㄱ) 당기순손실을 조작하는 등 기업회계기준을 위반하여 재무제표를 작성하는 것을 분식회계라고 한다.
② (ㄴ) 상장기업이 의견거절을 받는 경우에는 상장폐지 사유에 해당된다.
③ (ㄷ) 재무상태표상 부채를 과소계상하고 부채비율을 증가시켰다.
④ (ㄹ) 매출원가를 실제보다 과소계상하여 이익을 증가시키는 방법을 사용한 것이다.

34 다음과 같은 경우 감사인이 표명하는 감사의견으로 옳은 것은?

> 가. 감사범위의 제한이 없거나 중요하지 않은 경우
> 나. 재무제표에 기업회계기준 위배사항이 없거나 중요하지 않은 경우

① 한정의견
② 부적정의견
③ 의견거절
④ 적정의견

35 다음 중 재무비율에 관한 설명으로 옳지 않은 것은?

① 유동비율이란 회사의 단기 지급능력을 파악할 수 있는 분석방법 중 하나로, 유동성을 평가하는데 보편적으로 이용되는 비율이다.

② 당좌비율은 일반적으로 유동비율보다 낮거나 같다.

③ 자기자본비율이란 총자본에서 자기자본의 비중을 나타내는 비율이다.

④ 부채비율이란 타인자본인 부채와 자기자본간의 관계를 나타내는 비율로 부채에서 총자본(부채 + 자본)을 나누어 계산한다.

36 다음은 ㈜삼일의 재무실적 발표를 앞두고 나눈 토론 내용이다. 올바른 의견을 제시한 사람은 누구인가?

김부장 : 부채비율이 전기에 비해 증가하고 있는 것으로 보아 채무불이행 위험이 감소하고 있는 것으로 보이네요.

이차장 : 당기순이익률이 전기에 비해 증가하였으므로 회사의 수익성이 악화되었다고 볼 수 있겠네요.

박과장 : 매출채권회전율이 전기에 비해 감소한 것으로 보아 대금회수가 잘된 것으로 보입니다.

황대리 : 재고자산 평균회전기간이 전기에 비해 증가한 것으로 보아 재고의 판매속도가 느려졌다고 볼 수 있죠.

① 김부장　　　　　　　　　② 이차장
③ 박과장　　　　　　　　　④ 황대리

37 다음 자료를 이용하여 당좌비율과 유동비율을 각각 계산한 후 그 차이를 계산한 것으로 옳은 것은?

현금및현금성자산	200,000원	매입채무	400,000원
매출채권	350,000원	단기차입금	600,000원
단기매매증권	200,000원	퇴직급여충당부채	600,000원
재고자산	650,000원	사채(당기발행, 3년만기)	1,000,000원
건물	1,000,000원	영업권	600,000원

① 65%

② 70%

③ 75%

④ 80%

38 다음은 ㈜삼일의 3개년 요약 재무상태표 및 손익 정보를 나타낸 것이다. 20X3년 ㈜삼일의 재고자산회전율은 직전기 대비 몇 회전 감소되었는가(단, 재고자산금액은 평균기준으로 계산하고, 매출원가를 기준으로 계산한다)?

계정과목	20X1	20X2	20X3
유동자산	30,000,000	35,000,000	40,000,000
당좌자산	15,000,000	18,000,000	17,000,000
재고자산	15,000,000	17,000,000	23,000,000
비유동자산	70,000,000	75,000,000	80,000,000
유동부채	25,000,000	20,000,000	20,000,000
비유동부채	45,000,000	36,000,000	32,000,000
자본	30,000,000	54,000,000	68,000,000

계정과목	20X1	20X2	20X3
매출액	150,000,000	192,000,000	216,000,000
매출총이익	45,000,000	64,000,000	96,000,000
영업이익	15,000,000	36,000,000	40,500,000
법인세차감전순이익	22,000,000	30,000,000	18,000,000
당기순이익	17,000,000	24,000,000	14,000,000

① 1회전
② 2회전
③ 3회전
④ 4회전

39 다음은 ㈜삼일의 재고자산과 관련된 정보이다. 다음 자료를 이용하여 당기의 매출액을 구하면 얼마인가?

> ㄱ. 기초재고액   3,000,000원
> ㄴ. 당기매입액   47,000,000원
> ㄷ. 기말재고실사액   5,000,000원
> ㄹ. ㈜삼일의 당기 매출원가율은 80% 이다.
> ㅁ. 기말재고실사액은 계속기록법에 의한 기말재고액과 일치한다.

① 45,000,000원   ② 55,000,000원
③ 56,250,000원   ④ 60,000,000원

40 다음 중 (   )에 들어갈 용어를 순서대로 나열한 것으로 옳은 것은?

> 당기순이익을 유통보통주식수로 나누어 1주당 창출한 이익이 얼마인지를 파악할 수 있는 재무비율을 (   )이라고 하며, 회사가 1년간 올린 수익에 대한 (   )의 몫을 나타내는 지표이다.

① 당기순이익율, 주주   ② 주당순이익, 주주
③ 순이익증가율, 채권자   ④ 주당순이익, 채권자

01 다음은 ㈜삼일의 제11기(20X1년 1월 1일 ~ 12월 31일) 기초와 기말 재무상태표이다. 당기 중 추가적인 자본거래 및 배당금 지급 등이 없다고 할 때, ㈜삼일의 20X1년 당기순이익은 얼마인가?

(단위: 백만 원)

기초 재무상태표				기말 재무상태표			
현금	100	매입채무	60	현금	100	매입채무	50
매출채권	90	차입금	100	매출채권	60	차입금	80
토지	100	자본금	80	토지	100	자본금	80
기계장치	150	이익잉여금	200	기계장치	230	이익잉여금	280
합계	440	합계	440	합계	490	합계	490

① 20백만 원
② 30백만 원
③ 50백만 원
④ 80백만 원

02 다음 중 부기와 회계에 관한 설명으로 옳지 않은 것은?

① 회계는 부기의 한 과정으로서 부기의 일부를 구성한다.
② 부기란 어떠한 사건에 대하여 그 사실을 요약하고 정리하여 장부에 기입하는 것을 말한다.
③ 부기는 기록방식에 따라 단식부기와 복식부기로 구분할 수 있다.
④ 회계란 회사의 경영활동에 대한 유용한 정보를 이해관계자에게 전달하는 일련의 과정이다.

03 다음 중 재무상태표에 관한 설명으로 옳지 않은 것은?

① 재무상태표의 자산과 부채는 유동성이 큰 항목부터 배열하는 것을 원칙으로 한다.

② 재무상태표는 회사의 자산에 대한 채권자의 몫과 주주의 몫을 구분하여 표시한다.

③ 재무상태표의 차변과 대변의 합계는 예외적인 경우 일치하지 않을 수 있다.

④ 재무상태표의 유동자산은 당좌자산과 재고자산으로 구분된다.

04 다음 중 매출은 발생하였으나 아직 대금을 입금받지 않은 거래가 재무제표에 미치는 영향으로 옳은 것은?

① 수익의 인식과 부채의 증가   ② 수익의 인식과 자산의 증가

③ 자산의 증가와 부채의 증가   ④ 수익의 인식과 자본의 감소

05 다음의 회계순환과정(Accounting cycle) 중 빈칸에 들어갈 용어가 순서대로 옳게 나열된 것은?

> 거래의 인식 – (ㄱ) – (ㄴ) – (ㄷ) – (ㄹ) – 계정의 마감 – 재무제표

	(ㄱ)	(ㄴ)	(ㄷ)	(ㄹ)
①	분개장	총계정원장	시산표	정산표
②	총계정원장	분개장	시산표	정산표
③	분개장	총계정원장	정산표	시산표
④	총계정원장	분개장	정산표	시산표

06 다음은 ㈜삼일의 20X1년 분개장의 일부이다. 아래 전기된 각 거래에 관한 설명으로 옳은 것은?

일 자	계정번호	계정과목	차 변	대 변	잔 액
20X1.5. 1	FA0001	보통예금	100,000		500,000
	FE0001	자본금		100,000	300,000
20X1.5. 2	FA0017	건설중인자산	70,000		70,000
	FL0001	미지급금		70,000	90,000
20X1.5. 5	FA0005	매출채권	20,000		50,000
	FR0001	매출		20,000	150,000
20X1.5. 8	FA0001	보통예금	10,000		510,000
	FA0008	대여금		10,000	-
20X1.5.10	FC0010	급여	20,000		100,000
	FA0001	보통예금		20,000	490,000
20X1.5.11	FA0001	보통예금	30,000		520,000
	FL0005	단기차입금		30,000	30,000

① 5월 1일에는 타인자본을, 5월 11일에는 자기자본을 재원으로 하여 총 130,000원의 자금을 조달하였다.

② 5월 2일에는 유형자산이 증가하였다.

③ 5월 5일의 거래가 손익에 미치는 영향은 없다.

④ 5월 8일에는 대여금이 발생함에 따라 10,000원의 현금및현금성자산이 유출되었다.

07 ㈜삼일의 아래 세부 계정잔액 정보를 이용하여 기말 재무상태표에 표시될 계정과목과 금액을 산정한 것으로 옳은 것은?

외상매출금	40,000원	지급어음	100,000원
타인발행수표	100,000원	당좌예금	50,000원
외상매입금	70,000원		

① 현금및현금성자산   50,000원
② 매출채권   140,000원
③ 매입채무   120,000원
④ 당좌자산   190,000원

08 20X1년 말 현재 ㈜삼일의 매출채권 잔액 및 연령분석 내역은 다음과 같다. 20X0년 말 대손충당금 잔액이 2,800,000원이었으며 20X1년 중에 실제 발생한 대손금은 500,000원이라면 ㈜삼일의 20X1년 손익계산서에 계상될 대손상각비는 얼마인가?

〈 대손충당금 추정자료 〉

경과일수	매출채권잔액	추정 대손율
1일 ~ 30일	50,000,000원	0%
31일 ~ 60일	15,000,000원	3%
61일 ~ 180일	7,000,000원	10%
181일 이상	6,000,000원	50%
계	78,000,000원	

① 850,000원
② 1,350,000원
③ 1,850,000원
④ 2,150,000원

09 다음은 유가증권의 계정분류 방법을 요약한 표이다.

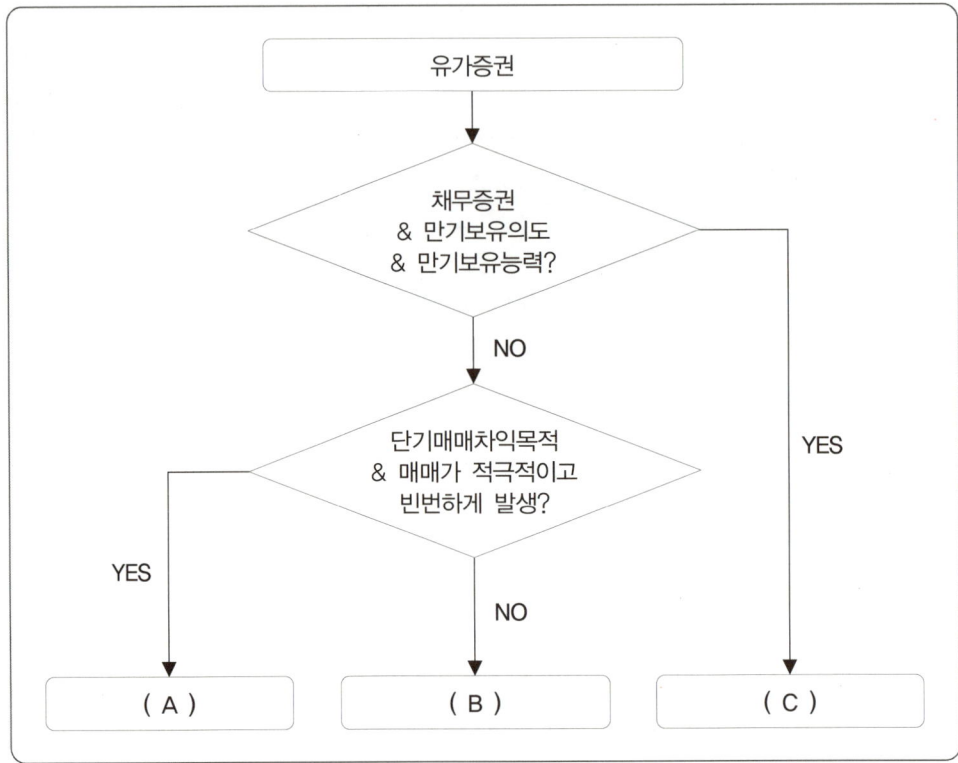

다음 중 빈칸을 알맞게 채운 것은?

	(A)	(B)	(C)
①	단기매매증권	매도가능증권	만기보유증권
②	매도가능증권	단기매매증권	만기보유증권
③	단기금융상품	매도가능증권	단기매매증권
④	단기금융상품	매도가능증권	장기금융상품

10 다음 거래와 관련된 회계처리로 옳지 않은 것은?

> – 8월 1일
>   여유자금의 일시적 투자를 통한 단기매매차익을 얻기 위해, 현재 시장에서 매수와 매도가 적극적으로 이루어지고 있는 ㈜삼일의 주식 100주를 주당 1,000원에 현금을 지급하고 취득하였다.
> – 10월 1일
>   ㈜삼일의 주식 50주를 주당 1,500원에 처분하고 현금을 수령하였다.
> – 12월 31일
>   ㈜삼일의 주당 공정가치는 현재 2,000원이다.

① 8 월 1 일
  (차) 단기매매증권   100,000원   (대) 현금   100,000원

② 10 월 1 일
  (차) 현금   75,000원   (대) 단기매매증권   50,000원
                                  단기매매증권처분이익   25,000원
                                  (당기손익)

③ 12 월 31 일
  (차) 단기매매증권   50,000원   (대) 단기매매증권평가이익   50,000원
                                  (당기손익)

④ 12 월 31 일
  (차) 단기매매증권   50,000원   (대) 단기매매증권평가이익   50,000원
                                  (기타포괄손익)

11 다음 재고자산 중 물리적으로 점유하고 있지 않음에도 불구하고 재무제표 상 자산으로 인식된다는 특징을 가지는 계정과목으로 옳지 않은 것은?

① 시송품   ② 적송품
③ 저장품   ④ 미착품

12 다음은 A와 B 두 종류의 상품을 취급하는 ㈜삼일의 20X1년말 현재 재고자산에 관한 내용이다. 재고자산감모손실과 평가손실 금액으로 옳게 짝지어진 것은?

> ㄱ. 장부상의 재고자산 수량(@ 취득단가) = A 500개(@ 100원), B 200개(@ 200원)
> ㄴ. 실사 확인된 재고자산 수량 = A 400개, B 200개
> ㄷ. 결산일 현재 예상 판매단가 = A 250원, B 100원

	감모손실	평가손실
①	10,000원	20,000원
②	10,000원	0원
③	20,000원	10,000원
④	0원	20,000원

13 다음 중 투자자산에 관한 설명으로 옳지 않은 것은?

① 취득 및 처분과 관련된 현금 유출입액은 현금흐름표 상 '투자활동 현금흐름'으로 분류 및 표시된다.

② 금융상품이나 유가증권의 경우 보유 예상 기간에 따라 당좌자산과 비유동투자자산으로 구분된다.

③ 기업의 영업활동을 위해 장기적으로 사용되는 자산을 의미한다.

④ 타 기업의 지배를 목적으로 보유하는 유가증권은 투자자산에 포함된다.

14 ㈜삼일은 전기 결산일 현재 장부금액이 4,200,000원이었던 화물차를 20X1년 7월 1일에 4,000,000원에 처분하면서 150,000원의 처분이익을 인식하였다. 이 화물차와 관련해서 ㈜삼일이 20X1년에 계상한 감가상각비는 얼마인가?

① 100,000원 ② 200,000원
③ 250,000원 ④ 350,000원

15 다음 중 무형자산으로 분류될 수 있는 것은?

① 재공품　　　　　　　　　　　② 산업재산권
③ 내부창출영업권　　　　　　　　④ 경상연구개발비

16 다음 중 기타비유동자산에 관한 설명으로 옳지 않은 것은?

① 투자자산, 유형자산, 무형자산으로 분류하기 어려운 성격의 비유동자산을 기타비유동자산으로 분류한다.
② 이연법인세자산은 회계와 세법의 차이로 인하여 발생하는 미래의 세금 증가액을 말한다.
③ 장기매출채권은 주된 영업활동에서 발생하였으나, 1년 이내 또는 정상적인 영업주기 이내에 회수가 어려운 채권을 말한다.
④ 장기미수금은 주된 영업 이외의 활동에서 발생하였으며, 1년 이내에 회수가 어려운 채권을 말한다.

17 ㈜삼일이 20X1년 12월 1일 상품을 판매하면서 5,500,000원(부가가치세 500,000원 포함)을 현금으로 수령한 경우 동 일자에 해야 할 회계처리로 옳은 것은?

① (차) 현금　　　　　　　5,500,000원　　(대) 매출　　　　　　　5,500,000원

② (차) 현금　　　　　　　5,500,000원　　(대) 매출　　　　　　　5,000,000원
　　　　　　　　　　　　　　　　　　　　　　　미지급비용　　　　　500,000원

③ (차) 현금　　　　　　　5,500,000원　　(대) 매출　　　　　　　5,000,000원
　　　　　　　　　　　　　　　　　　　　　　　예수금　　　　　　　500,000원

④ (차) 현금　　　　　　　5,000,000원　　(대) 매출　　　　　　　5,500,000원
　　　　예수금　　　　　　　500,000원

18 다음 중 비유동부채 회계처리에 관한 설명으로 옳지 않은 것은?

① 퇴직급여충당부채는 결산일 현재 전 임직원이 퇴사할 경우를 가정하여 지급하여야 할 퇴직금예상액에 대하여 설정한다.

② 사채의 시장이자율이 액면이자율보다 낮은 경우 사채는 할증발행 된다.

③ 장기차입금은 비유동부채로 분류하나, 기간의 경과에 따라 보고기간 종료일로부터 1년 이내에 상환일이 도래하게 되면 유동부채로 대체한다.

④ 사채를 할인발행하는 경우 만기 시점의 원금 상환액은 액면금액보다 작다.

19 다음 중 사채와 주식의 일반적인 특징을 비교 설명한 것으로 옳은 것은?

① 사채권자와 주주는 이익발생 여부와 관계없이 각각 확정적인 이자와 배당금을 지급받는다.

② 사채는 만기가 되면 상환되나, 자본금은 감자나 해산 등의 절차를 밟지 않는 한 반환되지 않는다.

③ 회사 해산시에 주주는 타 채권자와 동등한 순위를 갖지만, 사채권자는 잔여재산에 대하여만 청구권을 가진다.

④ 사채권자는 경영참가권이 있으나, 주주는 주주총회에서 의결권이 없다.

20 ㈜삼일은 20X1년 1월 1일 은행으로부터 장기차입금 5,000,000원을 빌리고 3년 뒤 만기에 일시 상환하였다. ㈜삼일이 동 차입금과 관련하여 일자별로 수행해야 할 분개로 옳은 것은(단, 이자율은 10% 이며 이자는 매년 말 1회 지급하는 조건임)?

① 20X1년 1월 1일
  (차) 현금   5,000,000원   (대) 장기차입금   5,000,000원

② 20X1년 12월 31일
  (차) 이자비용   500,000원   (대) 장기차입금   500,000원

③ 20X2년 12월 31일
  (차) 이자비용   500,000원   (대) 현금   500,000원
       장기차입금   5,000,000원   현금   5,000,000원

④ 20X3년 12월 31일
  (차) 이자비용   500,000원   (대) 현금   500,000원
       미지급금   5,000,000원   현금   5,000,000원

21 당기에 설립된 ㈜삼일의 다음 거래가 재무상태표상 자본항목에 미치는 영향에 관한 설명으로 옳은 것은?

ㄱ. 액면금액 5,000원의 주식 100주를 1주당 10,000원에 발행하였다.
ㄴ. 미처분이익잉여금 1,000,000원을 현금으로 배당하였다.

	자본금	자본조정	이익잉여금
①	증가	증가	증가
②	증가	불변	감소
③	불변	증가	감소
④	불변	불변	불변

22 다음은 ㈜삼일의 20X1년 말 재무상태표에서 발췌한 자본의 계정 잔액이다. 당해 이익잉여금으로 보고될 금액으로 옳은 것은?

자본금	10,000,000원
주식발행초과금	20,000,000원
임의적립금	30,000,000원
자기주식	1,000,000원
미처분이익잉여금	10,000,000원
이익준비금	3,000,000원

① 13,000,000원　　　　　　　② 40,000,000원
③ 43,000,000원　　　　　　　④ 44,000,000원

23 다음 중 수익에 관한 설명으로 옳지 않은 것은?

① 수익은 기업의 통상적인 경영활동에서 발생하는 경제적 효익의 총유입을 말한다.
② 기업이 주된 영업활동으로 발생시키는 수익은 매출액으로 분류한다.
③ 기업이 영업활동이 아닌 부수적인 활동에서 발생시킨 수익은 영업외수익으로 분류한다.
④ 판매대가를 현금 이외의 자산으로 받는 경우 해당 자산을 현금화시키기 전까지는 수익을 인식할 수 없다.

24 다음 빈칸에 해당하는 손익계산서 항목으로 옳은 것은?

> 매출액 - 매출원가 - 판매비와관리비 = (   )

① 영업수익   ② 영업이익
③ 당기순이익   ④ 매출총이익

25 ㈜삼일은 다음과 같은 공사를 수주하고 20X1년에 52,500,000원의 공사수익을 인식하였다. 20X1년 중 동 공사와 관련하여 실제 발생한 원가는 얼마인가?

> ㄱ. 공사기간   : 20X1년 1월 1일 ~ 20X3년 12월 31일
> ㄴ. 총도급금액 : 210,000,000원
> ㄷ. 총예정원가 : 160,000,000원

① 40,000,000원   ② 42,000,000원
③ 45,000,000원   ④ 50,000,000원

26 다음 중 회사의 주된 영업활동의 결과인 수익으로 옳지 않은 것은?

① 도매업을 영위하는 회사의 상품매출액
② 제조업을 영위하는 회사의 자산수증이익
③ 서비스업을 영위하는 회사의 용역매출액
④ 건설업을 영위하는 회사의 도급공사수익

27 다음은 ㈜삼일의 회계부서 팀원간의 대화이다. (ㄱ)과 (ㄴ)에 들어갈 계정과목으로 옳은 것은?

김과장: 박대리, 어제 재고자산과 관련한 거래내역을 확인해 봤나요?

박대리: 네, 확인했습니다. 판매되지 않고 이월된 제품들을 우리 회사의 거래처에 무상으로 증정하였더라고요. 그런데 과장님, 회계처리를 하려고 하는데 어떤 계정과목을 사용해야 하는지 좀 헷갈립니다.

김과장: 일단 업무와 관련하여 거래처로부터 대가를 받지 않고 무상으로 제품을 보내줬으니까 (ㄱ)(으)로 처리를 해야 합니다. 만약에 회사의 사업과 무관하게 제품을 보낸 경우였다면 (ㄴ)(으)로 처리해야 하겠지요.

박대리: 네 알겠습니다. 바로 처리하도록 하겠습니다.

	(ㄱ)	(ㄴ)
①	복리후생비	기부금
②	접대비	복리후생비
③	기부금	접대비
④	접대비	기부금

28 다음 자료를 회계처리 할 경우 20X2년 4월 30일자에 나타날 분개로 옳은 것은?

> − 20X1년 10월 1일 : 미국에 $ 10,000의 상품을 외상으로 판매하였다.
> − 20X1년 12월 31일 : 상기 외상판매 관련 채권에 대해 기말평가 하였다.
> − 20X2년 4월 30일 : 상기 외상판매 관련 채권을 현금으로 수취하였다.
> * 환율정보 : 20X1년 10월 1일 : ₩ 1,000 / $
> 　　　　　　 20X1년 12월 31일 : ₩ 1,100 / $
> 　　　　　　 20X2년 4월 30일 : ₩ 1,200 / $

① (차) 현금　　　　　　12,000,000원　　(대) 매출채권　　　11,000,000원
　　　　　　　　　　　　　　　　　　　　　　　 외환차익　　　　 1,000,000원

② (차) 현금　　　　　　12,000,000원　　(대) 매출채권　　　10,000,000원
　　　　　　　　　　　　　　　　　　　　　　　 외화환산이익　　 2,000,000원

③ (차) 현금　　　　　　12,000,000원　　(대) 매출채권　　　10,000,000원
　　　　　　　　　　　　　　　　　　　　　　　 외환차익　　　　 2,000,000원

④ (차) 현금　　　　　　12,000,000원　　(대) 매출채권　　　12,000,000원

29 다음 중 결산에 관한 설명으로 옳지 않은 것은?

① 수익·비용에 대하여 발생주의 회계를 적용하고, 기말 현재 시점에서 자산과 부채를 적절한 상태로 평가하기 위하여 결산수정분개가 필요하다.
② 결산절차는 기중 기록과 결산정리사항을 통합하여 최종적인 재무제표를 작성하는 과정을 말한다.
③ 재고자산의 평가 및 기간귀속의 조정은 결산수정분개를 통해 반영된다.
④ 장부를 마감한 후에는 모든 재무제표의 계정 잔액이 "0"이 된다.

30 기업에서 일반적으로 가장 많이 사용하는 시산표의 한 종류로서 다음과 같이 작성하는 시산표의 명칭은 무엇인가?

㈜삼일		20X1년 12월 31일 현재		(단위: 원)
차변합계		**계정과목**	**대변합계**	
잔액	합계		합계	잔액
		〈 자 산 〉		
		현금		
		…		
2,000,000	45,000,000	매출채권	43,000,000	
		…		
xxxxx	xxxxx	합 계	xxxxx	xxxxx

① 합계잔액시산표   ② 총계정원장

③ 분개장   ④ 잔액시산표

31 다음 중 시산표를 통해 검증할 수 있는 오류의 유형으로 옳은 것은?

① 30,000,000원의 매출거래 1건을 누락함

② 소모품비 500,000원을 접대비로 인식함

③ 급여 100,000원을 현금으로 지급하면서 1,000,000원의 비용을 인식함

④ 거래처 외상매입 2,000,000원에 대한 전표를 중복 발행함

32 다음 거래에 대한 결산수정분개로 옳은 것은?

> 회사는 20X1년 7월 1일에 만기 5년, 연 이자율 5%(1년 단위 수취) 조건으로 100,000,000원
> 을 대여하고, 20X1년 12월 31일 해당 대여금에 대하여 당기분 경과이자를 인식하였다.

① (차) 미수수익   5,000,000원   (대) 현금   5,000,000원
② (차) 미수수익   2,500,000원   (대) 이자수익   2,500,000원
③ (차) 현금   2,500,000원   (대) 선수수익   2,500,000원
④ (차) 미수수익   5,000,000원   (대) 이자수익   5,000,000원

33 다음은 제조업을 영위하는 ㈜삼일의 거래 내용이다. ㈜삼일이 20X1년 손익계산서에 인식할 이자수익은 얼마인가?

> 가. 20X1년 1월 1일 미수이자   200,000원
> 나. 20X1년 12월 31일 미수이자   300,000원
> 다. 20X1년 회계기간 중 미수이자 현금 회수액   500,000원

① 100,000원   ② 200,000원
③ 500,000원   ④ 600,000원

34 다음 중 금융감독원 전자공시시스템을 통해 입수할 수 있는 정보로 옳지 않은 것은?

① 회계감사를 받은 공시된 재무제표
② 사업보고서 및 기타 영업상 주요 공시사항
③ 기업내부경영전략보고서
④ 감사보고서

35 다음 중 감사의견의 종류에 관한 설명으로 옳지 않은 것은?

① 감사의견은 네 가지로 정형화 되어있다.
② 상장기업의 감사의견이 부적정의견일 경우 상장폐지의 불이익을 받게 된다.
③ 회사의 재무제표가 기업회계기준을 심각하게 위배했다면 의견거절이 표명될 것이다.
④ 적정의견이 아닌 경우에는 해당 의견 변형에 대한 근거가 기재된다.

36 다음 자료를 참고하여 20X2년 총자산회전율을 계산하면 얼마인가?

	재무상태표			손익계산서
	20X1.12.31	20X2.12.31		20X2
자산	110,000,000원	150,000,000원	매출	260,000,000원
부채	75,000,000원	85,000,000원	매출원가	180,000,000원
자본	35,000,000원	65,000,000원	판매비와관리비	35,000,000원
			영업이익	45,000,000원

① 0.5회　　　　　　　② 2.0회
③ 2.5회　　　　　　　④ 4.0회

37 다음 자료를 이용하여 당좌비율을 계산하면 얼마인가?

유동자산	9,000,000원	유동부채	4,000,000원
재고자산	3,000,000원	비유동부채	8,000,000원
유형자산	4,000,000원		

① 75% ② 100%

③ 125% ④ 150%

38 ㈜삼일의 20X1년 손익계산서와 관련된 자료는 다음과 같다. 다음 자료를 이용하여 재무비율을 산출하는 경우 옳은 것은(소수점 첫째자리에서 반올림)?

매출액	6,000,000원	매출원가	3,600,000원
판매비와관리비	900,000원	영업외수익	500,000원
영업외비용	300,000원	법인세비용	80,000원
유통보통주식수	1,000주		

① 매출총이익율 - 60% ② 영업이익율 - 28%

③ 당기순이익율 - 30% ④ 주당순이익 - 1,620원

39 다음 중 재무상태표를 통해서 파악할 수 있는 내용으로 옳은 것은?

① 회사 주주의 몫이 총자산에서 어느 정도를 차지하는지 파악함으로써 재무구조의 건전성을 판단할 수 있다.
② 회사가 1년간 올린 수익에 대한 주주의 몫을 파악할 수 있다.
③ 회사의 각 단계별 활동에 따른 이익구조를 파악할 수 있다.
④ 회사가 다음연도 중에 현금화 할 수 있는 금액을 정확하게 산정할 수 있다.

40 다음 각 거래 또는 상황이 재무비율에 미치는 영향을 분석한 것으로 옳은 것은?

① 당기 종업원 상여를 결산일 현재 미지급 하였다면 해당 거래를 반영할 경우 유동비율이 하락한다.

② 전기 말 대비 당기 말 상품 재고가 크게 증가한 경우 당좌비율이 상승한다.

③ 단기차입금으로 계상된 대출의 만기를 연장하면서 장기차입금으로 대체한 경우 부채비율이 상승한다.

④ 수익이 실현되기 이전에 대가의 일부를 현금으로 수령한 경우 부채비율이 하락한다.

01 다음 중 회계의 궁극적 목적에 관한 설명으로 옳은 것은?

① 납부하여야 할 세금을 최소한으로 줄여준다.
② 자금 차입 시 우대이율을 적용받을 수 있도록 한다.
③ 회사의 재무상태를 복잡하게 표현하여 경쟁기업이 회사의 재무상태를 알지 못하도록 한다.
④ 이해관계자들이 합리적인 의사결정을 할 수 있도록 유용한 재무적 정보를 측정하여 전달한다.

02 회계기간 중의 회계처리는 다음의 과정을 거쳐 이루어진다. (가)와 (나)에 들어갈 알맞은 단어는?

거래의 발생	→(가)	분개장	→(나)	총계정원장

	(가)	(나)
①	마감	인식
②	분개	마감
③	분개	전기
④	이월	분개

03 다음 중 손익계산서를 구성하는 계정과목에 해당하는 것으로 옳은 것은?

① 미지급비용
② 매도가능증권평가이익
③ 선수수익
④ 배당금수익

04 다음 중 아래의 원장에 관한 설명으로 옳은 것은?

선급금	
9/10 현금	200,000원

① 상품을 판매하기로 하고 계약금을 자기앞수표로 받다.

② 업무용으로 사용하던 컴퓨터를 매각하고 대금은 10일 후에 받기로 하다.

③ 출장 중인 사원으로부터 원인 불명의 송금수표가 송금되어 오다.

④ 거래처에 상품을 주문하고 계약금을 현금으로 지급하다.

05 다음은 ㈜삼일의 20X1년 발생 거래의 내역이다. 20X1년 말 총계정원장상 현금잔액을 계산하면 얼마인가(단, 전기 말 ㈜삼일의 현금잔액은 3,200원이었다)?

> ㄱ. 20X1년 2월 1일 : 투자자들로부터 1,000원을 추가 출자 받다.
>
> ㄴ. 20X1년 3월 5일 : 전기 발생한 매출채권 중 2,000원을 현금 회수하다.
>
> ㄷ. 20X1년 5월 17일 : 1,200원 상당 재고자산을 외상매입하다.
>
> ㄹ. 20X1년 8월 1일 : 2,500원 매출 대금을 받을어음으로 수령하다.
>
> ㅁ. 20X1년 12월 31일 : 직원에 대한 급여 800원을 미지급하다.

① 5,000원

② 6,200원

③ 7,000원

④ 9,500원

06 다음 중 기업회계기준상 현금및현금성자산의 범위에 포함되지 않는 것은?

① 만기가 된 공사채의 이자표

② 자기앞수표

③ 여행자수표

④ 결산일 현재 상환일이 3개월 이내에 도래하는 1년 만기 정기예금

07 삼일은행에 당좌예금통장(당좌차월 100,000원)을 개설하고, 현금 150,000원을 예금한 경우의 회계처리로 옳은 것은?

①	(차) 당좌예금	150,000원	(대) 현금		150,000원
②	(차) 당좌예금	250,000원	(대) 현금		150,000원
				차입금	100,000원
③	(차) 당좌예금	100,000원	(대) 현금		100,000원
④	(차) 당좌예금	50,000원	(대) 현금		50,000원

08 다음 중 유통업을 영위하는 ㈜삼일의 재무상태표 계정과목들을 구분한 것으로 가장 옳지 않은 것은(단, ㈜삼일은 투자목적의 부동산을 보유하지 않는다)?

① 차량운반구, 건물 – 유형자산

② 단기매매증권, 상품 – 당좌자산

③ 단기차입금, 미지급비용 – 유동부채

④ 주식할인발행차금, 감자차손 – 자본조정

09 ㈜삼일이 결산일 현재 보유하고 있는 매도가능증권의 장부금액과 공정가치(시가)가 다음과 같을 경우 20X1년 결산수정분개가 재무상태표와 손익계산서에 미치는 영향으로 옳은 것은?

	장부금액	공정가치
20X1년 12월 1일 취득	200,000원	200,000원
20X1년 12월 31일	200,000원	150,000원

	손익계산서	재무상태표
①	순이익 변동없음	자산 감소, 이익잉여금 감소
②	순이익 감소	자산 감소, 자본 감소
③	순이익 변동없음	자산 감소, 자본 감소
④	순이익 감소	자산 감소, 이익잉여금 감소

10 다음 중 재고자산에 관한 설명으로 옳은 것은?

① 선적지 인도조건인 경우에는 상품의 출발지와 목적지의 중간지점을 지나는 순간 소유권이 매입자에게 이전된다.

② 아직 생산에 투입하지 않은 원재료는 재고자산에서 제외된다.

③ 재고자산이란 영업활동 과정에서 판매를 목적으로 보유하고 있는 자산이다.

④ 재고자산의 취득원가에는 매입가액에 매입부대비용을 포함하며, 환급이 가능한 수입관세는 매입부대비용에 가산한다.

11 다음은 월별 결산을 수행하는 ㈜삼일의 20X1년 1월 재고자산의 거래 내역이다. 관련하여 옳은 설명을 하는 사람을 모두 고르시오.

구 분	수 량	매입단가	금 액
기초이월 (1월 1일)	1,000개	100원	100,000원
매 입 (1월 7일)	1,200개	120원	144,000원
매 입 (1월 21일)	1,800개	140원	252,000원
판 매 (1월 25일)	2,500개		

ㄱ. 김삼일 : 후입선출법을 적용하면 당월 말 재고 금액은 160,000원으로 계산될거야.

ㄴ. 송삼이 : 선입선출법을 적용하는 경우 월말 재고수량 중 적어도 1,000개는 기초에서 이월된 재고로 구성되겠네.

ㄷ. 윤삼삼 : 평균법을 적용한다면 당월 매출원가와 월말 재고의 단가는 당월 판매가능재고 단가의 중간값인 120원으로 동일할거야.

ㄹ. 박삼사 : 원가흐름의 가정에 따라 월말 재고자산의 수량이 달라질 수 있어.

① ㄱ

② ㄱ, ㄷ

③ ㄴ, ㄹ

④ ㄷ, ㄹ

12 ㈜삼일의 기말 상품재고 내역은 다음과 같다. 수량차이가 비정상적 원인으로 발생한 경우 필요한 회계처리로 옳은 것은?

장부재고수량	100개	실지재고수량	96개
자산의 원가	5,300원	자산의 판매가	4,800원

① 재고자산감모손실 21,200원은 매출원가에 산입한다.

② 재고자산감모손실 48,000원은 매출원가에 산입한다.

③ 재고자산감모손실 21,200원은 영업외비용으로 계상한다.

④ 재고자산감모손실 48,000원은 영업외비용으로 계상한다.

13 다음은 항공여객운송업을 영위하는 ㈜삼일이 20X1년 말 현재 보유하고 있는 자산의 목록이다. 재무상태표 상의 비유동자산 중 투자자산으로 분류될 항목은 모두 몇 개인가?

> ㄱ. 단기매매증권
>
> ㄴ. 만기보유증권(3년 만기 국채, 만기일자 20X2년 11월 30일)
>
> ㄷ. 항공기
>
> ㄹ. 본사 건물
>
> ㅁ. 장기금융상품
>
> ㅂ. 지분법적용투자주식

① 1개　　　　　　　　　　　② 2개

③ 3개　　　　　　　　　　　④ 4개

14 다음 중 유형자산의 회계처리에 관한 설명으로 옳지 않은 것은?

① 유형자산에 대해 추가 지출이 발생한 경우 이 지출의 효과가 장기간에 걸쳐 발생하는 것으로서 유형자산의 내용연수가 늘어나거나 가치가 증대되는 경우 '자본적 지출'로 처리한다.

② 유형자산의 취득원가에는 매입가액(또는 제조원가)에 부수적으로 발생한 취득부대비용이 포함되어서는 안된다.

③ 수익창출활동에 사용하고 있고 내용연수를 합리적으로 추정할 수 있는 유형자산은 수익·비용대응의 원칙에 따라 유형자산이 효익을 제공하는 기간에 걸쳐 감가상각비로 비용화된다.

④ 유형자산을 처분할 경우 유형자산의 장부금액을 제거하고 처분가액과 장부금액의 차이는 영업외손익으로 회계처리한다.

15 다음 자료를 이용하여 20X1년 감가상각비를 계산하면 얼마인가(회계기간은 1월 1일부터 12월 31일까지이다)?

> - 20X1년 10월 1일 차량운반구를 14,000,000원에 구입하여 20X1년 12월 31일 현재 계속하여 사용 중이다.
> - 20X1년 1월 1일 1,500,000원의 건설중인 자산이 있었으며, 20X1년 12월 31일 현재 계속 건설 중이다.
> - 감가상각방법은 정액법을 이용하며, 내용연수는 5년, 잔존가치는 없다고 가정한다.

① 700,000원   ② 800,000원

③ 900,000원   ④ 1,000,000원

16 다음은 ㈜삼일의 합병 관련 자료이다. ㈜회계의 순자산 공정가치와 합병으로 인한 영업권은 각각 얼마인가?

> ㈜삼일은 20X1년 3월 1일 ㈜회계를 합병하였으며, 인수가격은 40,000,000원이나. 20X1년 3월 1일 현재 ㈜회계의 자산의 공정가치는 50,000,000원이며 부채의 공정가치는 30,000,000원이다.

	순자산 공정가치	영업권
①	50,000,000원	40,000,000원
②	50,000,000원	0원
③	20,000,000원	20,000,000원
④	20,000,000원	0원

17 다음 중 유동부채로 계상할 수 없는 것은?

① 임직원이 퇴사할 경우를 대비해 설정해 놓은 퇴직급여충당부채
② 상환일이 결산일로부터 1년 이내인 유동성장기차입금
③ 상품을 구입하면서 당기에 교부한 3개월 만기의 어음
④ 종업원에게 급여 지급 시 총 급여에서 공제한 소득세, 국민연금, 건강보험료 중 회사가 해당기관에 아직 납부하지 않은 금액

18 다음 중 미지급금 계정을 사용하여 분개하는 것이 적합하지 않은 거래에 해당하는 것은?

① 휴게실용 안마의자를 300,000원에 무이자 할부로 구입하다.
② 사무용 비품을 20,000원에 구입하고 대금은 월말에 지급하기로 약속하다.
③ 전월 회식비로 결제한 카드대금 150,000원이 보통예금에서 자동이체 되다.
④ 원재료를 1,000,000원에 구입하고 대금은 2개월 후 지급하기로 하다.

19 ㈜삼일은 신규사업과 관련한 자금조달방법으로 '유상증자'방안(이하 '방안 A')과 '사채발행' 방안(이하 '방안 B')을 고민하고 있다. ㈜삼일의 방안 A와 방안 B의 발행조건은 다음과 같다. 두 가지 자금조달방안 중 발행시점에 더 많은 자금을 조달할 수 있는 방안과 발행형태(할증, 할인 혹은 액면)를 옳게 짝지은 것은?

〈 방안 A : 유상증자 방안 〉

(1) 1주당 액면금액	8,000원
(2) 1주당 발행금액	10,000원
(3) 추가적으로 발행 가능한 주식 수	50,000주

〈 방안 B : 사채발행 방안 〉

(1) 총 액면금액	500,000,000원
(2) 액면이자율	10.5%
(3) 시장이자율	9.2%

① 방안 A ―――― 주식할증발행
② 방안 A ―――― 주식할인발행
③ 방안 B ―――― 사채할증발행
④ 방안 B ―――― 사채할인발행

20 다음 중 (ㄱ)부터 (ㄹ)까지의 빈칸에 들어갈 용어를 옳게 짝지은 것은?

종업원은 입사하여 퇴사할 때까지 회사를 위해 근로를 제공한 대가로 퇴직시에 퇴직금을 받을 권리가 있다. 이는 근로자퇴직급여보장법에 명시되어 있는 종업원들의 권리이다.

반대로 기업의 입장에서는, 미래에 종업원이 퇴직할 시점에 법에 의해 확정적으로 퇴직금을 지급해야 하므로, 법적인 의무가 존재할 뿐 아니라 종업원의 퇴직시점에 경제적 효익의 유출 가능성이 매우 높다. 뿐만 아니라, 퇴직 전 월평균 급여에 근속연수를 곱해서 퇴직금을 지급해야 하므로 예상되는 퇴직금도 측정이 가능하다.

즉, 종업원의 미래 예상되는 퇴직금은 기업이 현재 부담하는 의무로서 미래경제적 효익의 유출가능성이 매우 높고 금액의 신뢰성 있는 측정이 가능하므로 회계상 (ㄱ)의 정의에 충족된다. 따라서, 기업은 종업원의 퇴직금과 관련된 (ㄱ)(으)로서 이를 (ㄴ)(이)라는 계정과목으로 재무제표에 계상하여야 한다.

그렇다면 (ㄴ)금액은 어떻게 계상되는 것일까? 재무제표에 계상될 (ㄴ)의 금액은 결산일 현재 전 임직원이 퇴사할 경우 지급해야 할 총 퇴직금예상액으로 결정하여야 한다. 우리는 이 예상액을 (ㄷ)이라고 부른다. (ㄷ)을 계산하여 재무제표상 계상되어야 할 (ㄴ)(을)를 확정하였다면, 결산수정분개를 하기 전의 (ㄴ)의 금액과 (ㄷ)과의 차이 금액을 회계처리 해야 한다. 동 차이 금액을 우리는 다음과 같이 회계처리 한다.

(차) (ㄹ)	XXX 원	(대) (ㄴ)	XXX 원

이로써 우리는 종업원의 퇴직과 관련하여 지급해야 할 근무의 대가를 재무제표상 의무로 인식하고, 그 의무만큼을 손익계산서상 비용으로 처리할 수 있게 된다.

	ㄱ	ㄴ	ㄷ	ㄹ
①	자산	퇴직연금운용자산	퇴직금추계액	지급수수료
②	부채	퇴직급여충당부채	퇴직금추계액	퇴직급여
③	자산	퇴직연금운용자산	퇴직금지급액	지급수수료
④	부채	퇴직급여충당부채	퇴직금지급액	퇴직급여

21 다음 중 빈칸에 들어갈 항목으로 옳은 것은?

> (   )은 자본을 감소하는 과정에서 발생한 것으로 자본감소액이 자본을 감소하는데 소요
> 되는 금액을 초과하는 경우 그 차액을 말한다.

① 감자차익   ② 감자차손
③ 주식할인발행차금   ④ 자본조정

22 ㈜삼일은 20X1년 중 기존에 발행했던 자기회사의 주식 200주를 3,000,000원에 취득하였
고, 20X2년 중 동 주식을 주당 20,000원에 모두 처분하였다. 다음 중 해당 거래에 관한
설명으로 옳은 것은?

① 자기주식은 처음부터 주식이 발행되지 않은 것과 동일하므로 미발행주식과 구별하지
   않는다.
② 자기주식 취득 시점에는 이를 유가증권으로 보아 취득 목적에 따라 단기매매증권 또는
   매도가능증권으로 회계처리 하여야 한다.
③ 해당 거래로 인하여 20X1년에는 자본이 감소하고, 20X2년에는 자본이 증가한다.
④ 20X2년 주식 처분 시에 발생하는 자기주식처분손익은 손익계산서의 영업외손익으로
   분류된다.

23 ㈜삼일은 아직 현금을 받지 못하였으나 기간의 경과로 수익의 획득과정이 완료된 미수임대
료를 수익으로 인식하였다. 이에 대한 근거로 옳은 것은?

① 보수주의   ② 발생주의
③ 현금주의   ④ 총액주의

24 ㈜삼일은 제조업을 영위하는 ㈜용산에 원재료를 납품하고 있다. 지난 달 ㈜삼일은 ㈜용산에 100단위의 상품을 10,000,000원에 외상판매 하였으나 그 중 5단위는 불량으로 판명되어 반품되었다. 한편, ㈜용산은 유동성 부족으로 인하여 해당 매입대금을 현금이 아닌 부동산(토지)으로써 상환하였다. 해당 토지는 ㈜용산의 장부에 6,000,000원으로 계상되어 있었으나 감정평가 결과 공정가치는 8,000,000원으로 산정되었다. 상기 거래와 관련하여 ㈜삼일이 인식할 매출액은 얼마인가?

① 6,000,000원   ② 8,000,000원

③ 9,500,000원   ④ 10,000,000원

25 12월 말 결산법인인 ㈜삼일건설은 20X1년 1월 1일에 ㈜용산과 건물신축계약을 체결하였다. 총공사계약액은 100,000,000원이며, 총공사예정원가는 80,000,000원으로 추정된다. 공사가 완성된 20X2년 12월 31일까지 건설과 관련된 자료는 다음과 같다. 진행기준을 적용할 때 ㈜삼일건설이 20X2년에 인식할 공사이익은 얼마인가?

	20X1년	20X2년
당기발생공사원가	36,000,000원	44,000,000원
누적공사진행률	45%	100%
당기공사대금수령액	42,000,000원	58,000,000원

① 9,000,000원   ② 10,000,000원

③ 11,000,000원   ④ 20,000,000원

26 다음 중 비용에 관한 설명으로 옳지 않은 것은?

① 비용은 일정기간 동안 발생한 자산의 유출이나 사용 또는 부채의 발생액이다.

② 매출원가는 매출액과 직접 대응되는 원가이다.

③ 일정기간 동안 판매된 상품이나 제품에 대하여 배분된 원가는 판매비와관리비로 처리한다.

④ 영업외비용은 주된 영업활동 이외의 보조적 또는 부수적인 활동에서 발생하는 비용이다.

27 다음 중 영업이익에 영향을 미치는 계정과목으로만 짝지어진 것은?

① 제품매출, 광고선전비, 복리후생비

② 상품매출, 대손상각비, 기부금

③ 외화환산손실, 용역매출, 이자수익

④ 매출원가, 유형자산처분손실, 사채상환이익

28 다음은 의류제조업을 영위하는 ㈜삼일의 20X1년 재무자료이다. ㈜삼일의 20X1년 손익계산서에 계상될 판매비와관리비 금액은 얼마인가(단, 결산수정분개는 모두 반영되었다)?

ㄱ. 매출원가	1,200,000원	ㄴ. 급여(관리사원)	900,000원
ㄷ. 퇴직급여(관리사원)	800,000원	ㄹ. 배당금 지급	200,000원
ㅁ. 이자비용	100,000원	ㅂ. 임차료(본사건물)	380,000원
ㅅ. 경상개발비	120,000원	ㅇ. 재해손실	300,000원

① 2,200,000원 ② 2,300,000원

③ 2,400,000원 ④ 3,400,000원

29 다음 중 결산절차에 해당하지 않는 것은?

① 시산표의 작성

② 부속명세서 작성

③ 결산수정분개의 전기

④ 총계정원장에의 전기

30 다음에서 설명하는 회계장부의 명칭으로 옳은 것은?

- 각 회계기간의 기업활동을 모두 기록한 총계정원장의 계정별 결과치만을 집계한 요약표
- 총계정원장의 기록이 정확한가를 검증하는 기능을 함.
- 검증방법은 모든 계정의 차변합계와 대변합계가 일치하는가를 확인함으로써 이루어짐.

① 시산표

② 재무제표

③ 재무상태표

④ 결산부속명세서

31 다음 중 결산수정분개에 관한 설명으로 옳지 않은 것은?

① 편의상 현금주의회계로 처리했던 부분이 있다면 발생주의회계로 전환해야 한다.

② 단기매매증권은 기말 현재의 공정가치로 재평가되어야 한다.

③ 재고자산 실사결과 수량이 부족한 부분에 대해서는 재고자산을 차감 조정한다.

④ 유·무형자산에 대한 감가상각비 계상 및 퇴직급여충당부채의 설정은 기중에 각 거래가 발생한 시점에서 이루어지는 것이 일반적이다.

32 ㈜삼일은 당기 3월 중, 향후 1년치 용역수익 대가를 일시에 수령하고 이를 현금주의에 따라 회계처리 하였다. 다음 중 ㈜삼일이 결산 시 선수수익의 기장을 누락한 경우에 재무제표에 미치는 영향으로 옳은 것은?

① 자산이 과대계상 되고, 수익이 과소계상 된다.

② 자산이 과소계상 되고, 부채가 과대계상 된다.

③ 부채가 과대계상 되고, 자산이 과대계상 된다.

④ 부채가 과소계상 되고, 수익이 과대계상 된다.

33 ㈜삼일은 20X1년 6월 30일 해외은행으로부터 $50,000을 차입하였으며 당기 말 현재 이를 미상환하였다. 상기 차입금과 관련한 환율이 아래와 같을 때 결산 시 손익계산서에 반영될 외화환산손익은 얼마인가?

> 20X1년 6월 30일 : 1,020원 / 1$
> 20X1년 12월 31일 : 1,100원 / 1$

① 외화환산이익 2,000,000원

② 외화환산이익 4,000,000원

③ 외화환산손실 2,000,000원

④ 외화환산손실 4,000,000원

34 다음 중 외부감사와 감사의견에 관한 설명으로 옳은 것은?

① 외부감사는 회사가 제시한 재무제표가 회계기준에 따라 적정하게 작성되었는지를 외부감사인이 확인하는 절차이다.

② 적정의견은 회사의 경영성과와 재무상태가 투자하기에 적절하다는 것을 의미한다.

③ 회사가 기업회계기준을 심각하게 위배하여 재무제표가 전반적으로 왜곡된 경우 한정의견이 표명된다.

④ 감사의견이 부적정의견인 것은 상장기업의 상장폐지 사유에 해당하지 않는다.

35 ㈜삼일의 아래 재무자료를 이용하여 유동비율을 계산하면 얼마인가(단, 소수점 첫째자리에서 반올림한다)?

당좌자산	5,000,000원
재고자산	4,300,000원
유형자산	4,000,000원
유동부채	3,500,000원
비유동부채	4,100,000원

① 122% ② 143%

③ 266% ④ 380%

36 다음은 ㈜삼일의 20X1년 말 재무상태표이다. 이와 관련하여 실무진들이 회의를 하던 중 다음과 같은 의견들이 제시되었다. 옳지 않은 의견을 제시한 사람은 누구인가?

재무상태표
제11기 : 20X1년 12월 31일 현재

㈜삼일 (단위: 원)

자산		부채	
유동자산	320,000	유동부채	2,000,000
당좌자산	200,000	비유동부채	200,000
재고자산	120,000	부채총계	2,200,000
비유동자산	1,680,000	자본	
투자자산	300,000	자본금	700,000
유형자산	800,000	자본잉여금	–
무형자산	280,000	이익잉여금(결손금)	(900,000)
기타비유동자산	300,000	자본총계	(200,000)
자산총계	2,000,000	부채와자본총계	2,000,000

① 김부장 : "큰일입니다. 회사의 총자산보다 총부채가 더 커지면서 완전자본잠식에 빠졌습니다."

② 이차장 : "회사의 부채 대부분이 단기적으로 상환해야 할 성격이라서 단기유동성이 부족한 것이 가장 큰 문제입니다."

③ 한사원 : "현재 우리가 보유한 모든 유형자산을 900,000원에 처분할 수 있다면, 결손금을 전부 처리할 수 있어 자본잠식 상황을 해결할 수 있습니다."

④ 유대리 : "유상증자를 통해 자금을 출자 받는 것도 현재 상황에 대한 하나의 방법입니다."

37 다음 자료를 이용하여 ㈜삼일의 20X1년 매출채권회전율과 매출채권회수기간을 각각 계산
하면 얼마인가?

> ㄱ. 매출액   80,000,000원
>
> ㄴ. 매출원가   50,000,000원
>
> ㄷ. 20X1년 평균매출채권   10,000,000원
>
> ㄹ. 20X1년 평균재고자산   5,000,000원
>
> ㅁ. 1년은 360일로 가정한다.

	매출채권회전율	매출채권회수기간
①	5회	72일
②	8회	45일
③	10회	36일
④	16회	22.5일

38 다음은 ㈜삼일의 20X1년 손익계산서의 일부이다.

매출액	?	매출원가	?
매출총이익	?	판매비와관리비	?
영업이익	750,000원	영업외수익	250,000원
영업외비용	150,000원	세전이익	850,000원
법인세비용	250,000원	당기순이익	600,000원

당해 영업이익률은 15%, 매출총이익률은 40%로 확인된다면, ㈜삼일의 20X1년 매출원가
를 계산하면 얼마인가?

① 2,000,000원   ② 3,000,000원

③ 4,000,000원   ④ 5,000,000원

39 다음 중 주주입장에서 바라본 기업의 이익창출능력을 판단하기 위한 재무비율로 옳은 것은?

① 매출액성장률

② 당좌비율

③ 재고자산회전율

④ 자기자본이익률

40 다음 중 주당순이익(EPS)에 관한 설명으로 옳지 않은 것은?

① 주당순이익이 높을수록 경영실적이 양호하다고 할 수 있다.

② 영업이익을 그 기업이 발행한 유통보통주식수로 나누어 산출한다.

③ 회사가 일정기간 올린 수익에 대한 주주의 몫을 나타내는 지표이다.

④ 주당순이익은 주가수익비율(PER) 계산의 기초자료가 된다.

국가공인
회계관리 2급

회계관리 2급
기출문제집
2024

01 다음 중 일반기업회계기준에서 규정하고 있는 재무제표의 종류로 옳지 않은 것은?

① 재무상태표

② 손익계산서

③ 현금흐름표

④ 이익잉여금처분계산서

02 복식부기란 회사의 재산에 영향을 미치는 거래를 파악하여 재산이 변화한 원인과 그로 인한 결과를 동시에 기록하는 방법이다. 이때 자산, 부채, 자본의 증감이나 수익, 비용의 발생을 일정한 원리에 따라 차변과 대변으로 분리하여 이중으로 기록하는데 이를 복식부기의 원리라고 한다. 다음 중 복식부기의 원리로 옳지 않은 것은?

① 자산의 증가는 차변에, 감소는 대변에 기록한다.

② 부채의 감소는 차변에, 증가는 대변에 기록한다.

③ 자본의 감소는 대변에, 증가는 차변에 기록한다.

④ 수익의 증가는 대변에, 비용의 증가는 차변에 기록한다.

03 다음은 회계순환과정의 일부를 나타낸 것이다. (가)에 해당하는 내용으로 옳은 것은?

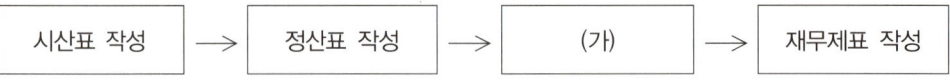

| 시산표 작성 | → | 정산표 작성 | → | (가) | → | 재무제표 작성 |

① 거래의 인식

② 분개장 작성

③ 총계정원장 작성

④ 계정의 마감

04 다음은 ㈜삼일의 현금 관련 거래들을 분개한 것이다. 다음 분개 중 옳지 않은 것은?

① 종업원 급여 15,000원을 현금으로 지급하였다.
　(차) 급　　　여　　　　　15,000원　　　(대) 현　　　금　　　　　15,000원

② 프로그램용역을 제공하고 용역제공대가 20,000원은 다음에 받기로 하였다.
　(차) 매출채권　　　　　　20,000원　　　(대) 매　　　출　　　　　20,000원

③ 영업활동 사용 목적으로 컴퓨터를 70,000원에 현금으로 구입하였다.
　(차) 유형자산　　　　　　70,000원　　　(대) 현　　　금　　　　　70,000원

④ 다음 달의 추가적인 자금사용에 대비하여 은행에서 현금 20,000원을 차입하였다.
　(차) 차 입 금　　　　　　20,000원　　　(대) 현　　　금　　　　　20,000원

05 다음은 ㈜삼일의 20X1년 발생 거래의 내역이다. 20X1년 말 총계정원장상 현금잔액을 계산하면 얼마인가(단, 전기 말 ㈜삼일의 현금잔액은 4,000원이었다)?

> ㄱ. 20X1. 2. 1 : 투자자들로부터 1,000원을 추가 출자 받다.
> ㄴ. 20X1. 3. 5 : 전기 발생한 매출채권 중 2,000원을 회수하다.
> ㄷ. 20X1. 5.17 : 1,200원 상당 재고자산을 외상매입하다.
> ㄹ. 20X1. 8. 1 : 2,500원 매출 대금을 받을어음으로 수령하다.
> ㅁ. 20X1.12.31 : 직원에 대한 급여 800원을 미지급하다.

① 5,000원　　　　　　　　　　　② 6,200원
③ 7,000원　　　　　　　　　　　④ 9,500원

06 다음 거래에 대한 분개장의 전기 결과로 옳은 것은?

> [3월 14일] 사무용으로 사용할 컴퓨터를 200,000원에 외상으로 구입하였다.

	월	일	적요	계정번호	차변	대변	잔액
①	3	14	유형자산 　　　미수금		200,000	200,000	
②	3	14	현금 　　　유형자산		200,000	200,000	
③	3	14	매입채무 　　　유형자산		200,000	200,000	
④	3	14	유형자산 　　　미지급금		200,000	200,000	

07 다음은 ㈜삼일의 1월 현금계정 내역이다. 거래에 관한 설명으로 옳은 것은?

차변			대변		
날짜	적요	금액	날짜	적요	금액
1월 1일	전기이월	10,000원	1월 24일	매입	7,000원
1월 15일	매출	5,000원	1월 25일	당좌예금	2,000원
1월 22일	단기대여금	3,000원			

① 1월 15일 상품 5,000원을 외상 매출하다.
② 1월 22일 현금 3,000원을 임직원에게 대여하다.
③ 1월 25일 현금 2,000원을 당좌예금 통장에서 인출하다.
④ 1월 31일 현금 기말잔액은 9,000원이다.

08 다음 중 계정과목의 분류로 옳지 않은 것은?

① 미수수익 – 자산계정   ② 선수수익 – 수익계정

③ 선급비용 – 자산계정   ④ 미지급비용 – 부채계정

09 다음 중 유가증권의 보유기간 중의 회계처리에 관한 설명으로 옳은 것은?

① 매도가능증권은 만기 보유를 목적으로 하므로 보유기간 중 관련 손익을 인식할 수 없다.

② 단기매매증권은 공정가치로 평가하며, 이때 발생하는 평가손익은 기타포괄손익항목으로 처리한다.

③ 공정가치로 평가할 수 있는 매도가능증권의 평가손익은 당기손익으로 인식한다.

④ 매도가능증권 중 시장성이 없는 지분증권의 공정가치를 신뢰성 있게 측정할 수 없는 경우에는 취득원가로 평가한다.

10 다음 중 영업활동과정에 따라 재고자산을 분류한 것으로 옳은 것은?

① 상품 : 제품의 제조를 위하여 제조과정에 있는 것

② 재공품 : 정상적인 영업활동과정에서 판매를 목적으로 제조한 물건

③ 원재료 : 제품을 제조할 목적으로 구입한 원료와 재료

④ 저장품 : 판매를 목적으로 제조한 물건

11 다음은 ㈜삼일의 재고자산과 관련된 자료이다. ㈜삼일이 계속기록법에 의해 수량을 결정하고, 후입선출법에 의해 재고단가를 결정하는 경우, 기말 현재 재고자산 금액은 얼마인가(단, 기말시점에 계속기록법에 의한 재고수량과 실지재고조사법에 의한 재고수량은 일치한다)?

일자별 현황	수량	매입단가	금액
기초 재고	150개	30원	4,500원
2. 2 매입	250개	35원	8,750원
5. 1 판매	(200개)	–	–
7. 1 매입	150개	40원	6,000원
9. 5 판매	(300개)	–	–
12. 1 매입	100개	45원	4,500원

① 5,000원   ② 5,480원
③ 6,000원   ④ 6,500원

12 ㈜삼일의 결산시 재고자산 실사 자료는 다음과 같다. 다음 자료를 기초로 재고자산평가손실을 계산하면 얼마인가(단, 재고자산은 저가법으로 평가함)?

상품의 장부상 재고수량	120개	상품의 실제 재고수량	100개
상품의 취득원가	1,000원	상품의 시가	800원

① 10,000원   ② 12,000원
③ 20,000원   ④ 24,000원

13 ㈜삼일은 20X1년에 다음과 같은 유가증권을 공정가치로 취득하였다. 아래 취득금액을 각 성격에 따라 적절하게 계정분류한 것으로 옳은 것은?

취득금액	유가증권의 성격
200,000원	채무증권이며 ㈜삼일은 동 채권을 만기까지 보유할 의도와 능력이 있음
500,000원	지분증권이며 ㈜삼일은 동 주식을 향후 2년 이내에 처분할 의도가 없음

	매도가능증권	만기보유증권
①	200,000원	500,000원
②	0원	700,000원
③	500,000원	200,000원
④	700,000원	0원

14 다음은 ㈜삼일의 업무용 차량 관련 자료이다. 이에 관한 설명으로 옳지 않은 것은?

> 취득 : 20X1년 1월 1일
>   – 차량대금 : 10,000,000원
>   – 취득과 직접 관련되는 원가 : 1,000,000원
>
> 취득 후 지출 : 20X1년 3월 1일
>   – 수익적 지출 : 500,000원
>
> 결산 : 20X1년 12월 31일
>   – 감가상각방법 : 정액법
>   – 내용연수 : 10년
>   – 잔존가치 : 없음

① 차량의 취득원가는 11,000,000원이다.

② 취득 후 지출한 500,000원은 차량의 취득원가에서 차감한다.

③ 취득 후 지출한 수익적 지출은 비용으로 처리한다.

④ 매년 결산시 감가상각비는 1,100,000원이다.

15 다음 중 무형자산의 상각에 관한 설명으로 옳지 않은 것은?

① 무형자산의 상각이란 무형자산의 원가와 효익을 체계적으로 대응시키는 과정이다.

② 무형자산은 사용 가능한 시점부터 상각을 개시한다.

③ 무형자산의 상각시 해당 무형자산에서 직접 차감할 수 있다.

④ 무형자산의 상각기간은 10년을 초과할 수 없다.

16 다음 중 일반기업회계기준에 따른 기타비유동자산에 관한 설명으로 옳지 않은 것은?

① 임차보증금은 타인의 물건 임차시 임차거래 및 사용 관련 손해 행위에 대한 담보로 제공하는 금액을 말한다.

② 이연법인세자산은 회계와 세법의 차이로 인하여 발생하는 미래의 세금 부담액을 말한다.

③ 장기매출채권은 주된 영업활동에서 발생하였으나, 1년 이내 또는 정상적인 영업주기 이내에 회수가 어려운 채권을 말한다.

④ 장기미수금은 주된 영업 이외의 활동에서 발생하였으며, 1년 이내에 회수가 어려운 채권을 말한다.

17 다음의 회계처리가 재무제표에 미치는 영향으로 옳은 것은?

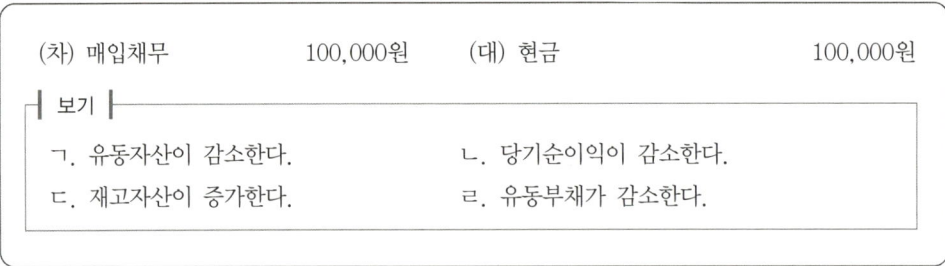

| (차) 매입채무 | 100,000원 | (대) 현금 | 100,000원 |

┤ 보기 ├

ㄱ. 유동자산이 감소한다.   ㄴ. 당기순이익이 감소한다.

ㄷ. 재고자산이 증가한다.   ㄹ. 유동부채가 감소한다.

① ㄱ, ㄴ   ② ㄱ, ㄹ

③ ㄴ, ㄹ   ④ ㄷ, ㄹ

18 다음은 ㈜삼일의 20X1년 말 재무제표에 공시된 계정 잔액 중 일부를 나열한 것이다. 다음 자료를 이용하여 유동부채 금액을 계산하면 얼마인가?

미수금	1,000원	선수금	1,000원
미지급금	1,500원	예수금	1,500원
선수수익	1,000원	선급금	1,000원
선급비용	1,500원	받을어음	1,500원
단기차입금	2,000원	사채	3,000원

① 5,500원   ② 6,000원

③ 6,500원   ④ 7,000원

19 ㈜삼일은 20X1년 1월 1일에 액면이자율이 12%인 사채를 발행하고자 한다. 동 일자의 시장이자율이 10%인 경우 사채를 발행하는 시점에 예상되는 분개로서 옳은 것은?

① (차) 사채   XXX   (대) 사채할증발행차금   XXX

② (차) 현금   XXX   (대) 사채   XXX
                                     사채할증발행차금

③ (차) 현금   XXX   (대) 사채   XXX
      사채할인발행차금   사채할증발행차금

④ (차) 현금   XXX   (대) 사채   XXX
      사채할인발행차금

20 ㈜삼일은 20X1년 1월 1일 은행으로부터 장기차입금 1,000,000원을 빌리고 3년 뒤 만기에 일시 상환하였다. ㈜삼일이 동 차입금과 관련하여 일자별로 수행해야 할 분개로 옳은 것은(단, 이자율은 10%이며 이자는 매년 말 1회 지급하는 조건임)?

① 20X1년 1월 1일

(차) 현금   1,000,000원   (대) 장기차입금   1,000,000원

② 20X1년 12월 31일

(차) 이자비용   100,000원   (대) 장기차입금   100,000원

③ 20X2년 12월 31일

(차) 이자비용   100,000원   (대) 현금   100,000원
        장기차입금   1,000,000원   현금   1,000,000원

④ 20X3년 12월 31일

(차) 이자비용   100,000원   (대) 현금   100,000원
        현금   1,000,000원   미지급금   1,000,000원

21 다음 중 자본항목에 관한 설명으로 옳지 않은 것은?

① 불입자본을 이용하여 창출한 손익 중 아직 손익으로 확정 지을 수 없으나, 포괄적인 잠재손익을 기타포괄손익누계액으로 분류한다.

② 매도가능증권평가손익은 기타포괄손익으로 인식하지 않고 당기손익으로 인식한다.

③ 감자차익은 자본을 감소하는 과정에서 발생한 것으로 자본감소액이 자본을 감소하는데 소요된 금액을 초과하는 경우 그 차액을 자본잉여금으로 표시한다.

④ 주식을 액면금액 이하로 발행하는 경우 액면 미달금액은 주식할인발행차금으로 회계처리하고 자본조정 항목으로 표시한다.

22 다음 중 ㈜삼일의 자본에 대하여 옳지 않은 의견을 제시한 사람은 누구인가?

재무상태표

㈜삼일 (단위: 원)

		20X2년 말	20X1년 말
I	자본금	300,000,000	200,000,000
	보통주 자본금	300,000,000	200,000,000
II	자본잉여금	150,000,000	150,000,000
	주식발행초과금	150,000,000	150,000,000
III	기타포괄손익누계액	10,000,000	–
	매도가능증권평가이익	10,000,000	–
IV	이익잉여금	250,000,000	200,000,000
	법정적립금(이익준비금)	50,000,000	50,000,000
	미처분이익잉여금	200,000,000	150,000,000

① 동원 : 20X1년 말에 비해 20X2년 말에 자본금이 증가한 것으로 보아 회사는 20X2년 중에 주식을 추가로 발행하였을 거야.

② 지환 : 주식발행초과금의 증감이 없는 것을 보니 20X2년의 주식발행은 발행금액이 액면금액과 동일한 할증발행이었겠군.

③ 현수 : 20X2년에 매도가능증권평가이익이 발생한 것으로 봐서 회사가 보유하고 있는 매도가능증권의 공정가치가 증가했네.

④ 찬규 : 이익잉여금이 증가하고 미처분이익잉여금이 증가한 것으로 봐서 20X2년에 당기 순이익이 발생하였을거야.

23 다음 중 은행의 손익계산서상 매출로 분류될 수 있는 항목으로 적절한 것은?

① 자산수증이익   ② 채무면제이익

③ 임대료수익   ④ 이자수익

24 ㈜서울은 ㈜부산에 20X1년 중 상품 100개를 개당 6,000원씩 600,000원에 판매하였다. 이 중 9개가 불량품으로 판명되어 반품되었으며, 10개는 질이 떨어져 개당 800원씩 깎아 주었다. 동 거래에 대하여 ㈜서울이 20X1년에 인식할 매출액은 얼마인가?

① 538,000원　　　　　　　　　② 540,000원

③ 546,000원　　　　　　　　　④ 592,000원

25 다음 공사와 관련하여 20X1년에 인식해야 할 공사매출액은 얼마인가?

---

1. 공사기간 : 20X1년 1월 1일 ~ 20X3년 12월 31일(3년)
2. 총계약도급금액 : 120,000,000원
3. 총공사예정원가 : 100,000,000원
4. 20X1년에 발생된 공사원가는 40,000,000원이다.

---

① 40,000,000원　　　　　　　② 48,000,000원

③ 56,000,000원　　　　　　　④ 58,000,000원

26 다음 중 판매비와관리비에 해당하는 비용 계정에 관한 설명으로 옳지 않은 것은?

① 급여는 임원급여, 급료, 임금, 제수당 등을 포함하는 인건비를 말한다.
② 복리후생비는 근로환경의 개선 및 근로의욕향상 등을 위하여 지출하는 노무비 성격의 금액을 말한다.
③ 연구비는 사업상 필요에 의하여 지출하는 접대비용 및 교제비용을 말한다.
④ 광고선전비는 상품·제품의 판매촉진을 위하여 선전효과를 얻고자 지출하는 비용을 말한다.

27 다음의 자료를 이용하여 손익계산서에 표시될 매출원가를 계산하면 얼마인가?

기초상품재고액	250,000원	당기총매입액	900,000원
매입운임	70,000원	매입환출	20,000원
매입할인	30,000원	기말상품재고액	350,000원

① 780,000원　　　　　　　　② 820,000원

③ 850,000원　　　　　　　　④ 870,000원

28 다음은 컴퓨터부품 제조업을 영위하는 ㈜삼일의 20X1년 중 지출내역을 요약한 것이다. ㈜삼일의 20X1년 손익계산서상 판매비와관리비는 얼마인가?

ㄱ. 판매지사원 급여	1,000,000원
ㄴ. 판매직사원 퇴직급여	1,500,000원
ㄷ. 이자비용	350,000원
ㄹ. 접대비	140,000원
ㅁ. 토지취득과 관련된 취득세	320,000원
ㅂ. 본사건물 감가상각비	360,000원

※ 위 항목 중 매출원가에 포함된 비용은 없음

① 3,000,000원　　　　　　　② 3,320,000원

③ 3,350,000원　　　　　　　④ 3,700,000원

29 결산절차는 예비절차와 결산보고서 작성의 2단계로 이루어진다. 다음 중 예비절차에 해당하지 않는 것은?

① 수정전시산표의 작성　　　　② 결산수정분개

③ 계정의 마감　　　　　　　④ 결산수정분개의 전기

30 다음 중 시산표에 관한 설명으로 옳지 않은 것은?

① 시산표는 재무제표 작성 후 재무제표를 검증하기 위해 작성한다.
② 시산표에서 차변합계와 대변합계가 일치하지 않으면 어딘가에 오류가 있음을 의미한다.
③ 합계시산표는 총계정원장 각 계정의 차변합계액과 대변합계액이 기재된 시산표이다.
④ 잔액시산표는 각 계정별 잔액만을 집계하여 나타내는 시산표이다.

31 다음 중 결산시 선수수익에 관한 회계처리를 누락한 경우에 재무제표에 미치는 영향으로 옳은 것은?

① 자산이 과대계상 된다.　　② 수익이 과소계상 된다.
③ 수익이 과대계상 된다.　　④ 부채가 과대계상 된다.

32 다음 빈칸에 들어갈 계정과목으로 옳은 것은?

> 당기 (　　　　　) = 기초 재고액 + 당기 매입액 − 기말 재고액

① 재고자산　　　　　　② 매출원가
③ 매출　　　　　　　　④ 매입채무

33 다음과 같이 발견된 오류에 대한 수정분개로 옳은 것은?

> 회사의 회계담당자가 거래처인 ㈜삼일에게 상품을 20X2년 2월 1일에 인도해 주기로 약정
> 하고, 세금계산서를 20X1년 12월 20일자로 발행하면서 동일자로 외상매출을 인식하였다.

① (차) 매출 　　　　　　XXX　(대) 매출채권 　　　　XXX

② (차) 매출채권 　　　　XXX　(대) 매출 　　　　　　XXX

③ (차) 매출 　　　　　　XXX　(대) 현금 　　　　　　XXX

④ (차) 미수수익 　　　　XXX　(대) 매출 　　　　　　XXX

34 다음 중 회사의 재무제표를 입수할 수 있는 방법에 관한 설명으로 옳지 않은 것은?

① 모든 회사의 재무제표는 금융감독원의 전자공시시스템(http://dart.fss.or.kr)에서 찾아볼 수 있다.

② 상장회사의 사업보고서에는 재무제표가 첨부되어 있다.

③ 직전 사업연도말의 총자산이 500억원 이상 되는 주식회사는 법적으로 재무제표에 대한 회계감사를 받아 전자공시시스템에 공시하고 있다.

④ 직전 사업연도의 매출액(사업연도가 12개월 미만인 경우에는 12개월로 환산한 매출액)이 500억원 이상인 주식회사는 법적으로 재무제표에 대한 회계감사를 받아 전자공시시스템에 공시하고 있다.

35 다음 중 감사의견의 종류에 관한 설명으로 옳은 것은?

① 회사의 재무제표가 기업회계기준에 따라 중요성의 관점에서 적정할 경우 – 의견거절

② 감사범위제한의 영향이 대단히 중요할 경우 – 적정의견

③ 재무제표의 일부가 기업회계기준을 위반하고, 해당 위반이 재무제표에 중요한 영향을 미치는 경우 – 한정의견

④ 감사의견을 표명하기에 충분한 감사증거를 수집하기 곤란한 경우 – 부적정의견

36 ㈜삼일의 20X2년 재무자료를 이용하여 20X2년 유동비율을 계산하면 얼마인가(단, 소수점 첫째자리에서 반올림한다)?

당좌자산	5,000,000원
재고자산	4,300,000원
유형자산	4,000,000원
유동부채	3,500,000원
비유동부채	4,100,000원

① 227%　　　　　　　　　② 233%

③ 252%　　　　　　　　　④ 266%

37 다음 중 재무비율의 종류와 분석내용을 올바르게 연결한 것은?

① 유동비율 : 유동자산을 비유동부채로 나누어 단기적인 유동성을 평가하는 비율이다.

② 당좌비율 : 유동자산 중 유동성이 상대적으로 낮은 부분을 제외하고 유동성을 평가하는 비율이다.

③ 부채비율 : 부채비율이 높을수록 채권자에 대한 위험이 감소한다는 것을 의미한다.

④ 자기자본비율 : 자기자본비율이 낮을수록 기업의 안정성이 높다고 할 수 있다.

38 다음 자료를 이용하여 ㈜삼일의 매출채권회전율을 계산하면 얼마인가?

ㄱ. 매출액	40,000,000원	ㄴ. 당기순이익	30,000,000원
ㄷ. 평균매출채권	10,000,000원	ㄹ. 평균재고자산	20,000,000원

① 1.5회　　　　　　　　　② 2회

③ 3회　　　　　　　　　　④ 4회

39 다음 중 주당순이익(EPS)에 관한 설명으로 옳은 것은?

① 주당순이익이 낮을수록 경영실적이 양호하다고 할 수 있다.

② 영업이익을 그 기업이 발행한 우선주식수로 나누어 산출한다.

③ 당기순이익이 작을수록 주당순이익(EPS)은 높아진다.

④ 회사가 일정기간 동안 올린 이익에 대하여 주식 1주당 귀속되는 주주의 몫을 나타내는 지표이다.

40 다음 자료를 이용하여 주당순이익(EPS)을 계산하면 얼마인가?

ㄱ. 매출액	150,000,000원
ㄴ. 영업이익	90,000,000원
ㄷ. 당기순이익	60,000,000원
ㄹ. 유통보통주식수	6,000주
ㅁ. 우선주식수	3,000주

① 10,000원

② 15,000원

③ 25,000원

④ 30,000원

01 다음 중 재무상태표 작성기준에 관한 의견으로 옳지 않은 설명을 한 사람은 누구인가?

> 철수 : 재무상태표의 자산은 금액이 큰 순서로 보여주어야 한다.
> 영희 : 매출채권과 대손충당금은 상계하여 순액으로 표시해서는 안된다.
> 영수 : 자본거래에 의한 잉여금과 영업활동에 의한 잉여금은 구분하여야 한다.
> 순희 : 기중 계상한 가지급금은 그 성격에 따라 비용화하거나 선급금 등으로 대체처리해야 한다.

① 철수

② 영희

③ 영수

④ 순희

02 다음 중 부기와 회계에 관한 설명으로 옳지 않은 것은?

① 부기란 어떠한 사건에 대하여 그 사실을 요약하고 정리하여 장부에 기입하는 것을 말한다.

② 부기는 기록방식에 따라 단식부기와 복식부기로 구분할 수 있다.

③ 회계란 회사의 경영활동에 대한 유용한 정보를 이해관계자에게 전달하는 과정이다.

④ 회계는 부기의 한 과정으로 부기의 일부 요소이다.

03 회계기간 중의 회계처리는 다음의 과정을 거쳐 이루어진다. (가)와 (나)에 들어갈 알맞은 단어는?

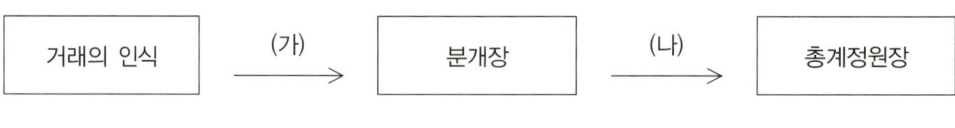

① (가) 마감, (나) 전기

② (가) 분개, (나) 대차

③ (가) 분개, (나) 전기

④ (가) 이월, (나) 분개

04 다음 현금계정의 날짜별 기입내용을 보고 발생한 거래를 추정한 것으로 옳은 것은?

	현 금		(단위: 원)
1/2 자본금	5,000,000	1/13 토지	3,000,000
1/15 외상매출금	1,000,000	1/25 차입금	2,500,000

① 1월 2일 현금 5,000,000원을 차입하였다.

② 1월 13일 토지를 매입하고 대금 3,000,000원을 현금으로 지급하였다.

③ 1월 15일 거래처에 외상매입금 1,000,000원을 현금으로 지급하였다.

④ 1월 25일 은행으로부터 2,500,000원을 차입하였다.

05 다음 거래에 대한 총계정원장의 전기결과로 옳은 것은?

> 보유하고 있던 상품을 현금 50,000원을 받고 판매하였다.

①

현금	
매입 50,000	

②

현금	
	매출 50,000

③

매출	
매출 50,000	

④

매출	
	현금 50,000

06 다음의 거래를 총계정원장에 전기하는 경우 계정의 증감과 그 증감내용이 기입될 곳으로 옳은 것은?

> [거래] 주주로부터 자본금 500,000원을 현금으로 출자받아 회사를 설립하였다.
>
> | 현금 | | 자본금 | |
> |---|---|---|---|
> | 가 | 나 | 다 | 라 |

① 현금 증가, 가   ② 현금 증가, 나

③ 자본금 감소, 다   ④ 자본금 감소, 라

07 다음 중 현금및현금성자산의 회계처리에 관한 설명으로 옳은 것은?

① 현금이 들어온 경우 대변에 기재하고 나간 경우 차변에 기재한다.

② 매일 발생하는 현금의 수입과 지출을 기록하기 위한 보조장부를 분개장이라 한다.

③ 현금과부족은 실제로 소유하는 현금과 장부상의 현금간에 차이가 발생하는 경우 사용하는 임시적인 계정이다.

④ 현금부족액이 결산시까지 원인이 밝혀지지 않으면 수익으로 처리한다.

08 매출채권에 관한 자료가 다음과 같을 때 A사의 재무상태표상 기말 순매출채권 금액을 계산하면 얼마인가?

> A사는 B사에 상품 판매 시 300,000원은 현금으로 수령하였고 400,000원은 기말 현재 매출채권으로 남아 있다. 과거의 경험으로 보아 기말 매출채권 잔액의 3%는 회수가 불가능하여 기말 채권에 대해서도 잔액의 3%를 대손충당금으로 설정하기로 하였다(단, 기초 대손충당금 잔액은 없다).

① 285,000원   ② 291,000원

③ 388,000원   ④ 400,000원

09 다음 자료에 의한 유가증권의 취득원가는 얼마인가?

> 단기매매차익을 목적으로 시장성 있는 주식 10주를 주당 30,000원에 구입하면서 수수료로 증권회사에 25,000원을 지급하고, 거래세로 5,000원을 지급하였다.

① 300,000원

② 305,000원

③ 325,000원

④ 330,000원

10 다음 중 재고자산에 관한 설명으로 옳지 않은 것은?

① 매입운임은 재고자산의 취득원가에 포함하지 않는다.

② 매입할인, 매입에누리 및 매입환출은 매입원가에서 차감해야 한다.

③ 매입할인이란 구매자가 외상매입금을 조기에 지급한 경우 판매자가 현금할인을 해주는 것을 말한다.

④ 실지재고조사법은 기말에 재고자산의 수량을 직접 파악하여 매출원가를 산정한다.

11 다음과 같은 재고자산 거래가 발생한 경우 재고자산의 흐름과 그 결과를 바르게 이야기 한 사람은 누구인가?

	수량	매입단가	금액
기초재고(1.1)	100	100	₩10,000
당기매입(4.1)	100	120	₩12,000
당기매입(8.1)	100	130	₩13,000
당기판매(10.1)	200		

① 갑 : 선입선출법을 사용하면 기말 재고액은 전액 기초재고로 구성되어 있을 거야.

② 을 : 후입선출법을 사용하면 기말 재고 수량은 150개가 될 거야.

③ 병 : 선입선출법을 사용하면 매출원가는 22,000원이 될 거야.

④ 정 : 후입선출법을 사용하면 매출원가는 23,000원이 될 거야.

12 ㈜삼일은 이동평균법에 의하여 재고자산의 원가를 계산하고 있다. 다음 자료에서 12월 31일 (가)에 들어갈 기말재고자산의 금액을 계산하면 얼마인가?

거래일자	거래내역	입·출고			잔액		
		수량	단가	금액	수량	단가	금액
1월 1일	기초재고	100	200	₩20,000	100	200	₩20,000
3월 1일	매입	100	240	₩24,000	200		
5월 12일	매출	(100)			100		
8월 15일	매입	100	280	₩28,000	200		
11월 2일	매출	(100)			100		
12월 31일	기말재고	100			100		(가)

① 20,000원　　　　　　② 24,000원

③ 25,000원　　　　　　④ 28,000원

13 다음은 12월 31일이 결산일인 ㈜삼일의 매도가능증권 거래내역이다. 20X2년 손익계산서에 계상되는 매도가능증권처분손익은 얼마인가?

> 20X1년 6월 1일: A주식 2,000주를 주당 5,000원에 취득하였다.
> 20X1년 12월 31일: A주식의 주당 공정가치는 5,300원이다.
> 20X2년 9월 1일: A주식 1,000주를 주당 5,500원에 처분하였다.

① 처분이익 300,000원　　　　　② 처분이익 500,000원

③ 처분손실 500,000원　　　　　④ 처분손실 800,000원

14 다음 자료를 이용하여 20X1년 감가상각비를 계산하면 얼마인가(단, 회계기간은 1월 1일부터 12월 31일까지이다)?

- 20X1년 8월 1일 차량운반구를 3,000,000원에 구입하여 20X1년 12월 31일 현재 계속하여 사용 중이다.
- 20X1년 1월 1일 2,000,000원의 건설중인 자산이 있었으며, 20X1년 12월 31일 현재 계속 건설 중이다.
- 감가상각방법은 정액법을 이용하며, 내용연수는 5년, 잔존가치는 0원이다.

① 150,000원
② 200,000원
③ 250,000원
④ 300,000원

15 다음 중 무형자산과 관련하여 옳은 이야기를 하는 사람은?

경수 : 무형자산의 인식요건을 충족한 지출은 비용으로 처리합니다.
희경 : 경상개발비는 상각대상인 무형자산입니다.
철수 : 개발비는 무조건 비용으로 처리해야 합니다.
영희 : 영업권 중에서도 내부적으로 창출된 영업권은 무형자산으로 인식할 수가 없습니다.

① 경수
② 희경
③ 철수
④ 영희

16 다음 중 일반기업회계기준에 따라 기타비유동자산 항목으로 분류되는 것은?

① 개발비
② 지분법적용투자주식
③ 임차보증금
④ 미수금

17 ㈜삼일의 시산표에서 다음과 같은 오류가 발견되었다. 이에 대한 수정분개로 옳은 것은?

> 상품 500,000원을 외상매입하였으나, 수표를 발행하여 지급한 것으로 기입하였다.

① (차) 상품   500,000원   (대) 당좌예금   500,000원

② (차) 외상매입금   500,000원   (대) 당좌예금   500,000원

③ (차) 외상매입금   500,000원   (대) 상품   500,000원

④ (차) 당좌예금   500,000원   (대) 외상매입금   500,000원

18 다음 중 유동부채로 계상할 수 없는 것은?

① 임직원이 퇴사할 경우를 대비해 설정해 놓은 퇴직급여충당부채

② 상환일이 결산일로부터 1년 이내인 차입금

③ 상품을 구입하면서 당기에 교부한 3개월 만기의 어음 금액

④ 종업원에게 급여지급 시 총급여에서 공제한 소득세, 국민연금, 건강보험료 중 회사가 해당기관에 아직 납부하지 않은 금액

19 다음 중 사채에 관한 설명으로 옳은 것은?

① 액면이자율이 시장이자율보다 작은 경우에는 할증발행을 하게 된다.

② 사채를 할인발행한 경우는 만기에 발행금액을 상환해야 한다.

③ 사채발행비는 미래의 이자비용을 증가시키는 효과가 있다.

④ 사채를 조기상환하는 경우 현금상환액이 사채의 장부가액보다 큰 경우 사채상환이익이 발생한다.

20 다음 거래에서 ㈜삼일의 20X2년 12월 31일의 회계처리 시 대변에 나타날 수 있는 계정으로 옳은 것은?

> 20X1년 1월 1일 ㈜삼일은 은행으로부터 3년을 기한으로 10,000,000원을 차입하고 만기일에 현금으로 상환하기로 하였다.
> 20X2년 12월 31일 상환기일이 1년 이내로 도래하여 대체분개를 하였다.

① 사채
② 단기차입금
③ 미지급금
④ 유동성장기부채

21 다음 중 자본에 관한 설명으로 옳은 것은?

① 법정자본금은 발행주식 총수에 1주당 공정가치를 곱하여 산정된 금액이다.
② 자기주식은 회사가 일단 발행한 자기회사의 주식을 다시 취득한 것을 말한다.
③ 자본잉여금은 영업활동에 의하여 획득된 이익 중 사외유출 되지 않고 기업 내부에 유보된 이익이다.
④ 주식발행초과금은 주식의 액면금액이 발행가액을 초과하는 금액이다.

22 ㈜삼일은 자기주식 10주(액면금액 5,000원)를 주당 6,000원에 구입하여 소각하였다. 다음의 거래가 재무상태표상의 자본항목에 미치는 영향에 관한 설명으로 옳은 것은?
*(   )안의 금액은 자본의 차감 항목을 의미함

	자본금	자본조정	이익잉여금
①	60,000원 감소	(10,000원) 증가	10,000원 감소
②	50,000원 감소	변동 없음	변동 없음
③	50,000원 감소	(10,000원) 증가	변동 없음
④	60,000원 감소	변동 없음	10,000원 감소

23 다음 중 수익에 관한 내용으로 옳은 것은?

① 수익의 측정이란 손익계산서에 계상할 수익의 금액을 화폐액으로 측정하는 것을 말한다.

② 회계학에서는 수익인식시기의 결정기준으로 현금주의를 채택하고 있다.

③ 상품이나 제품을 판매한 후 반품이 발생하더라도 이를 차감하지 않은 금액으로 수익을 측정한다.

④ 기업회계기준에서는 재화를 판매한 경우 현금을 회수할 때 수익을 인식하는 것을 원칙으로 하고 있다.

24 12월말 결산법인인 ㈜서울은 20X1년 1월 1일에 ㈜용산과 다음과 같은 건설공사계약을 체결하였다.

> ㄱ. 공사기간 : 4년(20X1년 1월 1일 ~ 20X4년 12월 31일)
> ㄴ. 공사계약금액 : 80,000,000원
> ㄷ. 공사예정원가 : 60,000,000원
> ㄹ. 공사는 매년 25%씩 진행된다.

다음 중 ㈜서울의 건설공사계약에 관한 설명으로 옳은 것은?

① 20X1년에 인식할 공사관련 매출액은 20,000,000원이다.

② 건설공사는 수익인식기준 중 회수기준을 적용하여 매출을 인식한다.

③ 20X2년에 인식할 공사이익은 10,000,000원이다.

④ 공사가 완료되는 20X4년에는 계약금액인 80,000,000원을 매출로 인식한다.

25 다음의 자료를 분개할 경우 나타날 계정과목으로 옳은 것은?

> ㈜삼일은 제조활동을 위하여 보유하고 있던 기계장치를 아래와 같은 조건으로 처분하고 대금은 현금으로 받았다.
> - 품명 : 기계장치
> - 전기말 감가상각누계액 : 5,000,000원
> - 취득금액 : 10,000,000원
> - 판매금액 : 6,000,000원

① 투자자산처분이익
② 투자자산처분손실
③ 유형자산처분이익
④ 유형자산처분손실

26 다음 중 비용에 관한 설명으로 옳은 것은?

① 주된 영업활동에서 발생한 비용을 영업외비용이라 한다.
② 주된 영업활동 이외의 보조적 또는 부수적인 활동에서 순환적으로 발생하는 비용은 판매비와관리비로 처리한다.
③ 판매활동 및 회사의 유지·관리활동과 관련된 비용은 매출원가로 처리한다.
④ 당기 법인세부담액 등으로 인한 비용은 법인세비용으로 처리한다.

27 제조업을 영위하는 ㈜삼일의 비용항목 중 판매비와관리비에 계상될 금액은 얼마인가(단, 아래 비용은 제조활동과 관련이 없다고 가정한다)?

> ㄱ. 관리직사원급여   10,000,000원
> ㄴ. 기부금   7,000,000원
> ㄷ. 본사건물 감가상각비   6,000,000원
> ㄹ. 광고선전비   2,000,000원
> ㅁ. 단기매매증권처분손실   7,000,000원

① 18,000,000원
② 19,000,000원
③ 25,000,000원
④ 32,000,000원

28 도·소매업을 영위하는 ㈜삼일의 20X1년 비용이 다음과 같다면, ㈜삼일의 20X1년 손익계산서에 계상될 영업외비용은 얼마인가(단, 결산수정분개는 모두 반영되었다)?

ㄱ. 상품매입	2,500,000원	ㄴ. 급여(관리사원)	1,200,000원
ㄷ. 퇴직급여(관리사원)	150,000원	ㄹ. 배당금	200,000원
ㅁ. 이자비용	100,000원	ㅂ. 임차료(본사건물)	280,000원
ㅅ. 접대비	120,000원	ㅇ. 기부금	300,000원

① 400,000원

② 1,350,000원

③ 1,650,000원

④ 1,750,000원

29 다음 중 결산절차에 해당하지 않은 것은?

① 시산표의 작성

② 총계정원장에의 전기

③ 결산수정분개의 전기

④ 부속명세서 작성

30 다음 중 시산표를 통해 검증할 수 있는 오류의 유형으로 옳은 것은?

① 급여 300,000원을 현금으로 지급하면서 3,000,000원의 비용을 인식함

② 10,000,000원의 매출거래 1건을 누락함

③ 소모품비 500,000원을 접대비로 인식함

④ 거래처 매입 2,000,000원에 대한 전표를 중복 발행함

31 다음의 거래 중 결산수정분개가 필요한 경우로 옳은 것은?

① 20X1년 10월에 장부가액 400,0000원인 단기매매증권을 600,000원에 처분하였다.

② 20X1년 3월에 상품 1,000,000원을 매입하기로 하고 계약금 100,000원을 현금지급하였다.

③ 20X1년 4월에 1년분 보험료를 미리 지급하고 전액 비용처리하였다.

④ 20X1년 6월에 업무용 토지를 1억원에 취득하였다.

32 다음 중 대손충당금에 관한 설명으로 옳은 것은?

① 회사가 보유한 채권 중 회수가 불가능한 금액이 최종적으로 확정되는 경우에만 대손충당금을 설정할 수 있다.

② 미수금에 대해서도 대손충당금을 설정할 수 있다.

③ 제조업을 영위하는 ㈜삼일이 관계회사에 빌려준 대여금에 대한 대손상각비는 판매비와관리비에 속한다.

④ 대손충당금은 해당 자산에서 직접 차감하여 재무상태표에는 나타나지 않는다.

33 다음 중 수익의 이연과 관련 있는 계정과목으로 옳은 것은?

① 미지급금

② 선수임대료

③ 미수금

④ 선급보험료

34 다음은 한 신문기사 내용의 일부이며 이에 대해 회계전문가 김삼일이 논평하였다. 다음 논평 중 옳지 않은 것은?

> 이모씨는 20X1년 12월부터 20X4년 3월까지 자신이 저지른 400억원대 횡령·배임 범죄로 회사가 완전자본잠식 상태에 빠져 상장폐지될 위기에 처하자 회사 장부를 조작해 달라고 회계전문가 김모씨에게 돈을 건네면서 청탁을 했다. 김모씨는 각종 계약서를 위조하는 등의 수법으로 (ㄱ)A사의 당기순손실 314억원을 '0'원으로 둔갑시켜 줬다. (ㄴ)당초 '의견거절'이라고 적었던 감사보고서도 A 사에 더 유리한 '한정의견'으로 바꿔줬다. (ㄷ)대표적인 장부조작방법은 불법사채자금을 빌려 이를 주주가 투자해준 자금으로 위장한 것이었다. (ㄹ)또한 회사에 가공의 재고자산을 만들어서 이익을 부풀리는 방법도 사용하였다.

① (ㄱ) 당기순손실을 조작하는 등 기업회계기준을 위반하여 재무제표를 작성하는 것을 분식회계라고 한다.
② (ㄴ) 상장기업이 의견거절을 받는 경우에는 상장폐지 사유에 해당된다.
③ (ㄷ) 재무상태표상 부채를 과소계상하고 자본을 과대계상하는 방법을 사용한 것이다.
④ (ㄹ) 매출원가를 실제보다 과대계상하여 이익을 증가시키는 방법을 사용한 것이다.

35 다음 중 외부감사와 감사의견에 관한 설명으로 옳은 것은?

① 외부감사는 회사가 제시한 재무제표가 일정한 회계기준에 따라 적정하게 작성되었는지를 외부감사인이 확인하는 절차이다.
② 적정의견은 회사의 경영성과와 재무상태가 양호하다는 것을 의미한다.
③ 회사의 재무제표가 기업회계기준을 심각하게 위배한 경우 한정의견을 표명한다.
④ 감사범위의 제한이 없거나 중요하지 않은 경우 부적정의견을 표명한다.

36 ㈜삼일의 20X1년 1월 1일 매출채권 잔액은 40,000,000원이었고, 20X1년 12월 31일 매출채권 잔액은 50,000,000원이었다. 20X1년 ㈜삼일의 매출이 90,000,000원, 매출원가는 60,000,000원일 경우, ㈜삼일의 매출채권회수기간은 얼마인가(단, 일년은 360일로 가정하며, 기초매출채권과 기말매출채권의 평균금액을 기준으로 산정한다)?

① 120일   ② 180일

③ 240일   ④ 360일

37 다음은 ㈜용산의 재무상태표이다. ㈜용산의 유동비율을 계산하면 얼마인가?

유동자산	2,000,000원	유동부채	1,000,000원
비유동자산	5,500,000원	비유동부채	2,500,000원
		자 본	4,000,000원

① 200%   ② 300%

③ 350%   ④ 400%

38 ㈜삼일은 실지재고조사법을 채택하고 있으며 보고기간말 당기순이익이 너무 크게 계상되는 것을 우려하여 외상매출거래의 일부를 기록하지 않았다. 이러한 거래누락으로 인한 영향을 설명한 것으로 옳은 것은?

① 유동비율은 영향을 받지 않는다.

② 당좌비율은 영향을 받지 않는다.

③ 재고자산회전율은 영향을 받지 않는다.

④ 매출채권회전율은 영향을 받지 않는다.

39 다음 중 손익계산서를 통해 확인할 수 있는 사항으로 옳은 것은?

① 매출액증가율　　　　　　　② 유동비율

③ 부채비율　　　　　　　　　④ 총자산증가율

40 다음 자료를 이용하여 주당순이익을 계산하면 얼마인가(단, 당기 중 유통보통주식수의 변동은 없다고 가정한다)?

매출액	100,000,000원
당기순이익	20,000,000원
보통주자본금	10,000,000원
보통주 1주당 액면금액	1,000원
보통주 1주당 시가	10,000원

①　1,000원　　　　　　　　② 　2,000원

③ 10,000원　　　　　　　　④ 20,000원

01 다음은 회계학 스터디 모임에서의 대화이다. 옳지 않은 설명을 하는 사람은 누구인가?

① 철수 : 회계는 정보이용자가 의사결정을 할 수 있도록 목적적합한 정보를 제공하는 것을 말합니다.

② 영수 : 재무회계에서는 다섯가지 형태의 보고서를 통해 그 정보를 기업 외부의 이해관계자에게 전달하게 되지요.

③ 영희 : 관리회계는 정보이용자의 요구에 따라 다양한 유형의 정보를 적시에 제공하는 것이 중요한 영역이에요.

④ 순희 : 과세정보의 제공은 관리회계의 목적 중 하나에 해당하겠네요.

02 다음은 어떤 경제적 사건이 회계상 거래로 인식되기 위한 요건에 대한 설명이다. 빈칸에 들어갈 적절한 표현으로 옳은 것은?

ㄱ. 회사의 (a)에 영향을 미쳐야 한다.
ㄴ. 그 영향을 (b)(으)로 측정할 수 있어야 한다.

	(a)	(b)
①	손익	금액
②	재산상태	금액
③	손익	수량
④	재산상태	수량

03 다음의 거래를 총계정원장에 전기하는 경우 관련 계정의 증감내용이 기입될 곳으로 옳은 것은?

[거래] 제품을 외상으로 판매하였다.

재고자산		매출채권	
가	나	다	라

① 나, 다
③ 나, 라

② 가, 다
④ 가, 라

04 다음 중 화학제품 제조업을 영위하고 있는 ㈜삼일의 거래에 관한 분개로 옳은 것은?

① 매출채권 1,000,000원을 현금으로 회수하였다.
(차) 매출채권   1,000,000원   (대) 현금   1,000,000원

② 토지를 5,000,000원에 외상으로 구입하였다.
(차) 토지   5,000,000원   (대) 매입채무   5,000,000원

③ 차입금을 통하여 현금 5,000,000원을 조달하였다.
(차) 현금   5,000,000원   (대) 차입금   5,000,000원

④ 취득가액이 500,000원인 차량운반구를 현금 800,000원에 처분하였다.
(감가상각누계액 200,000원)
(차) 현금   800,000원   (대) 차량운반구   500,000원
                                       유형자산처분이익   300,000원

05 다음 거래에서 나타나는 거래의 8요소를 보기에서 모두 고른 것은?

> 운영자금을 증가시키기 위해 투자자들로부터 10억원을 출자받았다.
>
> ┤ 보기 ├─────────────────────────────
>
> ㄱ. 자산의 감소　　　　　　　ㄴ. 자산의 증가
>
> ㄷ. 부채의 증가　　　　　　　ㄹ. 자본의 증가

① ㄱ, ㄴ　　　　　　　　　　② ㄴ, ㄹ

③ ㄱ, ㄹ　　　　　　　　　　④ ㄷ, ㄹ

06 다음은 ㈜삼일의 20X1년 발생 거래의 내역이다. 20X1년 말 총계정원장 상 현금잔액을 계산하면 얼마인가(단, 전기 말 ㈜삼일의 현금잔액은 2,000원이었다)?

> ㄱ. 20X1. 3. 5 : 전기 발생한 매출채권 중 1,500원을 회수하다.
>
> ㄴ. 20X1. 5.17 : 1,200원 상당 재고자산을 외상매입하다.
>
> ㄷ. 20X1. 8. 1 : 2,500원 매출 대금을 받을어음으로 수령하다.
>
> ㄹ. 20X1.12.31 : 직원에 대한 급여 800원을 현금으로 지급하다.

① 2,700원　　　　　　　　　② 3,700원

③ 4,000원　　　　　　　　　④ 5,200원

07 다음 중 자산으로 계상할 수 없는 것은?

① 거래처에 물건을 주문하고 재화의 인도 전 미리 지급한 계약금
② 상품을 판매하고 아직 수령하지 못한 판매대금
③ 원재료를 외상으로 구입하였으나 아직 지급하지 않은 구입대금
④ 판매를 위하여 창고에 보관중인 상품

08 다음 중 현금및현금성자산으로 분류할 수 없는 것은?

① 여행자수표　　　　　　　　② 우편환증서
③ 거래처 발행 당좌수표　　　　④ 만기가 6개월인 정기예금

09 다음 중 현금흐름표에 관한 설명으로 옳지 않은 것은?

① 현금흐름표는 기업의 활동을 영업활동, 투자활동, 재무활동으로 구분하여 각 활동별로 현금의 유입과 유출에 대한 내역을 보여준다.
② 재무활동현금흐름을 통해 장·단기 차입금의 차입 및 상환, 신주발행이나 배당금 지급 등으로 인한 현금흐름을 파악할 수 있다.
③ 영업활동현금흐름을 통해 유형자산, 투자자산, 무형자산 등의 자산 취득과 처분으로 인한 현금흐름을 파악할 수 있다.
④ 현금흐름표의 작성법에는 영업활동으로 인한 현금흐름을 보고하는 형식에 따라 직접법과 간접법이 있다.

10 회사가 다음과 같은 성격의 유가증권을 보유하고 있는 경우 기업회계기준상 분류로 옳은 것은?

> ㄱ. 단기간 내의 매매차익을 목적으로 취득하지 않음
> ㄴ. 만기 및 상환금액 확정
> ㄷ. 만기까지 보유할 적극적인 의도와 능력이 존재하지 않음

① 단기매매증권　　　　　　　② 매도가능증권
③ 만기보유증권　　　　　　　④ 단기금융상품

11 당기 상품 매출액이 500,000원이고, 당기 중 상품 매입액이 300,000원인 경우 기말상품재고액은 기초상품재고액에 비하여 어떻게 변화하였는가(단, 당기의 매출총이익률은 20% 이다)?

① 기말상품재고액은 기초에 비하여 100,000원 증가하였다.
② 기말상품재고액은 기초에 비하여 100,000원 감소하였다.
③ 기말상품재고액은 기초에 비하여 700,000원 증가하였다.
④ 기말상품재고액은 기초와 동일하다.

12 다음은 회계기간 말 재고자산 관련 자료이다. 기말 재고자산평가금액을 계산하면 얼마인가?

> ㄱ. 선적지 인도조건으로 판매하여 운송중인 재고자산: 200개, @　800원
> ㄴ. 도착지 인도조건으로 판매하여 운송중인 재고자산: 100개, @　700원
> ㄷ. 선적지 인도조건으로 구입하여 운송중인 재고자산:　50개, @ 1,000원
> ㄹ. 도착지 인도조건으로 구입하여 운송중인 재고자산: 150개, @　900원

① 120,000원　　　　　　　　② 295,000원
③ 365,000원　　　　　　　　④ 415,000원

13 다음은 건설업을 영위하는 ㈜삼일의 자료이다. 투자자산의 합계액을 구하면 얼마인가?

장기금융상품	10,000원
건설중인자산	30,000원
토목설비 및 부속설비	50,000원
장기미수금	70,000원
만기보유증권(잔존만기 2년)	90,000원

① 80,000원 ② 100,000원

③ 160,000원 ④ 170,000원

14 ㈜삼일은 20X1년 1월 1일 차량운반구를 20,000,000원에 구입하였다. 차량운반구의 내용연수는 5년, 잔존가치는 없는 것으로 가정하며 정액법으로 상각한다. 해당 차량운반구를 20X3년 10월 1일 6,000,000원에 처분한 경우 차량운반구의 처분손익은 얼마인가(당사는 월할상각을 한다고 가정한다)?

① 처분이익 1,000,000원 ② 처분손실 1,000,000원

③ 처분이익 3,000,000원 ④ 처분손실 3,000,000원

15 의료기기 제조업을 영위하는 ㈜삼일은 20X1년 1월 1일에 출시한 신제품 A와 관련하여 개발비 18,000,000원을 투자하였다. ㈜삼일은 동 개발비에 대하여 합리적인 상각방법을 정할 수는 없지만, 최소한 향후 30년 동안은 회사의 수익창출에 기여할 수 있을 것으로 판단하고 있다. 신제품 A의 개발비가 전액 무형자산 인식요건을 만족한다고 할 때, 20X1년의 상각비는 얼마인가(단, 관계법령이나 계약에 의한 독점적, 배타적 권리는 존재하지 않음)?

① 0원 ② 600,000원

③ 900,000원 ④ 18,000,000원

16 다음은 ㈜삼일의 합병 관련 자료이다. ㈜회계의 순자산 공정가치와 영업권은 각각 얼마인가?

> ㈜삼일은 20X1년 3월 1일 ㈜회계를 합병하였으며, 인수가격은 30,000,000원이다. 합병일 현재 ㈜회계의 자산의 공정가치는 30,000,000원이며 부채의 공정가치는 10,000,000원이다.

	순자산 공정가치	영업권
①	20,000,000원	10,000,000원
②	20,000,000원	0원
③	30,000,000원	10,000,000원
④	30,000,000원	0원

17 다음 중 부채계정으로만 짝지어진 것으로 옳은 것은?

① 선수금, 미지급금　　　　　② 미지급금, 미수금
③ 선급금, 미수금　　　　　　④ 선급금, 선수금

18 ㈜삼일의 시산표에서 다음과 같은 오류가 발견되었다. 이에 대한 수정분개로 옳은 것은?

> 상품 300,000원을 외상매입하였으나, 수표를 발행하여 지급한 것으로 기입하였다.

①	(차) 상품	300,000원	(대) 당좌예금	300,000원
②	(차) 외상매입금	300,000원	(대) 상품	300,000원
③	(차) 외상매입금	300,000원	(대) 당좌예금	300,000원
④	(차) 당좌예금	300,000원	(대) 외상매입금	300,000원

19 다음 중 사채와 주식에 관한 설명으로 옳지 않은 것은?

① 사채권자는 경영참가권이 없으나, 주주는 주주총회에서 의결권이 있다.

② 사채는 만기가 되면 상환되나, 자본금은 감자나 해산절차 등의 절차를 밟지 않는 한 반환되지 않는다.

③ 회사 해산 시에 사채권자는 타 채권자와 동등한 순위를 갖지만, 주주는 잔여재산에 대하여만 청구권을 가진다.

④ 사채권자와 주주는 이익발생여부와 관계없이 각각 확정적인 이자와 배당금을 지급 받는다.

20 다음 중 빈칸에 들어갈 용어를 올바르게 짝지은 것은?

종업원은 입사하여 퇴사할 때까지 회사를 위해 근로를 제공한 대가로 퇴직시에 퇴직금을 받을 권리가 있다. 이는 근로자퇴직급여보장법에 명시되어 있는 종업원들의 권리이다.

반대로 기업의 입장에서는, 미래에 종업원이 퇴직할 시점에 법에 의해 확정적으로 퇴직금을 지급해야 하므로, 법적인 의무가 존재할 뿐 아니라 종업원의 퇴직시점에 경제적 효익의 유출가능성이 매우 높다. 뿐만 아니라, 퇴직 전 월평균 급여에 근속연수를 곱해서 퇴직금을 지급해야 하므로 예상되는 퇴직금도 측정이 가능하다.

즉, 종업원의 미래 예상되는 퇴직금은 기업이 현재 부담하는 의무로서 미래경제적 효익의 유출가능성이 매우 높고 금액의 신뢰성 있는 측정이 가능하므로 회계상 (ㄱ)의 정의에 충족된다. 따라서, 기업은 종업원의 퇴직금과 관련된 (ㄱ)(으)로서 이를 (ㄴ)(이)라는 계정과목으로 재무제표에 계상하여야 한다.

그렇다면 (ㄴ)금액은 어떻게 계상되는 것일까? 재무제표에 계상될 (ㄴ)의 금액은 결산일 현재 전 임직원이 퇴사할 경우 지급해야 할 총 퇴직금예상액으로 결정하여야 한다. 우리는 이 예상액을 (ㄷ)이라고 부른다. (ㄷ)을 계산하여 재무제표상 계상되어야 할 (ㄴ)(을)를 확정하였다면, 결산수정분개를 하기 전의 (ㄴ)의 금액과 (ㄷ)과의 차이 금액을 회계처리를 해야 한다. 동 차이 금액을 우리는 다음과 같이 회계처리 한다.

(차) (ㄹ)	XXX 원	(대) (ㄴ)	XXX 원

이로써 우리는 종업원의 퇴직과 관련하여 지급해야 할 근무의 대가를 재무제표상 의무로 인식하고, 그 의무만큼을 손익계산서상 비용으로 처리할 수 있게 된다.

	(ㄱ)	(ㄴ)	(ㄷ)	(ㄹ)
①	부채	퇴직급여충당부채	퇴직금지급액	퇴직급여
②	자산	퇴직연금운용자산	퇴직금지급액	복리후생비
③	부채	퇴직급여충당부채	퇴직금추계액	퇴직급여
④	자산	퇴직연금운용자산	퇴직금추계액	복리후생비

21 다음 중 자본에 관한 내용으로 옳은 것은?

① 자본금은 '발행주식수 × 1주당 발행금액'으로 계산한다.

② 단기매매증권평가손익은 단기매매증권을 보유하면서 발생한 평가손익으로 기타포괄손익누계액으로 인식한다.

③ 자본잉여금은 손익거래에서 발생한 이익 중에서 배당을 하지 않고 기업내부에 유보되어 있는 금액을 말한다.

④ 자본거래에 해당하나 최종 납입된 자본으로 볼 수 없는 경우에는 자본조정으로 회계처리한다.

22 다음 계정과목 중 성격이 다른 하나는?

① 주식발행초과금   ② 자기주식

③ 감자차손   ④ 자기주식처분손실

23 다음 중 괄호 안에 들어갈 단어로 옳은 것은?

> 수익은 통상적인 경영활동에서 발생하는 경제적 효익의 총유입을 말하며, 자산의 (A) 또는 부채의 (B)로 나타난다.

	A	B
①	감소	감소
②	증가	감소
③	감소	증가
④	증가	증가

24 다음 중 매출을 인식해야 할 시기로 옳은 것은?

① 2년 정기구독물을 판매하고 일시금 형태로 판매대가를 수령한 날
② 상품을 장기할부판매하기로 하고 고객에게 인도한 날
③ 위탁자가 수탁자에게 재화를 인도한 날
④ 상품교환권(상품권)을 판매한 날

25 다음 자료에 의하여 당기의 매출액을 계산하면 얼마인가?

매출원가	2,300,000원
판매비와관리비	200,000원
영업이익	300,000원

① 2,000,000원
③ 2,800,000원
② 2,500,000원
④ 3,000,000원

26 다음 중 법인세비용에 관한 설명으로 옳은 것은?

① 일반적으로 회계상 이익은 과세대상 소득과 일치한다.
② 당기법인세부채를 계상할 때 선급법인세를 고려한다.
③ 법인세비용은 발생원천에 따라 판매비와관리비 또는 영업외비용으로 분류한다.
④ 법인세는 실제로 납부하는 시점에 회계처리하므로 결산일에는 회계처리가 발생하지 않는다.

27 기말 결산시 당기에 지급되지 않은 기간 경과분 이자비용을 회계처리하지 않았을 때 당기 재무제표에 미치는 영향으로 옳은 것은?

① 수익의 과소계상　　　　　　　② 부채의 과대계상

③ 순이익의 과대계상　　　　　　④ 비용의 과대계상

28 영업외비용이란 주된 영업활동 이외의 보조적 또는 부수적인 활동에서 발생하는 비용이다. 다음 중 제조업을 영위하는 회사의 영업외비용에 속하지 않는 계정과목은 무엇인가?

① 접대비　　　　　　　　　　　② 기부금

③ 외화환산손실　　　　　　　　④ 유형자산처분손실

29 다음 중 결산수정분개에 관한 설명으로 옳은 것은?

① 편의상 현금주의회계로 처리했던 회계처리가 있다면 발생주의회계로 전환해야 한다.

② 만기보유증권은 기말 현재의 공정가치로 재평가되어야 한다.

③ 재고자산 실사결과 수량이 부족한 부분에 대해서는 재고자산평가손실을 인식한다.

④ 유·무형자산에 대한 감가상각비 계상 및 퇴직급여충당부채의 설정은 기중에 각 거래가 발생한 시점에서 이루어지는 것이 일반적이다.

30 다음 거래 중 결산수정분개가 필요하지 않은 경우는?

① 결산일까지 내역이 밝혀지지 않은 미결산계정이 존재한다.

② 당기 중 1년치 보험료를 일시에 지급하고 전액 비용처리하였다.

③ 차기에 납품할 제품에 대해 대금을 미리 받고 선수금으로 처리하였다.

④ 결산일 현재 보유하고 있는 재고자산에서 손상징후가 발견되었다.

31 다음 중 시산표에 관한 설명으로 옳은 것은?

① 시산표는 재무제표 작성 후 재무제표를 검증하기 위해 작성한다.

② 시산표에서 차변합계와 대변합계가 일치한다는 것은 오류가 존재하지 않음을 의미한다.

③ 합계시산표는 총계정원장 각 계정의 차변합계액과 대변합계액이 기재된 시산표이다.

④ 합계잔액시산표는 각 계정별 잔액만을 집계하여 나타내는 시산표이다.

32 다음 중 재무제표상에서 금액이 항상 서로 일치하는 것으로 연결된 것은?

① 재무상태표의 퇴직급여충당부채 – 손익계산서의 퇴직급여

② 재무상태표의 이익잉여금 – 손익계산서의 당기순이익

③ 재무상태표의 감가상각누계액 – 손익계산서의 감가상각비

④ 재무상태표의 현금및현금성자산 – 현금흐름표의 기말 현금및현금성자산

33 ㈜삼일은 20X1. 7. 25.에 미국의 금융기관으로부터 $50,000를 차입해 왔으며 차입일로부터 2년 후에 상환하기로 하였다. 일자별 환율이 다음과 같을 경우 20X2년의 손익계산서에 이 차입금과 관련하여 계상될 환산차이로 옳은 것은?

〈일자별 환율〉

20X1. 7. 25 : ₩1,115/$ 20X1. 12. 31 : ₩1,190/$ 20X2. 12. 31 : ₩1,250/$

	계정과목	금액
①	외화환산손실	3,000,000 원
②	외화환산이익	3,000,000 원
③	외화환산이익	6,750,000 원
④	외화환산손실	6,750,000 원

34 다음 중 회사의 재무제표를 입수할 수 있는 방법에 관한 설명으로 옳지 않은 것은?

① 모든 회사의 재무제표는 금융감독원의 전자공시시스템(http://dart.fss.or.kr)에서 찾아볼 수 있다.

② 직전 사업연도말의 총자산이 500억원 이상 되는 주식회사는 법적으로 재무제표에 대한 회계감사를 받아 전자공시시스템에 공시하고 있다.

③ 직전 사업연도의 매출액(사업연도가 12개월 미만인 경우에는 12개월로 환산한 매출액)이 500억원 이상인 주식회사는 법적으로 재무제표에 대한 회계감사를 받아 전자공시시스템에 공시하고 있다.

④ 상장회사의 사업보고서에는 재무제표가 첨부되어 있다.

35 다음 신문기사의 괄호 안에 들어갈 감사의견으로 옳은 것은?

> 이모씨는 각종 계약서를 위조하는 등의 수법으로 A사의 당기순손실 150억원을 '0'원으로 둔갑시켰다. 당초 (ㄱ)이라고 적혔던 감사보고서도 A사에 더 유리한 (ㄴ)으로 바뀌었다.
>
> (ㄱ)은 회사의 장부기재가 부실하거나 감사인에게 자료제출을 거부하는 등 감사범위의 제한이 특히 중요하고 전반적이어서 충분하고 적합한 감사증거를 확보할 수 없는 경우에 표명하는 감사의견이다. (ㄱ)을 받으면 상장기업의 경우 상장폐지 사유에 해당하게 된다.
>
> (ㄴ)은 재무제표가 기업회계기준에 따라 중요성의 관점에서 적정하게 표시되고 있다고 판단했을 경우 표명하게 된다.
>
> 즉, (ㄱ)을 받아 상장폐지 사유가 발생해야 하는 A사는 감사의견이 (ㄴ)으로 바뀜에 따라 상장폐지를 면할 수 있었던 것이다.

	(ㄱ)	(ㄴ)
①	의견거절	한정의견
②	부적정의견	한정의견
③	한정의견	부적정의견
④	의견거절	적정(공정)의견

36 ㈜삼일의 20X2년 재무자료를 이용하여 당좌비율을 계산하면 얼마인가(단, 소수점 첫째자리에서 반올림한다)?

유동자산	5,000,000원
재고자산	1,290,000원
유형자산	4,000,000원
유동부채	3,500,000원
비유동부채	4,100,000원

① 37% ② 106%

③ 143% ④ 180%

37 다음 중 주주입장에서 바라본 기업의 이익창출능력을 나타내는 재무비율을 의미하는 것으로 옳은 것은?

① 이자보상배율 ② 영업이익률

③ 매출채권회전율 ④ 자기자본이익률

38 다음 자료를 참고하여 총자산회전율을 계산하면 얼마인가?

	〈재무상태표〉			〈손익계산서〉
	20X1.12.31	20X2.12.31		20X2
자산	110,000,000원	150,000,000원	매출	260,000,000원
부채	75,000,000원	85,000,000원	매출원가	180,000,000원
자본	35,000,000원	65,000,000원	판매비와관리비	35,000,000원
			영업이익	45,000,000원

① 1.8회 ② 2.0회

③ 6.5회 ④ 0.5회

39 다음은 동종업을 영위하는 두 개 기업의 20X1년 재무제표이다. 아래의 자료를 토대로 나눈 토론 중 옳지 않은 의견을 말한 사람은 누구인가?

A사 손익계산서 (20X1년 1월 1일 ~ 20X1년 12월 31일)		B사 손익계산서 (20X1년 1월 1일 ~ 20X1년 12월 31일)	
매출액	600,000원	매출액	800,000원
매출원가	360,000원	매출원가	500,000원
매출총이익	240,000원	매출총이익	300,000원
판매비와관리비	120,000원	판매비와관리비	180,000원
영업이익	120,000원	영업이익	120,000원
영업외수익	30,000원	영업외수익	150,000원
영업외비용	50,000원	영업외비용	30,000원
당기순이익	100,000원	당기순이익	240,000원

① 영수 : "두 회사가 같은 영업이익을 보고하고 있으므로 영업이익률 측면에서는 시장에서 동일한 평가를 받겠군요."

② 철희 : "동일한 제품을 취급한다면 시장점유율은 B사가 우위에 있을 가능성이 높아요."

③ 순희 : "A사가 B사보다 매출총이익률은 2.5% 더 높습니다."

④ 영희 : "B사 당기순이익이 A사보다 월등히 큰 것은 영업이익보다 더 큰 영업외수익의 발생 때문인 것 같네요. 두 기업의 영업외수익 내용을 확인해보는 것도 필요할 것 같습니다."

40 다음 자료를 이용하여 주당순이익(EPS)을 계산하면 얼마인가?

ㄱ. 당기순이익	90,000,000원
ㄴ. 보통주 주식수	6,000주
ㄷ. 우선주 주식수	3,000주
ㄹ. 보통주 1 주당 시가	10,000원

① 6,000원   ② 10,000원

③ 15,000원   ④ 30,000원

01 ㈜삼일의 자산과 부채가 다음과 같을 경우, ㈜삼일의 순자산(자본)은 얼마인가?

매출채권	450,000원	기계장치	1,100,000원
미지급금	250,000원	개 발 비	670,000원
차 입 금	300,000원	선수수익	220,000원

① 1,450,000원
② 1,650,000원
③ 1,890,000원
④ 1,950,000원

02 다음 자산계정 중 유동성배열법에 의하여 나열할 경우 재무상태표상 제일 처음(상단)에 표시되는 것으로 옳은 것은?

① 비품
② 토지
③ 원재료
④ 단기매매증권

03 다음은 회계순환과정의 일부를 나타낸 것이다. (가)에 해당하는 내용으로 옳은 것은?

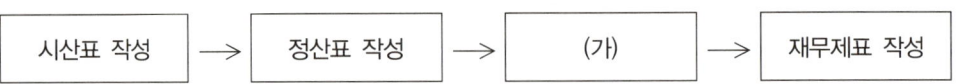

시산표 작성 → 정산표 작성 → (가) → 재무제표 작성

① 분개장 작성
② 거래의 인식
③ 계정의 마감
④ 총계정원장 작성

04 다음의 빈칸에 들어갈 용어로 옳은 것끼리 짝지은 것은?

> 모든 거래에는 재산 변화의 원인과 결과라는 두 가지 측면이 존재하게 되는데, 이를 (a)(이)라
> 고 한다. 이러한 거래를 기록함에 있어서 재산이 변화한 원인과 그로 인한 결과를 동시에 기록
> 하는 것을 (b)라고 한다.

	(a)	(b)
①	복식부기	단식부기
②	거래의 이중성	복식부기
③	단식부기	복식부기
④	대차평균	단식부기

05 다음 중 회계소프트웨어를 개발하는 ㈜삼일의 거래를 나열한 것으로 옳지 않은 것은?

① 소모품비 15,000원을 현금으로 지급하였다.
　　(차) 소모품비　　　　　　　　15,000원　　　(대) 현금　　　　　　　　　　15,000원

② 프로그램용역을 제공하고 용역제공대가 20,000원은 다음 달에 받기로 하였다.
　　(차) 미수금　　　　　　　　　20,000원　　　(대) 매출　　　　　　　　　　20,000원

③ 컴퓨터를 70,000원에 외상으로 구입하였다.
　　(차) 유형자산　　　　　　　　70,000원　　　(대) 미지급금　　　　　　　　70,000원

④ 잉여 자금 20,000원으로 차입금을 상환하였다.
　　(차) 차입금　　　　　　　　　20,000원　　　(대) 현금　　　　　　　　　　20,000원

06 다음 보기에 해당하는 거래로 옳은 것은?

┤ 보기 ├

(차변) 자산	XXX	(대변) 현금	XXX

① 과거에 차량을 매각하고 받지 못하였던 돈을 현금으로 회수하였다.

② 사채를 발행하였다.

③ 판매사원의 급여를 현금으로 지급하였다.

④ 사무용 비품을 현금으로 구입하였다.

07 제조업을 영위하는 ㈜삼일의 20X1년 말 은행 계좌 잔고 현황이 다음과 같을 때, 재무상태 표 상 현금및현금성자산으로 계상될 금액은 얼마인가?

ㄱ. 보통예금 :   500,000원

ㄴ. 당좌예금 : (−)200,000원

ㄷ. 정기예금 :   300,000원 (가입일 : 20X1.3.1 / 만기일 : 20X2.2.28)

① 500,000원

② 600,000원

③ 700,000원

④ 800,000원

08 다음은 ㈜삼일의 매출채권에 관한 대손충당금 설정자료이다. 12월 31일 회계처리로 옳은 것은(단, 기초 대손충당금은 80,000원이었다)?

> – 결산일에 외상매출금 5,000,000원의 1%를 대손충당금으로 설정하였다.
> – 결산일에 받을어음 2,000,000원의 3%를 대손충당금으로 설정하였다.

①	(차) 대손충당금	30,000원	(대) 매출채권	30,000원
②	(차) 대손상각비	30,000원	(대) 대손충당금	30,000원
③	(차) 대손상각비	110,000원	(대) 대손충당금	110,000원
④	(차) 대손충당금	110,000원	(대) 매출채권	110,000원

09 ㈜삼일은 20X1년1월1일 ㈜용산의 주식을 공정가치인 1,200,000원에 취득하면서 매매 수수료로 20,000원을 지급하였다. ㈜삼일은 해당 주식을 단기매매증권으로 분류하였으며, 20X1년 2월 18일 400,000원에 처분하였다. 20X1년 손익계산서에 계상될 처분손익은 얼마인가?

① 처분이익 800,000원
② 처분이익 780,000원
③ 처분손실 800,000원
④ 처분손실 780,000원

10 다음 중 괄호 안에 들어갈 단어로 옳은 것은?

> (   )은 매입자로 하여금 일정기간 사용한 후에 매입 여부를 결정하라는 조건으로 판매한 상품이다. (   )은 비록 상품에 대한 점유는 이전되었으나 매입자가 매입의사표시를 하기 전까지는 판매되지 않은 것으로 보아 판매자의 재고자산에 포함한다.

① 재공품
② 미착상품
③ 적송품
④ 시송품

11 다음과 같은 재고자산 거래가 발생한 경우 재고자산의 흐름과 그 결과를 옳지 않게 이야기 한 사람은 누구인가?

	수량	매입단가	금액
기초재고(1.1)	100개	100원	10,000원
당기매입(4.1)	100개	120원	12,000원
당기매입(8.1)	100개	130원	13,000원
당기판매(10.1)	200개		

① 갑 : 선입선출법을 사용하면 기말재고액은 전액 8월 1일 매입분으로 구성되어 있을 거야.

② 을 : 후입선출법을 사용하면 기말재고 수량은 100개가 될 거야.

③ 병 : 선입선출법을 사용하면 매출원가는 22,000원이 될 거야.

④ 정 : 후입선출법을 사용하면 매출원가는 23,000원이 될 거야.

12 다음은 A와 B 두 종류의 상품을 취급하는 ㈜삼일의 20X1.12.31 현재 재고자산에 관한 내용이다. 재고자산 감모손실과 평가손실 금액으로 옳게 짝지어진 것은?

> ㄱ. 장부상의 재고자산 수량(@취득단가) = A 500개(@100원), B 200개(@200원)
> ㄴ. 실사 확인된 재고자산 수량 = A 400개, B 200개
> ㄷ. 결산일 현재 예상 판매단가 = A 250원, B 100원

	감모손실	평가손실
①	10,000원	20,000원
②	10,000원	0원
③	20,000원	10,000원
④	0원	20,000원

13 다음 중 유가증권에 관한 설명으로 옳지 않은 것은?

① 유가증권은 재산권을 나타내는 증권으로 실물이 발행된 경우 또는 명부에 등록된 경우 모두 유가증권에 해당한다.

② 지분증권이란 회사, 조합 등의 순자산에 대한 소유지분과 관련된 권리를 표시하는 유가증권을 말한다.

③ 채무증권이란 발행자에 대하여 금전적 권리를 청구할 수 있는 권리를 표시하는 유가증권이다.

④ 지분증권은 취득 시 투자회사의 유가증권에 대한 보유의도와 보유능력에 따라 단기매매증권과 만기보유증권 중 하나로 분류한다.

14 다음은 제조업을 영위하는 ㈜삼일의 20X1년 말 비유동자산 항목들의 장부금액이다. ㈜삼일이 20X1년 말 시점에 유형자산으로 보고해야 할 금액을 계산하면 얼마인가?

ㄱ. 투자목적으로 보유중인 토지	100,000,000원
ㄴ. 건설중인 본사 건물	40,000,000원
ㄷ. 공기구 및 비품	15,000,000원
ㄹ. 제품제조에 사용 중인 기계장치	20,000,000원
ㅁ. 직원 출퇴근용 버스	10,000,000원

① 45,000,000원 ② 75,000,000원
③ 85,000,000원 ④ 185,000,000원

15 다음 중 무형자산에 관한 대화 중 옳지 않은 이야기를 하는 사람은?

① 철수 : 영업권 중에서도 내부적으로 창출된 영업권은 무형자산으로 인식할 수가 없고 외부에서 구입한 영업권은 재무상태표에 계상할 수 있습니다.

② 영수 : 매출채권이나 선급금 등과 같은 자산은 물리적 실체는 없지만 무형자산으로 분류되지는 않습니다.

③ 순희 : 무형자산을 취득하는 경우 수익·비용대응의 원칙에 따라 합리적인 방법을 이용하여 상각합니다.

④ 영희 : 영업권, 산업재산권, 경상연구개발비 등이 무형자산에 해당됩니다.

16 다음 중 기타비유동자산으로 분류되기에 적합하지 않은 계정과목은 무엇인가?

① 투자부동산   ② 이연법인세자산

③ 장기성 미수금   ④ 임차보증금

17 상품매매업을 영위하는 ㈜삼일은 20X1년 12월에 상품을 외상으로 매입하였으며 이에 대한 회계처리를 이중기록하였다. 해당 오류가 20X1년 말 ㈜삼일의 재무상태표에 미치는 영향으로 옳은 것은?

	재고자산	매입채무
①	과대계상	과소계상
②	과소계상	과대계상
③	과대계상	과대계상
④	과소계상	과소계상

18 다음 설명과 그에 해당하는 계정과목의 연결이 적절하지 않은 것은?

> ㄱ. 비유동부채 중 1년 이내에 상환될 금액
> ㄴ. 일반적인 상거래 이외에서 발생한 채무
> ㄷ. 일반적인 상거래에서 발생한 선수액
> ㄹ. 일반적인 상거래에서 발생한 외상매입금과 지급어음

① ㄱ - 단기차입금 ② ㄴ - 미지급금
③ ㄷ - 선수금 ④ ㄹ - 매입채무

19 다음의 조건으로 사채를 발행할 경우 사채발행과 관련된 분개에서 대변에 나타날 계정과목으로 옳은 것은?

> 만   기 : 3년
> 액면이자율 : 8% (매년 말 지급조건)
> 시장이자율 : 11%

① 사채, 사채할증발행차금 ② 사채
③ 현금 ④ 현금, 사채할인발행차금

20 다음은 ㈜삼일의 20X1년 10월 1일에 발생한 차입금 관련 자료이다. 일자별 회계처리 중 옳지 않은 것은?

> ㄱ. 차입금 : 50,000,000원
> ㄴ. 만 기 : 3년(원금 만기 일시 상환조건)
> ㄷ. 이자율 : 10%, 매년 9월 30일 이자지급조건

① 20X1년 10월 1일

(차) 현금	50,000,000원	(대) 장기차입금	50,000,000원

② 20X1년 12월 31일

(차) 이자비용	1,250,000원	(대) 미지급비용	1,250,000원

③ 20X2년 9월 30일

(차) 이자비용	5,000,000원	(대) 현금	5,000,000원

④ 20X2년 12월 31일

(차) 이자비용	1,250,000원	(대) 미지급비용	1,250,000원

21 다음 중 주식배당에 관한 설명으로 옳지 않은 것은?

① 미처분이익잉여금을 현금으로 배당하는 것이 아니라 신주를 발행하여 교부하는 것이다.

② 배당 후 이익잉여금은 증가한다.

③ 이익배당을 한 것과 동일한 효과가 있다.

④ 배당지급에 소요되는 자금을 사내에 유보하는 효과가 있다.

22 ㈜삼일은 자기주식 10주(액면금액 5,000원)를 주당 6,000원에 구입하여 소각하였다. 다음의 거래가 재무상태표상의 자본항목에 미치는 영향에 관한 설명으로 옳은 것은?
*(   )안의 금액은 자본의 차감 항목을 의미함

	자본금	자본조정	이익잉여금
①	50,000원 감소	변동 없음	변동 없음
②	50,000원 감소	(10,000원) 증가	변동 없음
③	60,000원 감소	변동 없음	10,000원 감소
④	60,000원 감소	(10,000원) 증가	10,000원 감소

23 다음 중 수익에 관한 설명으로 옳지 않은 것은?

① 판매대가를 현금 이외의 자산으로 받는 경우 해당 자산을 현금화시키기 전까지는 수익을 인식할 수 없다.
② 수익은 기업의 통상적인 경영활동에서 발생하는 경제적 효익의 총유입을 말한다.
③ 기업이 주된 영업활동으로 발생시키는 수익은 매출액으로 분류한다.
④ 기업이 영업활동이 아닌 부수적인 활동에서 발생시킨 수익은 영업외수익으로 분류한다.

24 다음은 ㈜삼일의 20X1년 1월 1일부터 20X1년 12월 31일까지의 재무정보이다. 자료를 바탕으로 당기 총수익을 계산하면 얼마인가?

기초자산	370,000원	기초부채	90,000원
기말자산	500,000원	기말부채	60,000원
총비용	50,000원	추가출자	100,000원

① 80,000원 ② 90,000원
③ 100,000원 ④ 110,000원

25 다음 건설공사와 관련하여 20X1년에 인식해야 할 공사이익을 계산하면 얼마인가?

> 가. 공사기간 : 20X1년 1월 1일 ~ 20X3년 12월 31일 (3년)
> 나. 총도급금액 : 30,000,000원
> 다. 총공사예정원가 : 25,000,000원
> 라. 20X1년 발생 공사원가 : 6,000,000원

① 1,200,000원   ② 2,500,000원

③ 4,000,000원   ④ 7,200,000원

26 다음 중 제조업을 영위하는 ㈜삼일의 비용에 관해 옳지 않은 주장을 하는 사람은 누구인가?

① 영수 : 매출원가는 매출액과 직접 대응되는 원가이다.
② 진희 : 감가상각비는 수익을 창출하는 과정에 사용될 것으로 기대되는 기간동안 체계
　　　　적이고 합리적인 방법으로 배분한다.
③ 철수 : 기부금은 일반적으로 판매비와관리비로 분류한다.
④ 영희 : 이자비용은 일반적으로 영업외비용으로 분류한다.

27 다음 자료를 이용하여 당기 판매비와관리비 금액을 계산하면 얼마인가?

ㄱ. 매출액	3,500,000원	ㄴ. 매출원가	2,000,000원
ㄷ. 이자비용	200,000원	ㄹ. 영업이익	500,000원

①　 500,000원   ②　 800,000원

③ 1,000,000원   ④ 1,800,000원

28 다음 중 완구 제조업을 영위하는 ㈜삼일의 영업이익에 영향을 주는 거래가 아닌 것은?

① 매출채권에 대하여 대손추산액 5,000,000원이 발생하였다.

② 종업원에 대한 교육훈련비 500,000원이 발생하였으나 미지급하였다.

③ 신제품 출시로 인하여 광고선전비 1,000,000원을 현금 지출하였다.

④ 유가증권(장부금액 10,000,000원)을 9,800,000원으로 평가하였다.

29 다음 회계순환과정의 설명에서 (가)에 들어갈 세부절차로 옳은 것은?

> 회계순환과정은 기중거래의 기록절차와 결산절차로 구분된다. 기중거래의 기록절차는 회계상
> 의 거래를 분개하고 전기하는 과정을 말하고, 결산절차는 기중기록과 결산정리사항을 통합하
> 여 최종적인 재무제표를 작성하는 과정을 말한다.
> 결산절차는 예비절차와 ____(가)____ 의 2단계로 이루어진다.

① 결산보고서 작성   ② 수정전시산표의 작성

③ 결산수정분개   ④ 결산수정분개의 전기

30 다음 중 시산표에 관한 설명으로 옳지 않은 것은?

① 시산표는 총계정원장의 기록이 정확한지를 검증하는 기능이 있다.

② 시산표상의 차변합계와 대변합계가 일치하는지 여부를 확인함으로써 모든 유형의
오류를 파악할 수 있다.

③ 시산표의 종류에는 합계시산표, 잔액시산표, 합계잔액시산표가 있다.

④ 합계시산표는 각 계정의 차변합계액과 대변합계액이 기재된 시산표이다.

31 다음 중 결산수정사항의 처리에 관한 설명으로 옳지 않은 것은?

① 기중 발생한 가수금 200,000원이 거래처로부터 받은 선수금임을 확인하고 계정대체하였다.

② 결산일까지 내역이 밝혀지지 않은 가수금 50,000원을 그대로 재무상태표에 계상하였다.

③ 결산일까지 내역이 밝혀지지 않은 가수금 20,000원에 대해 금액이 중요하지 않으므로 잡이익으로 처리하였다.

④ 기중 발생한 가지급금 300,000원이 외상매입금의 지급대금임을 확인하고 계정대체하였다.

32 다음 자료를 이용하여 도·소매업을 영위하는 ㈜삼일의 당기 매출원가를 계산하면 얼마인가?

기초상품재고액	450,000원
당기총매입액	2,850,000원
기말상품재고액	300,000원

① 2,400,000원   ② 2,550,000원

③ 2,700,000원   ④ 3,000,000원

33 다음 중 외화자산·부채의 환산에 관한 설명으로 옳지 않은 것은?

① 일반기업회계기준에서는 결산시 화폐성 외화자산을 보고기간 말의 마감환율을 적용하여 환산하도록 규정하고 있다.

② 결산시 화폐성 외화부채의 경우 환율이 오를수록 이익이 발생한다.

③ 화폐성자산의 예로는 현금및현금성자산, 매출채권, 대여금 등이 있다.

④ 화폐성부채의 예로는 매입채무, 차입금, 사채 등이 있다.

34 ㈜삼일은 기초 미지급법인세 520,000원을 계상하고 있었으며, 당기 중 손익계산서상에 3,150,000원을 법인세비용으로 인식하였다. 당기 말 결산 종료 후 미지급법인세가 기초 대비 120,000원 증가하였다면, ㈜삼일이 당기에 과세당국에 지급한 법인세는 얼마인가?

① 3,030,000원

② 3,150,000원

③ 3,270,000원

④ 3,550,000원

35 회사의 외부감사인은 재무제표에 대한 의견을 감사보고서에 표명하는데 이를 감사의견이라고 한다. 다음 감사의견의 종류로 옳은 것은?

> 우리의 의견으로는, …의 근거에서 논의된 사항의 유의성으로 인하여, ××주식회사의 20X1년 12월 31일과 20X0년 12월 31일 현재의 재무상태, 동일로 종료되는 양 보고기간의 재무성과 및 현금흐름을 일반기업회계기준에 따라 중요성의 관점에서 공정하게 표시하고 있지 않습니다.

① 한정의견

② 적정의견

③ 의견거절

④ 부적정의견

36 다음 중 재무제표에 관한 설명으로 옳은 것은?

① 주석은 재무제표의 일부를 구성하지 않는다.

② 자본변동표는 자본의 변화내역을 자본구성 요소별로 보여주는 재무제표이다.

③ 손익계산서를 통해 영업손익과 당기순손익, 기타포괄손익을 알 수 있다.

④ 현금흐름표를 통해 1년 이내 현금화가 가능한 유동자산이 얼마인지를 측정할 수 있다.

37 다음 자료를 참고하여 20X2년 매출채권회전율을 계산하면 얼마인가(단, 소수점 이하 둘째 자리에서 반올림한다)?

> ㄱ. 20X1년 말 매출채권　　　　　　　　120,000,000원
> ㄴ. 20X2년 말 매출채권　　　　　　　　140,000,000원
> ㄷ. 20X2년 매출액　　　　　　　　　　390,000,000원
> ㄹ. 1년은 365일로 가정함

① 1.5회　　　　　　　　　　　② 2.8회
③ 3.0회　　　　　　　　　　　④ 3.3회

38 다음 중 부채비율이 높아지는 거래로 옳은 것은?

① 매출채권의 회수　　　　　　② 장기차입금의 상환
③ 계약금의 선수　　　　　　　④ 유형자산의 취득

39 다음 ㈜삼일의 20X1년과 20X2년의 이익률과 업종평균 자료에 대하여 옳지 않은 의견을 말한 사람은 누구인가?

	업종평균	㈜삼일	
연도	20X2년	20X2년	20X1년
매출총이익률	30%	26%	32%
영업이익률	11%	9%	14%
당기순이익률	5.99%	8.7%	5.7%

> 영수 : 상기 자료는 각각 매출액과 손익계산서상의 단계별 이익과의 관계를 나타낸 재무지표입니다.
>
> 철수 : 매출총이익률이 전기에 비해 크게 감소한 것은 경쟁의 심화로 인한 제품가격 하락과 더불어 물가상승으로 인해 원가가 증가하였기 때문일 수 있습니다.
>
> 순희 : 매출총이익률과 영업이익률은 특별한 변동이 발생하지 않는다면 매년 유사하게 나타나게 되므로 회사의 수익성을 분석할 때 보다 중요하게 체크해야 하는 이익률입니다.
>
> 영희 : 그래도 당기순이익률과 영업이익률이 모두 업종평균을 크게 넘어섰으니 회사의 본질적인 영업성과는 크게 개선되었다고 볼 수 있고, 미래의 성과에 대하여 크게 우려되지 않는 상황입니다.

① 영수

② 철수

③ 순희

④ 영희

40 다음 중 주당순이익(EPS)에 관한 설명으로 옳은 것은?

① 전기에 비해 주당순이익이 높고 주당배당금지급액이 낮다는 것은 당기 중 사외에 유출되는 당기순이익이 상대적으로 작아진 것을 의미한다.

② 주가수익비율은 주당순이익 계산을 위한 기초자료가 된다.

③ 당기순이익이 클수록 주당순이익은 낮아진다.

④ 회사가 일정기간 올린 매출총이익에 대하여 주식 1 주당 귀속되는 주주의 몫을 나타내는 지표이다.

01 다음 중 재무제표의 작성원칙에 관한 설명으로 옳은 것은?

① 서로 다른 거래처의 매출채권과 선수금을 상계하는 것은 총액주의의 원칙에 위배되지 않는다.

② 잉여금 구분의 원칙은 재무상태표 상의 자본항목에 대하여 적용된다.

③ 이자수익과 이자비용은 서로 상계하여 순액으로 표시하여야 한다.

④ 유동성배열법에 의하여 자산은 유동성이 높은 순서로, 부채는 유동성이 낮은 순서로 각각 표시되어야 한다.

02 다음 중 기업의 경영성과에 영향을 미치지 않는 거래로 옳은 것은?

① 창립기념일 선물로 직원들에게 2,000,000원의 상품권을 지급하다.

② 거래처에 상품을 판매하고 3,000,000원의 전자어음을 지급받다.

③ 주주들에게 배당금 50,000,000원을 현금으로 지급하다.

④ 업무용 승용차에 100,000원의 기름을 주유하고 법인카드로 결제하다.

03 ㈜삼일의 다음 자료를 통해 빈칸에 들어갈 금액을 계산하면 얼마인가(기중에 자본거래는 없다고 가정한다)?

	재무상태표						손익계산서	
	당기말	전기말			당기말	전기말	수익	1,000
자산	2,000	1,400	부채		(ㄱ)	500	비용	(ㄷ)
			자본		(ㄴ)	900	이익	600

	ㄱ	ㄴ	ㄷ
①	500	1,500	400
②	700	1,300	400
③	1,100	400	600
④	1,300	500	600

04 다음 중 거래의 8요소를 나타낸 표현으로 옳지 않은 것은?

	왼쪽(차변)	오른쪽(대변)
①	자산의 증가	수익의 발생
②	부채의 감소	수익의 발생
③	비용의 발생	부채의 증가
④	자본의 증가	자산의 감소

05 다음 중 회계순환과정을 순서대로 나열한 것으로 옳은 것은?

① 거래의 인식 → 계정의 마감 → 분개장 → 시산표 → 정산표 → 총계정원장 → 재무제표

② 거래의 인식 → 분개장 → 계정의 마감 → 시산표 → 정산표 → 총계정원장 → 재무제표

③ 거래의 인식 → 분개장 → 총계정원장 → 시산표 → 정산표 → 계정의 마감 → 재무제표

④ 거래의 인식 → 총계정원장 → 분개장 → 정산표 → 계정의 마감 → 시산표 → 재무제표

06 다음은 현금계정 원장에 각 일자별로 전기된 내용의 일부이다.

현금					
7월 2일	자본금	10,000,000원	7월 4일	재고자산	15,000,000원
7월 3일	차입금	10,000,000원	7월 10일	급여	1,000,000원
7월 15일	매출채권	5,000,000원	7월 23일	이자비용	100,000원

상기 전기된 내용에 대한 분개를 추정한 내용으로 옳지 않은 것은?

① 7월 2일 현금 10,000,000원이 출자되어 회사를 설립하였다.

② 7월 3일 금융기관으로부터 10,000,000원을 차입하였다.

③ 7월 10일 직원에 대한 급여로 1,000,000원이 지출되었다

④ 7월 15일 고객사에 재고자산을 외상으로 판매하고 매출액 5,000,000원을 인식하였다.

07 ㈜삼일의 아래 세부 계정잔액 정보를 이용하여 기말 재무상태표에 표시될 계정과목과 금액을 산정한 것으로 옳은 것은?

외상매출금	40,000원	지급어음	100,000원
타인발행수표	100,000원	당좌예금	50,000원
외상매입금	70,000원		

① 현금및현금성자산　　200,000원

② 매출채권　　40,000원

③ 매입채무　　150,000원

④ 당좌자산　　290,000원

08 다음은 매출채권에 관한 자료이다. 빈칸에 들어갈 계정의 명칭과 금액을 옳게 나타낸 것은?

> A사는 B사에 상품 판매시 400,000원은 현금으로 수령하였고 200,000원은 기말 현재 매출채권으로 남아 있다. 과거의 경험으로 보아 기말 매출채권 잔액의 3%는 회수가 불가능하므로 당기말 채권에 대해서도 잔액의 3%를 (   )(으)로 설정하기로 하였다(단, 기초 대손충당금 잔액은 2,000원이다).

	계정명	금액
①	대손충당금	6,000 원
②	대손충당금	12,000 원
③	대손상각비	6,000 원
④	대손상각비	2,000 원

09 ㈜삼일은 20X1년에 다음과 같은 유가증권을 공정가치로 취득하였다. 아래 취득금액을 각 성격에 따라 적절하게 계정분류한 것으로 옳은 것은?

취득금액	유가증권의 성격
30,000원	채무증권이며 ㈜삼일은 동 채권을 만기까지 보유할 의도와 능력이 있음
40,000원	지분증권이며 ㈜삼일은 동 주식을 향후 2년 이내에 처분할 의도가 없음

	매도가능증권	만기보유증권
①	30,000원	40,000원
②	0원	70,000원
③	40,000원	30,000원
④	70,000원	0원

10 다음 중 재고자산에 관한 설명으로 옳지 않은 것은?

① 선적지 인도조건인 경우에는 상품의 출발지와 목적지의 중간지점을 지나는 순간 소유권이 매입자에게 이전된다.

② 재고자산에는 상품, 제품, 재공품뿐만 아니라 아직 생산에 투입하지 않은 원재료도 포함된다.

③ 재고자산이란 영업활동 과정에서 판매를 목적으로 보유하고 있는 자산이다.

④ 재고자산의 취득원가에는 매입가액에 매입부대비용을 포함하며, 환급이 불가능한 수입관세도 매입부대비용에 포함된다.

11 다음 자료를 이용하여 선입선출법하의 매출원가를 구하면 얼마인가?

	수량(개)	매입단가(원)
기초재고(1. 1)	300	100
당기매입(5. 1)	400	110
당기매입(9. 1)	250	120
	950	

당기에 650개의 재고자산이 판매되었다.

① 65,000원 ② 68,500원
③ 74,750원 ④ 78,000원

12 다음은 ㈜삼일의 당기 말 상품 재고와 관련된 자료이다. ㈜삼일이 결산시 인식해야 할 재고 자산평가손실을 계산하면 얼마인가?

장부수량	2,000개	실사수량	1,900개
취득단가	700원	단위당 순실현가능가치	650원

① 95,000원   ② 115,000원

③ 140,000원   ④ 170,000원

13 다음 설명의 빈 칸에 들어갈 말로 올바르게 짝지어진 것은?

투자의 목적 또는 비영업용으로 소유하는 토지와 건물은 (ㄱ)으로 분류되고, 영업활동이나 제조활동에의 사용을 위하여 보유하고 있는 토지와 건물은 (ㄴ)으로 분류된다.

	ㄱ	ㄴ
①	당좌자산	유동자산
②	재고자산	당좌자산
③	유형자산	기타비유동자산
④	투자부동산	유형자산

14 ㈜삼일은 20X1년 중 ㈜강남의 주식 200주를 주당 1,000원에 취득하고 단기매매증권으로 분류하였다. 취득과 직접 관련된 거래원가로 5,000원이 지출되었고 20X1년 말 동 유가증권의 공정가치가 주당 1,100원이 되었다고 할 때, ㈜삼일의 당해 손익계산서에 단기매매증권평가손익으로 인식될 금액은 얼마인가?

① 단기매매증권평가이익   15,000원   ② 단기매매증권평가이익   20,000원

③ 단기매매증권평가손실   15,000원   ④ 단기매매증권평가손실   20,000원

15 다음 중 유형자산의 회계처리에 관한 설명으로 옳지 않은 것은?

① 유형자산에 대해 추가 지출이 발생한 경우 이 지출의 효과가 장기간에 걸쳐 발생하는 것으로서 유형자산의 내용연수가 늘어나거나 가치가 증대되는 경우 '자본적 지출'로 처리한다.

② 수익창출활동에 사용하고 있고, 내용연수를 합리적으로 추정할 수 있는 유형자산은 수익·비용대응의 원칙에 따라 유형자산이 효익을 제공하는 기간에 걸쳐 감가상각비로 비용화된다.

③ 유형자산의 취득원가에는 매입가액 또는 제조원가에 부수적으로 발생한 취득부대비용이 포함되어서는 안된다.

④ 유형자산을 처분할 경우 유형자산의 장부금액을 제거하고 처분가액과 장부금액의 차이는 유형자산처분손익으로 회계처리한다.

16 ㈜삼일은 20X1년 1월 1일 ㈜용산을 합병하면서 현금 20,000,000원을 지급하였다. ㈜용산의 20X1년 1월 1일 현재 자산의 공정가치는 30,000,000원이며 부채의 공정가치는 20,000,000원이다. ㈜삼일이 ㈜용산을 합병하면서 발생한 영업권을 10년간 정액법으로 상각하기로 하였다. 20X1년 영업권의 상각비는 얼마인가(단, 상기 거래에서 발생한 것 이외에 영업권은 존재하지 않는다)?

① 1,000,000원   ② 1,500,000원

③ 2,000,000원   ④ 2,500,000원

17 다음 중 부채에 관한 설명으로 옳은 것은?

① 유형자산을 구입하고 대금을 지급하지 않은 것은 매입채무에 해당한다.

② 차용증서에 의하여 금전을 빌릴 때 발생하는 부채를 차입금이라 한다.

③ 선급금은 상품을 매출하기로 하고 수령한 계약금에 대한 부채 계정이다.

④ 상품매매업을 영위하는 기업이 판매할 상품을 구입하고 지급하지 않은 금액은 미지급금에 해당한다.

18 다음 중 부채의 증가를 초래하는 거래에 해당하지 않은 것은?

① 운영자금 부족으로 10,000,000원을 차입하였다.
② 광고제작용역을 제공하고 용역제공대가 700,000원은 다음 달에 받기로 하였다.
③ 상품 5,000,000원을 외상으로 구입하였다.
④ 직원 급여 2,000,000원을 지급해야하나 현금이 부족하여 지급하지 않았다.

19 다음 중 액면금액 1,000,000원의 사채를 1,050,000원에 발행하였을 경우 회계처리로 옳은 것은?

①	(차) 현금	1,000,000원	(대) 사채		1,000,000원
②	(차) 현금	1,050,000원	(대) 사채		1,000,000원
			사채발행이익		50,000원
③	(차) 현금	1,050,000원	(대) 사채		1,050,000원
④	(차) 현금	1,050,000원	(대) 사채		1,000,000원
			사채할증발행차금		50,000원

20 다음 중 퇴직급여충당부채에 관한 설명으로 옳지 않은 것은?

① 퇴직급여충당부채는 비유동부채로 분류한다.
② 결산일 현재 전 임직원이 퇴사할 경우 지급해야할 퇴직금예상액을 설정한다.
③ 임직원의 퇴직시점에서 전액을 비용처리 하는 현금주의에 기초한다.
④ 퇴직급여충당부채는 대변에 설정한다.

21 다음의 거래가 재무상태표상의 자본항목에 미치는 영향으로 옳은 것은?

> 20X1년 1월 1일 보통주 100,000주(1주당 액면금액 5,000원)를 1주당 7,500원에 할증발행하는 과정에서 발행수수료와 증자등기비용 등으로 3,000,000원이 발생하였다. 단, 기존 주식발행초과금 잔액은 없다.

	자본금	자본잉여금	이익잉여금
①	증가	증가	불변
②	불변	감소	불변
③	불변	감소	감소
④	증가	증가	감소

22 다음 중 기업의 주주와의 거래, 즉 자본거래에서 발생한 항목이 아닌 것은?

① 주식발행초과금 ② 주식할인발행차금
③ 이익준비금 ④ 감자차익

23 다음 중 수익에 관한 설명으로 옳지 않은 것은?

① 통상적인 경영활동에서 발생하는 경제적 효익의 총유입을 의미한다.
② 수익의 측정시 대가를 현금 이외의 자산으로 받는 경우 취득한 자산의 공정가치로 측정한다.
③ 매출에누리나 매출할인은 수익에서 차감하지 않는다.
④ 재화를 판매한 경우 수익금액을 신뢰성 있게 측정할 수 있고 경제적 효익의 유입가능성이 높을 때 인식한다.

24 다음 중 회사의 주된 영업활동의 결과인 수익으로 옳지 않은 것은?

① 도매업을 영위하는 회사의 상품매출액

② 제조업을 영위하는 회사의 채무면제이익

③ 서비스업을 영위하는 회사의 용역매출액

④ 건설업을 영위하는 회사의 도급공사수익

25 다음 건설공사와 관련하여 20X2년에 인식해야 할 수익은 얼마인가?

> 가. 공사기간 : 20X1년 1월 1일 ~ 20X4년 12월 31일 (4년)
> 나. 총도급금액 : 6,000,000원
> 다. 총공사예정원가 : 5,000,000원
> 라. 20X1년 발생 공사원가 : 1,250,000원, 20X2년 발생 공사원가 : 1,500,000원

① 1,000,000원   ② 1,250,000원

③ 1,500,000원   ④ 1,800,000원

26 다음 중 비용에 관한 설명으로 옳은 것은?

① 주된 영업활동에서 발생한 비용 중 매출액과 직접 대응되지 않는 원가를 매출원가로 처리한다.

② 주된 영업활동 이외의 보조적 또는 부수적인 활동에서 발생하는 비용은 판매비와관리비로 처리한다.

③ 판매활동 및 회사의 유지·관리활동과 관련된 비용은 판매비와관리비로 처리한다.

④ 당기 법인세부담액으로 인한 비용은 영업비용으로 처리한다.

27 제조업을 영위하는 ㈜삼일의 판매비와관리비에는 다음과 같은 비용들이 포함되어 있다. 판매비와관리비에 계상될 올바른 금액은 얼마인가(단, 아래 비용은 제조활동과 관련이 없다고 가정한다)?

ㄱ. 관리직 사원 급여	30,000,000원
ㄴ. 사무실 임차료	10,000,000원
ㄷ. 접대비	2,000,000원
ㄹ. 유형자산처분손실	5,000,000원
합 계	47,000,000원

① 37,000,000원
② 42,000,000원
③ 45,000,000원
④ 47,000,000원

28 다음 중 제조업을 영위하는 기업의 당해 당기순이익에 영향을 미치는 거래가 아닌 것은?

ㄱ. 토지를 70,000,000원에 매입하였다.
ㄴ. 주당 액면금액 500원의 주식에 대해 주당 발행금액 700원으로 유상증자를 하였다.
ㄷ. 직원의 급여일이 도래하여 현금으로 급여를 지급하였다.

① ㄱ, ㄴ
② ㄱ, ㄷ
③ ㄴ, ㄷ
④ ㄱ, ㄴ, ㄷ

29 다음 중 결산에 관한 설명으로 옳지 않은 것은?

① 수익·비용을 인식할 때 발생주의 회계를 적용하고, 기말 현재 시점에서 자산과 부채를 적절한 상태로 평가해야 하므로 결산수정분개가 필요하다.
② 결산절차는 기중기록과 결산정리사항을 통합하여 최종적인 재무제표를 작성하는 과정을 말한다.
③ 유가증권의 평가는 결산수정분개에서 이루어진다.
④ 손익계산서 계정은 마감 후 잔액을 산출하여, 다음 회계연도 기초금액으로 이월시킨다.

30 다음 중 시산표를 통해 검증할 수 있는 오류의 유형으로 가장 옳은 것은?

① 현금매출은 200,000원으로 기록하고, 현금수령액은 20,000원으로 기록한 경우
② 대여금 500,000원을 현금으로 회수한 거래를 중복기입한 경우
③ 매출채권에 기입해야 할 1,000,000원을 미수금 계정에 기입한 경우
④ 상환기일이 도래한 차입금 1,000,000원을 현금으로 지급하면서, 거래 자체를 누락한 경우

31 다음은 기말 시점에 수행하는 결산수정분개 항목이다. 당기순이익에 미치는 영향이 나머지와 다른 것은?

① 감가상각비 계상　　　　　　② 미지급비용 계상
③ 선급비용 계상　　　　　　　④ 선수수익 계상

32 ㈜삼일의 20X1년 말 미수임대료 잔액은 50,000원, 20X2년 말 미수임대료 잔액은 150,000원이다. 20X2년 손익계산서상의 임대료수익이 200,000원일 때, ㈜삼일이 20X2년 현금으로 회수한 임대료는 얼마인가?

①　50,000원　　　　　　　　② 100,000원
③ 150,000원　　　　　　　　④ 200,000원

33 ㈜삼일의 20X1년말 현재 수정전시산표 상의 퇴직급여충당부채 잔액은 5,000,000원이며, 담당자가 계산한 당기말 퇴직금추계액은 15,000,000원이다. 이때 수행하여야 하는 결산수정분개로 옳은 것은?

① (차) 퇴직급여충당부채 15,000,000원 (대) 퇴직급여   15,000,000원

② (차) 퇴직급여충당부채 10,000,000원 (대) 퇴직급여   10,000,000원

③ (차) 퇴직급여   15,000,000원 (대) 퇴직급여충당부채 15,000,000원

④ (차) 퇴직급여   10,000,000원 (대) 퇴직급여충당부채 10,000,000원

34 다음 중 외부감사와 감사의견에 관한 설명으로 옳은 것은?

① 외부감사는 회사가 제시한 재무제표가 일정한 회계기준에 따라 적정하게 작성되었는지를 외부감사인이 확인하는 절차이다.

② 적정의견은 회사의 경영성과와 재무상태가 투자하기에 적절하다는 것을 의미한다.

③ 회사의 재무제표가 기업회계기준을 심각하게 위배한 경우 한정의견을 표명한다.

④ 감사의견이 부적정의견인 것은 상장기업의 상장폐지 사유에 해당하지 않는다.

35 다음 감사보고서에 표명된 감사인의 의견은 무엇인가?

> 우리의 의견으로는 회사의 재무제표는 삼일주식회사의 20X2년 12월 31일과 20X1년 12월 31일 현재의 재무상태, 동일로 종료되는 양 보고기간의 재무성과 및 현금흐름을 대한민국의 일반기업회계기준에 따라 중요성의 관점에서 공정하게 표시하고 있습니다.

① 적정의견   ② 한정의견

③ 의견거절   ④ 부적정의견

36 다음 자료를 이용하여 당좌비율과 유동비율을 계산하면 얼마인가?

현금및현금성자산	100,000원	매입채무	400,000원
매출채권	300,000원	단기차입금	600,000원
단기매매증권	200,000원	퇴직급여충당부채	600,000원
재고자산	800,000원	사채(당기발행, 3년만기)	1,000,000원
건물	1,000,000원		
영업권	600,000원		

	당좌비율	유동비율
①	75%	140%
②	75%	160%
③	60%	140%
④	60%	160%

37 다음 중 재무상태표를 통해 파악할 수 있는 내용으로 옳은 것은?

① 재무상태표에는 자금조달의 구성내역이 나타나지 않는다.

② 재무상태표를 통해 장·단기적 재무구조의 안정성을 검토해 볼 수 있다.

③ 재무상태표의 대변에서 기업이 운용하는 자원의 구성내역을 파악할 수 있다.

④ 재무상태표를 이용하여 당기 중 발생한 경영성과의 세부내역을 확인할 수 있다.

38 다음 ㈜삼일의 재무정보를 이용하여 재고자산 기말잔액을 계산하면 얼마인가(재고자산회전율은 당기매출원가와 평균재고자산금액을 이용하여 산출한다)?

당기매출원가	12,000,000원
재고자산 기초잔액	800,000원
당기재고자산회전율	12회

① 400,000원 ② 600,000원

③ 800,000원 ④ 1,200,000원

39 다음은 ㈜삼일의 20X1년 손익계산서와 관련된 자료이다. 해당 자료를 이용하여 ㈜삼일의 당기순이익률을 계산하면 얼마인가(단, 소수점 첫째자리에서 반올림한다)?

매출액	50,000,000원	매출원가	32,000,000원
판매비와관리비	8,000,000원	영업외수익	3,000,000원
영업외비용	5,000,000원	법인세비용	2,000,000원

① 12% ② 14%

③ 16% ④ 18%

40 다음은 ㈜삼일의 20X1년 말 손익계산서이다. 당기 실적에 대한 실무진들의 분석이 다음과 같을 때 옳지 않은 의견을 제시한 사람은 누구인가?

손익계산서
20X1년 1월 1일부터 20X1년 12월 31일까지

㈜삼일 (단위: 원)

Ⅰ. 매출액	10,000
Ⅱ. 매출원가	(3,600)
Ⅲ. ○○이익	6,400
Ⅳ. 판매비와관리비	(3,400)
Ⅴ. ○○이익	3,000
Ⅵ. 영업외수익	1,000
Ⅶ. 영업외비용	(1,600)
Ⅷ. ○○이익	2,400
Ⅸ. 법인세비용	(400)
Ⅹ. ○○이익	2,000

① 김철수 : 회사가 이번에 주된 엉업활동으로 발생시긴 수익은 10,000원이군요.

② 김영수 : 영업활동 이외의 보조적 또는 부수적 활동에서 벌어들인 수익은 1,000원입니다.

③ 김영희 : 매출총이익률은 64% 입니다. 즉, 회사의 매출원가는 매출액 대비 64% 라는 것을 의미합니다.

④ 김순희 : 영업이익률은 30% 입니다. 이는 회사가 영업활동으로 매출액 대비 30%를 이익으로 남겼다는 것을 의미하지요.

01 다음 중 회계와 재무제표에 관한 설명으로 옳지 않은 것은?

① 재무제표는 기업회계기준에 따라 작성된다.

② 회계는 외부보고를 목적으로 하는 관리회계와 내부보고를 목적으로 하는 재무회계로 구분된다.

③ 기업이 산출한 회계정보를 다양한 정보이용자들에게 전달하는 수단으로 재무제표가 이용된다.

④ 회계정보이용자는 현금흐름표를 통하여 일정기간에 발생한 기업의 현금유입과 유출에 대한 정보를 알 수 있다.

02 다음 대화에서 발생한 사건들 중 회계상 거래에 해당하지 않는 것은?

> 유부장 : 지난 달 화재로 인해 공장에 보관 중이던 상품들과 기계장치가 소실되는 사건이 발생했습니다. 이로 인해 우리 회사가 많은 금전적 피해를 입었습니다.
>
> 박차장 : 예, 그렇습니다. 그에 따른 피해를 신속하게 복구하기 위해 최선을 다하고 있으며 소실된 제품을 재생산하기 위해 원재료 3,000만원을 현금으로 구입하였습니다.
>
> 노대리 : 회사의 신속한 업무 정상화 및 제품 생산활동의 촉진을 위하여 직원 3명을 신규로 채용하였습니다.
>
> 하사원 : 기계장치 또한 새로 구입했으며 자금사정이 여의치 않은 관계로 대금의 일부만 먼저 지급하였습니다.

① 유부장   ② 박차장

③ 노대리   ④ 하사원

03 다음 중 손익계산서를 구성하는 계정과목에 해당하지 않는 것은?

① 매출액   ② 퇴직급여

③ 선수수익   ④ 유형자산처분손실

04 다음 중 회계순환과정에 관한 설명으로 옳지 않은 것은?

① 총계정원장을 이용하면 계정과목의 증감변동내역을 쉽게 파악할 수 있다.

② 분개는 복식부기의 원리에 따라 거래의 이중성(원인과 결과)을 차변과 대변으로 나누어 기록하는 것이다.

③ 전기는 분개의 내용을 옮겨 정리하는 절차이다.

④ 재무제표의 작성에 있어 재무상태표의 이익잉여금이 결정되어야 손익계산서 작성이 완료된다.

05 다음 중 복식부기의 원리에 관한 설명으로 옳은 것은?

① 자산의 증가는 차변에, 감소는 대변에 기록한다.

② 부채의 증가는 차변에, 감소는 대변에 기록한다.

③ 자본의 증가는 차변에, 감소는 대변에 기록한다.

④ 수익의 발생은 차변에, 비용의 발생은 대변에 기록한다.

06 다음 중 보기의 분개 유형이 적용되는 거래는 어느 것인가?

보기			
(차변) 비용	XXX	(대변) 자산	XXX

① 1년 만기 300만원 정기예금에 가입하였다.

② 프로그램 설계용역을 제공하고 용역 제공대가 1,000만원은 다음 달에 받기로 하였다.

③ 은행으로부터 현금 1억원을 차입하였다.

④ 당기 발생한 영업팀 급여 500만원을 현금으로 지급하였다.

07 ㈜삼일은 소액현금 제도를 사용하고 있다. 자료에서 10월 1일자 회계처리시 차변의 내용으로 옳은 것은?

> 20X1년 9월 1일 : 2,000,000원을 전도금으로 지급하다.
> 20X1년 9월 30일 : 전도금 중 사용내역을 다음과 같이 통보받다.
>
> | | | | |
> |---|---|---|---|
> | 교통비 | 230,000원 | 접대비 | 80,000원 |
> | 통신비 | 70,000원 | 잡비 | 20,000원 |
>
> 20X1년 10월 1일 : 현금으로 사용액을 보충해주다.

① 소액현금   400,000원   ② 소액현금   600,000원

③ 현   금   400,000원   ④ 현   금   600,000원

08 20X1년 12월 31일 현재 ㈜삼일의 현금 및 금융상품과 관련된 내역이 다음과 같을 경우 재무상태표의 현금및현금성자산과 단기금융상품계정에 기재해야 할 금액은 각각 얼마인가?

> | | |
> |---|---|
> | 현금시재액 | 30,000원 |
> | 자기앞수표 | 120,000원 |
> | 당좌예금 | 1,000,000원 |
> | 정기예금 | 1,500,000원(만기 20X2년 5월 30일) |

	현금및현금성자산	단기금융상품
①	30,000 원	2,500,000 원
②	150,000 원	2,500,000 원
③	1,030,000 원	1,500,000 원
④	1,150,000 원	1,500,000 원

09 다음 중 유가증권에 관한 설명으로 옳지 않은 것은?

① 지분증권은 회사, 조합 등의 순자산에 대한 소유지분과 관련된 권리를 표시하는 유가증권이다.

② 채무증권은 발행자에 대하여 금전적 권리를 청구할 수 있는 권리를 표시하는 유가증권이다.

③ 채무증권에는 국채, 공채, 사채, 전환사채 등이 포함된다.

④ 지분증권은 취득 시 투자회사의 유가증권에 대한 보유의도 및 보유능력에 따라 단기매매증권과 만기보유증권 중 하나로 분류한다.

10 다음은 12월 31일이 결산일인 ㈜삼일의 매도가능증권 거래내역이다. 20X2년 손익계산서에 계상되는 매도가능증권처분손익을 계산하면 얼마인가?

> 20X1년 10월 1일 : A주식 300주를 주당 50,000원에 취득하였다.
> 20X1년 12월 31일 : A주식의 주당 공정가치는 52,000원이다.
> 20X2년 4월 1일 : A주식 100주를 주당 55,000원에 처분하였다.

① 처분이익   500,000원 　　② 처분이익   600,000원

③ 처분이익 1,200,000원 　　④ 처분이익 1,500,000원

11 다음 중 재고자산의 취득원가에 가산될 수 없는 항목은?

① 매입시 발생한 운송운임 　　② 매입에누리와 매입환출

③ 수입관세 　　④ 매입시 발생한 보험료

12 다음은 ㈜삼일의 재고자산 내역이다. ㈜삼일은 재고자산의 단가결정 방법으로 선입선출법을 사용하고 있다. 기말 재고자산금액으로 올바른 금액은 얼마인가?

기초재고액 (1월 1일) : 100,000원 (수량 1,000개, 단가 100원)
당기매입액 (4월 15일) : 120,000원 (수량 1,000개, 단가 120원)
당기판매액 (7월 30일) : 200,000원 (수량 1,000개)
당기매입액 (10월 15일) : 140,000원 (수량 1,000개, 단가 140원)

① 200,000원   ② 240,000원
③ 260,000원   ④ 280,000원

13 다음 중 재고자산에 관한 설명으로 옳지 않은 것은?

① 상품을 보관하는 과정에서 파손·마모 등으로 인하여 실지재고수량이 회계장부상의 수량보다 적은 경우에 발생하는 손실은 재고자산감모손실로 분류된다.

② 정상적인 감모손실은 매출원가에 가산하고, 비정상적인 감모손실은 영업외비용으로 처리한다.

③ 재고자산의 시가가 장부금액 이하로 하락하여 발생한 평가손실은 재고자산의 차감계정(재고자산평가손실충당금)으로 표시한다.

④ 재고자산평가손실충당금을 설정한 재고자산의 시가가 다시 상승하는 경우 재고자산의 평가금액을 한도없이 증가시킬 수 있다.

14 다음 자료를 이용하여 20X1년 감가상각비를 계산하면 얼마인가(단, 회계기간은 1월 1일부터 12월 31일까지이다)?

> - 20X1년 10월 1일 차량운반구를 6,000,000원에 구입하여 20X1년 12월 31일 현재 계속하여 사용 중이다.
> - 20X1년 1월 1일 30,000,000원의 건설중인 자산이 있었으며, 20X1년 12월 31일 현재 계속 건설 중이다.
> - 감가상각방법은 정액법을 이용하며, 내용연수는 5년, 잔존가치는 0원이다.

① 300,000원　　　　　　　② 600,000원
③ 1,200,000원　　　　　　④ 1,800,000원

15 다음 중 무형자산과 관련하여 옳지 않은 이야기를 하는 사람은?

> 경수 : 무형자산의 인식요건을 충족한 지출은 자산으로 처리합니다.
> 희경 : 경상개발비는 상각대상인 무형자산입니다.
> 철수 : 특허권과 실용신안권 등은 산업재산권으로 분류됩니다.
> 영희 : 영업권 중에서도 내부적으로 창출된 영업권은 무형자산으로 인식할 수가 없습니다.

① 경수　　　　　　　　　② 희경
③ 철수　　　　　　　　　④ 영희

16 ㈜삼일은 본사에서 사용할 유형자산인 비품을 구입하고 이를 수선비로 회계처리 하였다. 이러한 회계처리가 ㈜삼일의 재무상태표 및 손익계산서에 미치는 영향으로 옳은 것은?

① 자산 과대계상, 비용 과소계상, 당기순이익 과대계상
② 자산 과대계상, 비용 변화없음, 당기순이익 변화없음
③ 자산 과소계상, 비용 과대계상, 당기순이익 과소계상
④ 자산 과소계상, 비용 과소계상, 당기순이익 과대계상

17 다음의 회계처리가 재무제표에 미치는 영향으로 옳은 것은?

(차) 매입채무	30,000원	(대) 현금	30,000원

ㄱ. 유동자산이 감소한다. 　　　　ㄴ. 매출원가가 감소한다.
ㄷ. 당좌자산이 증가한다. 　　　　ㄹ. 유동부채가 감소한다.

① ㄱ, ㄴ 　　　　　　　　　② ㄱ, ㄹ
③ ㄴ, ㄹ 　　　　　　　　　④ ㄷ, ㄹ

18 다음 중 비유동부채로 계상할 수 없는 것은?

① 종업원의 퇴직금과 관련하여 계상한 퇴직급여충당부채
② 상품을 구입하면서 당기에 교부한 3개월 만기의 어음 금액
③ 유휴토지를 3년간 임대하기로 하고 수령한 임대보증금
④ 자금조달을 위하여 당기에 차입한 5년 만기의 차입금

19 ㈜삼일은 전기에 발행한 사채를 당기에 중도상환하였다. 다음 자료를 이용하여 당기 손익계산서에 계상될 사채상환손익을 계산하면 얼마인가?

ㄱ. 사채 액면금액	5,000,000원
ㄴ. 상환시 사채할인발행차금잔액	200,000원
ㄷ. 사채 상환금액	4,500,000원

① 사채상환이익　　300,000원　　② 사채상환이익　　500,000원
③ 사채상환손실　　300,000원　　④ 사채상환손실　　500,000원

20 ㈜삼일은 20X1년 1월 1일 은행으로부터 장기차입금 5,000,000원을 빌리고 3년 뒤 만기에 일시 상환하였다. ㈜삼일이 동 차입금과 관련하여 일자별로 수행해야 할 분개로 옳은 것은(단, 이자율은 10% 이며 이자는 매년 말 1회 지급하는 조건임)?

① 20X1년 1월 1일
  (차) 현금   5,000,000원   (대) 장기차입금   5,000,000원

② 20X1년 12월 31일
  (차) 이자비용   500,000원   (대) 장기차입금   500,000원

③ 20X2년 12월 31일
  (차) 이자비용   500,000원   (대) 현금   500,000원
     장기차입금   5,000,000원   현금   5,000,000원

④ 20X3년 12월 31일
  (차) 이자비용   500,000원   (대) 현금   500,000원
     장기차입금   5,000,000원   현금   5,000,000원

21 20X1년 1월 1일 보통주 500주(1주당 액면금액 500원)를 1주당 600원에 발행하였다. 이 때 발행수수료와 증권인쇄비 등 주식을 발행하기 위하여 직접 발생한 비용 10,000원이 발생하였다. 위 거래를 적절하게 분개한 것으로 옳은 것은?

① (차) 현금   290,000원   (대) 자본금   250,000원
                                  주식발행초과금   40,000원

② (차) 현금   300,000원   (대) 자본금   300,000원

③ (차) 현금   300,000원   (대) 자본금   250,000원
                                  주식발행초과금   50,000원

④ (차) 현금   300,000원   (대) 자본금   250,000원
                                  주식발행초과금   50,000원

   (차) 신주발행손실   10,000원   (대) 현금   10,000원

22 다음 중 괄호 안에 공통으로 들어갈 항목으로 가장 옳은 것은?

> (   )은 자본거래로 인한 자본의 증가분 중 법정자본금(액면금액)을 초과하는 잉여금을 말한다.
> (   )은 자본거래에서 발생하므로 손익계산서를 거치지 않고 자본계정에 직접 가감되는 특징을
> 가지고 있다.

① 자본조정   ② 자본잉여금

③ 기타포괄손익누계액   ④ 이익잉여금

23 다음 중 실현주의에 의한 수익인식 기준에 관한 설명으로 옳은 것은?

① 수익을 실현주의에 따라 인식한다는 것은 현금이 입금되기 전에는 수익을 인식하지
  않는다는 의미이다.

② 수익획득과정이 완료되거나 실질적으로 거의 완료되어야 수익을 인식할 수 있다는
  의미는 거래와 관련된 경제적 의무를 거의 대부분 이행해야 한다는 것이다.

③ 수익획득활동으로 인한 현금 또는 현금청구권을 합리적으로 측정할 수 없는 경우라
  도 거래처의 신용도가 높다면 수익을 인식할 수 있다.

④ 제조업의 경우 실현주의에 의한 수익인식 시점은 제품의 제조 완료시점이다.

24 12월 말 결산법인인 ㈜삼일은 20X1년 5월 1일에 건물을 임대하고 2년 분에 대한 임대료
4,800,000원을 미리 수령하였다. ㈜삼일이 20X1년 ~ 20X3년에 수익으로 인식할 금액은
각각 얼마인가?

	20X1년	20X2년	20X3년
①	0원	2,400,000원	2,400,000원
②	800,000원	2,400,000원	1,600,000원
③	1,600,000원	2,400,000원	800,000원
④	4,800,000원	0원	0원

25 다음 중 부동산 임대업을 주된 영업으로 영위하는 회사의 손익계산서 상 영업외수익에 해당하는 계정과목으로 옳지 않은 것은?

① 유가증권처분이익
② 이자수익
③ 임대료수익
④ 배당금수익

26 다음 중 기업회계기준에서 비용의 인식기준으로 옳은 것은?

① 순액주의
② 수익·비용대응의 원칙
③ 권리의무 확정주의
④ 실현주의

27 다음의 자료를 이용하여 손익계산서에 표시될 매출원가를 계산하면 얼마인가?

기초상품재고액	30,000원	당기총매입가액	250,000원
매입운임	20,000원	매입환출	10,000원
매입할인	30,000원	기말상품재고액	60,000원

① 130,000원
② 140,000원
③ 170,000원
④ 200,000원

28 다음 중 영업이익에 영향을 미치는 계정과목으로만 짝지어진 것은?

① 매출원가, 유형자산처분손실, 사채상환이익
② 상품매출, 대손상각비, 기부금
③ 외화환산손실, 용역매출, 이자수익
④ 제품매출, 세금과공과, 복리후생비

29 결산절차는 예비절차와 결산보고서 작성의 2단계로 이루어진다. 다음 중 예비절차에 해당하지 않는 것은?

① 수정전시산표의 작성　　　　　② 결산수정분개

③ 부속명세서 작성　　　　　　　④ 결산수정분개의 전기

30 ㈜삼일의 시산표가 다음과 같은 경우 전기이월이익잉여금은 얼마인가?

(단위: 원)

차　변	계정과목	대　변
	〈 자　산 〉	
400,000	현금및현금성자산	
1,500,000	매출채권	
350,000	재고자산	
750,000	토　지	
500,000	건　물	
	〈 부　채 〉	
	매입채무	800,000
	차 입 금	1,200,000
	〈 자　본 〉	
	자 본 금	1,000,000
	전기이월이익잉여금	(　　　　)
	매　출	2,500,000
2,000,000	매출원가	
200,000	판매관리비	
	이자수익	100,000
100,000	법인세비용	
5,800,000	합　계	XXXXXXX

① 200,000원　　　　　　　② 500,000원

③ 700,000원　　　　　　　④ 1,000,000원

31 ㈜삼일의 보험료 지급거래와 관련하여 수정전 시산표에는 다음과 같이 반영되어 있다. 결산 수정분개를 통해 적절히 수정할 경우 ㈜삼일의 당기순이익은 어떻게 변경되는가?

> 6월 1일 1년치 보험료 1,200,000원을 선납하고 전액 당기비용으로 처리함
> 12월 31일 상기 거래에 대한 기간 미경과분을 조정하지 아니하였음

① 500,000원 증가   ② 600,000원 증가

③ 700,000원 증가   ④ 1,200,000원 증가

32 다음 중 수익의 이연과 관련 있는 계정과목으로 옳은 것은?

① 매입채무   ② 선수임대료

③ 미수금   ④ 선급이자

33 다음 중 손익계정 및 재무상태표 계정의 마감에 관한 설명으로 옳은 것은?

① 집합손익계정의 차변에는 수익계정의 잔액을, 대변에는 비용계정의 잔액을 기록한다.
② 장부를 마감하게 되면 손익계정과 재무상태표계정 모두 잔액이 모두 0이 된다.
③ 집합손익계정의 대변과 차변의 차액은 당기순이익(순손실)이 되며 자본조정계정으로 대체한다.
④ 영구계정에 대하여 해당 계정의 반대편에 차기이월이라고 기재한다.

34 다음 중 기업이 공인회계사로부터 회계감사를 받는 주된 이유로 가장 옳은 것은?

① 투자 가치가 있는 견실한 기업임을 외부 전문가로부터 확인받기 위해
② 기업의 회계부서에서 재무제표를 작성하는 방대한 작업을 지원받기 위해
③ 재무제표의 공정성과 신뢰성에 대해 독립된 전문가로부터 의견을 받기 위해
④ 주주 등의 외부이해관계자들에 대한 경영자의 재무보고책임을 회계전문가에게 위탁하기 위해

35 회사의 외부감사인은 감사보고서에 재무제표에 대한 의견을 표명하게 되는데, 이를 감사의견이라고 한다. 다음 중 감사의견의 종류로 옳지 않은 것은?

① 제한의견　　　　　　　　　　② 적정의견

③ 의견거절　　　　　　　　　　④ 부적정의견

36 여유 자금을 이용하여 만기가 5년 남아 있는 장기차입금을 조기상환하는 경우, 유동비율과 부채비율에 미치는 영향을 옳게 짝지은 것은?

	유동비율	부채비율
①	증가	감소
②	불변	불변
③	불변	증가
④	감소	감소

37 다음 자료를 이용하여 20X1년 매출채권회수기간을 계산하면 얼마인가?

ㄱ. 매출액(20X1년)	6,000,000원
ㄴ. 매출원가(20X1년)	5,000,000원
ㄷ. 20X1년 평균매출채권	500,000원
ㄹ. 20X1년 평균재고자산	420,000원
ㅁ. 1년은 360일로 가정한다.	

① 20일　　　　　　　　　　② 30일

③ 45일　　　　　　　　　　④ 60일

38 다음은 ㈜삼일의 재무실적 발표를 앞두고 나눈 토론 내용이다. 올바른 의견을 제시한 사람은 누구인가?

> 김부장 : 부채비율이 전기에 비해 증가하고 있는 것으로 보아 채무불이행 위험이 감소하고 있는 것으로 보이네요.
>
> 이차장 : 당기순이익률이 전기에 비해 증가하였으므로 회사의 수익성이 악화되었다고 볼 수 있겠네요.
>
> 박과장 : 매출채권회전율이 전기에 비해 증가한 것으로 보아 대금회수가 잘된 것으로 보입니다.
>
> 황대리 : 재고자산 평균회전기간이 전기에 비해 감소한 것으로 보아 재고의 판매속도가 느려졌다고 볼 수 있죠.

① 김부장   ② 이차장
③ 박과장   ④ 황대리

39 다음은 ㈜삼일의 20X1년 손익계산서의 일부이다.

매 출 액	?
매 출 원 가	?
매 출 총 이 익	?
판매비와관리비	?
영 업 이 익	750,000원
영 업 외 수 익	250,000원
영 업 외 비 용	150,000원
세 전 이 익	850,000원
법 인 세 비 용	250,000원
당 기 순 이 익	600,000원

영업이익률은 15%, 매출총이익률은 40%로 확인된다면, ㈜삼일의 20X1년 매출원가 금액을 계산하면 얼마인가?

① 1,250,000원   ② 2,000,000원
③ 3,000,000원   ④ 3,500,000원

40 다음 자료를 이용하여 주당순이익을 계산하면 얼마인가(단, 당기 중 유통보통주식수의 변동은 없다고 가정한다)?

매출액	200,000,000원
당기순이익	20,000,000원
보통주자본금	5,000,000원
보통주 1주당 액면금액	500원
보통주 1주당 시가	2,500원

① 2,000원 　　　　　② 5,000원

③ 7,500원 　　　　　④ 10,000원

01 회계는 산출되는 정보의 유형에 따라 재무회계와 관리회계로 구분된다. 다음 중 관리회계에 관한 설명으로 옳은 것을 모두 고르시오.

> ㄱ. 주로 회사 외부의 이해관계자들에게 재무정보를 제공하는 것을 그 목적으로 한다.
> ㄴ. 세무서에 과세를 위한 정보를 제공한다.
> ㄷ. 정해진 법규나 규정을 준수하지 않을 경우 제재가 있을 수 있다.
> ㄹ. 회계의 목적 상 기업 전체보다 사업부별 정보가 보다 유용하게 활용될 수 있다.
> ㅁ. 보고는 정해진 주기에 의하기 보다는 정보이용자의 필요 또는 요구 시에 이루어진다.

① ㄱ, ㄴ, ㄷ   ② ㄴ, ㄹ, ㅁ

③ ㄴ, ㄷ   ④ ㄹ, ㅁ

02 다음 중 부기(Book keeping)에 관한 설명으로 옳은 것은?

① '부기'는 장부기입이라는 어원에서 만들어진 용어로서, '회계'보다는 넓은 개념이다.
② 단식부기는 기록이 쉽고 간단하며 기록 상의 오류에 대한 자기검증 기능을 가진다는 장점이 있다.
③ 복식부기는 재무상태표 및 손익계산서 구성요소의 변화내역을 기록하는 것이다.
④ 복식부기에 의하면 자산의 증가를 수반하는 수익의 증가는 차변에, 부채의 증가를 수반하는 비용의 증가는 대변에 기록된다.

03 다음의 회계순환과정(Accounting cycle) 중 빈칸에 들어갈 용어가 순서대로 옳게 나열된 것은?

> 거래의 인식 - (ㄱ) - (ㄴ) - (ㄷ) - (ㄹ) - 계정의 마감 - 재무제표

	(ㄱ)	(ㄴ)	(ㄷ)	(ㄹ)
①	분개장	총계정원장	시산표	정산표
②	총계정원장	분개장	시산표	정산표
③	분개장	총계정원장	정산표	시산표
④	총계정원장	분개장	정산표	시산표

04 다음 각각의 단일거래를 하나의 분개로 나타낼 때, 거래 8요소 상의 결합관계가 다른 하나를 고르시오.

① 금융기관으로부터 운영자금 1억원을 차입하다.
② 전기에 기계장치 취득과 관련하여 발생했던 미지급금 5,000만원을 지급하다.
③ 상품 2,000만원을 2개월 이내 대금지급 조건으로 매입하다.
④ 매도가능증권 1,000만원의 취득대금을 단기차입금 실행을 통해 지급하다.

05 다음 자료를 통해 (ㄱ) ~ (ㄹ)을 각각 계산하면 얼마인가(단, 기중에 자본거래는 없다고 가정한다)?

(단위: 원)

기초자산	기초부채	기초자본	기말자산	기말부채	기말자본	총수익	총비용	순이익
1,800	(ㄱ)	1,200	(ㄴ)	400	(ㄷ)	(ㄹ)	900	400

	(ㄱ)	(ㄴ)	(ㄷ)	(ㄹ)
①	600	2,000	1,600	900
②	600	2,000	1,600	1,300
③	600	1,400	1,400	1,300
④	700	1,400	1,400	1,300

06 다음은 ㈜삼일의 임대료수익 계정별원장을 나타낸 것이다. 계정별원장의 기록에 관한 설명으로 옳은 것은(단, ㈜삼일의 회계기간은 1월 1일 ~ 12월 31일이며, 매월의 임대료는 균일하게 발생한다)?

선수수익			
12/31 임대료	45,000원	4/1 현 금	60,000원

① 회사의 1개월분 임대료는 5,000원이며 재무상태표에 인식되는 차기 이연수익은 15,000원이다.

② 회사의 임대료는 실현주의 요건에 따라 손익계산서에 15,000원으로 인식한다.

③ 회사는 최초 수익계정을 이용하여 회계처리하였고 결산조정을 통해 부채계정을 인식하였다.

④ 회사의 선수수익은 차기에 임대서비스를 제공할 의무이므로 결산일 기준 재무상태표에 60,000원으로 인식한다.

07 다음 중 현금흐름표상 구분하여 보고하는 기업의 활동으로 옳지 않은 것은?

① 영업활동   ② 투자활동

③ 재무활동   ④ 생산활동

08 삼일은행에 당좌예금통장(당좌차월 100,000원)을 개설하고, 현금 150,000원을 예금한 경우의 회계처리로 옳은 것은?

①	(차) 당좌예금	150,000원	(대) 현금		150,000원
②	(차) 당좌예금	250,000원	(대) 현금		150,000원
				차입금	100,000원
③	(차) 당좌예금	100,000원	(대) 현금		100,000원
④	회계처리 없음				

09 회사가 다음과 같은 성격의 유가증권을 보유하고 있는 경우 기업회계기준상 분류로 옳은 것은?

> ㄱ. 채무증권
> ㄴ. 만기 및 상환금액 확정
> ㄷ. 만기까지 보유할 적극적인 의도와 능력이 존재하지 않음
> ㄹ. 단기간 내의 매매차익을 목적으로 취득하지 않음

① 단기매매증권   ② 매도가능증권

③ 만기보유증권   ④ 단기금융상품

10 다음 중 재고자산에 관한 설명으로 옳은 것은?

① 선적지 인도조건인 경우에는 상품의 출발지와 목적지의 중간지점을 지나는 순간 소유권이 매입자에게 이전된다.

② 아직 생산에 투입하지 않은 원재료는 재고자산에서 제외된다.

③ 재고자산이란 영업활동 과정에서 판매를 목적으로 보유하고 있는 자산이다.

④ 재고자산의 취득원가에는 매입가액에 매입부대비용을 포함하며, 환급이 가능한 수입관세는 매입부대비용에 포함된다.

11 다음 중 재고자산 평가방법에 관한 설명으로 옳지 않은 것은?

① 개별법은 특수기계 주문제작과 같이 재고자산의 종류가 적고 제품별로 원가를 식별할 수 있을 때 사용되는 방법이다.

② 이동평균법을 적용할 경우 매출원가의 결정을 기말 시점까지 미루지 않는다.

③ 선입선출법을 적용할 경우 매출원가는 최근에 구입한 상품의 원가로 구성된다.

④ 물가가 상승하고 있을 때 선입선출법을 적용하면 평균법에 비해 일반적으로 매출원가가 적게 계상된다.

12 다음 중 ㈜삼일의 재고자산과 관련된 재무제표의 주석에 대한 설명으로 옳지 않은 것은?

재무제표에 대한 주석

제 2기 : 20X2년 12월 31일 현재
제 1기 : 20X1년 12월 31일 현재

㈜삼일
10. 재고자산

보고기간종료일 현재 재고자산의 내역은 다음과 같습니다.

(단위: 원)

구분	평가전 금액	평가충당금	장부금액
제품	1,200,000	(80,000)	1,120,000
재공품	2,200,000	(250,000)	1,950,000
원재료	1,750,000	(150,000)	1,600,000
저장품	150,000	–	150,000
계	5,300,000	(480,000)	4,820,000

---

① ㈜삼일의 보고기간종료일 현재 재무상태표에 계상되는 재고자산 순액은 4,820,000 원이다.

② ㈜삼일이 보고기간종료일 현재 소모품, 수선용 부분품 등으로 보유한 재고자산의 금액은 150,000원이다.

③ ㈜삼일의 보고기간종료일 현재 제품과 재공품의 취득원가는 3,400,000원이다.

④ ㈜삼일이 보고기간종료일 현재 보유한 재고자산의 시가가 차기 이후에 회복되더라도 재고자산평가손실충당금은 환입될 수 없다.

13 다음 설명의 빈 칸에 들어갈 말로 올바르게 짝지어진 것은?

> 투자의 목적 또는 비영업용으로 소유하는 토지와 건물은 (ㄱ)으로 분류되고, 영업활동이나 제조활동에의 사용을 위하여 보유하고 있는 토지와 건물은 (ㄴ)으로 분류된다.

	ㄱ	ㄴ
①	당좌자산	유동자산
②	재고자산	당좌자산
③	유형자산	기타비유동자산
④	투자부동산	유형자산

14 ㈜삼일은 12월 말 결산법인이며, 20X1년 10월 1일 1,200,000원에 기계장치를 구입하였다. 동 기계장치의 내용연수는 4년, 잔존가치는 200,000원으로 추정되었다. ㈜삼일이 정액법으로 감가상각할 경우, 20X2년 12월 말 현재 감가상각누계액을 계산하면 얼마인가 (단, 감가상각비는 월할계산한다)?

① 62,500원   ② 250,000원
③ 312,500원   ④ 375,000원

15 다음은 ㈜코리아가 최근에 인수합병한 사업과 관련된 신문기사이다. ㈜코리아의 회계팀은 동 사건과 관련하여 어떻게 회계처리를 해야 할지 토론을 하고 있다. 옳지 않은 주장을 한 사람은 누구인가?

> ㈜팔라우는 지난달 한국계 자동차회사인 ㈜코리아에 자동차 제조사업부문을 2조원에 팔았다. 그러나 ㈜팔라우가 넘긴 자동차 제조사업부문의 순자산의 공정가치는 약 8천억원에 불과하다.
>
> 김삼일 : 우리회사가 이번에 ㈜팔라우로부터 자동차 제조사업부문을 인수합병하기 위해 지급한 총 2조원을 회계처리 해야 합니다. 어떻게 처리해야 할까요?
>
> 김부장 : 일단 우리가 인수한 순자산의 공정가치는 8천억원인데 2조원을 지급하였으니 추가로 지급한 1.2조원이 자산의 인식요건을 충족한다면 자산으로 기록해야 하겠지요.
>
> 이차장 : 순자산공정가치보다 더 지급한 금액은 손실로 처리하지 않고 무형자산 중 영업권으로 처리하는 것이 원칙입니다.
>
> 박과장 : ㈜팔라우의 자동차 브랜드가치는 매우 높으니 영업권은 당분간 상각하지 않고 1.2조원 그대로 장부상 무형자산으로 기록하면 되겠네요.
>
> 정대리 : 우리가 인수한 자동차 제조사업부문의 유형자산은 주로 공장건물, 기계장치, 공구와 기구로 구성되어 있습니다. 비록 일시에 인수합병으로 취득하였지만, 개별자산별로 각각 내용연수를 추정하여 감가상각하여야 할 것입니다.

① 김부장   ② 이차장
③ 박과장   ④ 정대리

16 다음 중 기타비유동자산에 관한 설명으로 옳지 않은 것은?

① 임차보증금은 타인의 물건 임차시 임차거래 및 사용 관련 손해 행위에 대한 담보로 제공하는 금액을 말한다.

② 이연법인세자산은 회계와 세법의 차이로 인하여 발생하는 미래의 세금 부담액을 말한다.

③ 장기매출채권은 주된 영업활동에서 발생하였으나, 1년 이내 또는 정상적인 영업주기 이내에 회수가 어려운 채권을 말한다.

④ 장기미수금은 주된 영업 이외의 활동에서 발생하였으며, 1년 이내에 회수가 어려운 채권을 말한다.

17 ㈜삼일의 시산표에서 다음과 같은 오류가 발견되었다. 이에 대한 수정분개로 옳은 것은?

> 원재료 200,000원을 외상매입하였으나, 수표를 발행하여 지급한 것으로 기입하였다.

① (차) 당좌예금   200,000원   (대) 외상매입금   200,000원

② (차) 외상매입금   200,000원   (대) 당좌예금   200,000원

③ (차) 외상매입금   200,000원   (대) 원재료   200,000원

④ (차) 원재료   200,000원   (대) 당좌예금   200,000원

18 다음은 ㈜삼일의 20X1년 말 재무제표에 공시된 계정 잔액 중 일부를 나열한 것이다. 다음 자료를 이용하여 유동부채 금액을 계산하면 얼마인가?

미수금	1,000원	선수금	1,000원
미지급금	1,500원	예수금	1,500원
선수수익	1,000원	선급금	1,000원
선급비용	1,500원	받을어음	1,500원

① 3,500원   ② 5,000원

③ 6,000원   ④ 7,500원

19 다음 중 사채와 주식의 비교 설명으로 옳지 않은 것은?

① 자본금은 감자나 해산절차 등의 절차를 밟지 않는 한 반환되지 않으며, 사채는 만기 이전에는 상환되지 않는다.

② 사채권자는 주주와 달리 이익발생 여부와 관계없이 확정적인 이자를 지급받는다.

③ 회사 해산시에 사채권자는 타채권자와 동등한 순위를 갖지만, 주주는 잔여재산에 대하여만 청구권을 가진다.

④ 사채권자는 경영참가권이 없으나, 주주는 주주총회에서 의결권이 있다.

20 다음 중 퇴직급여충당부채 관련 회계처리에 관한 설명으로 옳지 않은 것은?

① 퇴직금은 '퇴직급여 보장에 관한 법률'이나 회사의 내부규정에 따라 지급하는데 기본적인 계산구조는 '평균급여×근속연수'이다.

② 퇴직급여충당부채는 기말시점으로부터 1년 내에 지급될 것으로 예측되는 부분과 그렇지 않은 부분을 구분하지 않고 전액 비유동부채로 계상한다.

③ 기초 퇴직급여충당부채에서 당기 퇴직한 종업원에게 실제로 지급한 퇴직금을 차감한 잔액과 당기말 퇴직급여충당부채로 설정되어야 할 금액과의 차액을 당기 퇴직급여로 계상한다.

④ 재무상태표에 계상할 퇴직급여충당부채는 지급하여야 할 퇴직금을 종업원의 미래 예상 퇴직시점 기준으로 추정한 금액으로 한다.

21 다음 자본계정 중 그 분류가 다른 하나는 무엇인가?

① 자기주식

② 감자차익

③ 자기주식처분이익

④ 주식발행초과금

22 당기에 설립된 ㈜삼일의 다음 거래가 재무상태표상 자본항목에 미치는 영향에 관한 설명으로 옳은 것은?

> ㄱ. 액면금액 5,000원의 주식 100주를 1주당 10,000원에 발행하였다.
> ㄴ. 미처분이익잉여금 1,000,000원을 현금으로 배당하였다.

	자본금	자본조정	이익잉여금
①	증가	증가	증가
②	증가	불변	감소
③	불변	증가	감소
④	불변	불변	불변

23 다음 중 수익에 관한 설명으로 옳지 않은 것은?

① 통상적인 경영활동 및 자본거래에서 발생하는 경제적 효익의 총유입을 의미한다.
② 대가를 현금 이외의 자산으로 받는 경우 수익은 취득한 자산의 공정가치로 측정한다.
③ 매출에누리나 매출할인은 수익측정 시 차감한다.
④ 재화를 판매한 경우 수익금액을 신뢰성 있게 측정할 수 있고 경제적 효익의 유입가능성이 높을 때 인식한다.

24 다음 건설공사와 관련하여 20X2년에 인식해야 할 공사수익을 계산하면 얼마인가?

> 가. 공사기간 : 20X1년 1월 1일 ~ 20X4년 12월 31일 (4년)
> 나. 총도급금액 : 30,000,000원
> 다. 총공사예정원가 : 22,000,000원
> 라. 20X1년 발생 공사원가 : 5,280,000원
> 　　20X2년 발생 공사원가 : 5,720,000원

① 5,000,000원
② 7,200,000원
③ 7,800,000원
④ 15,000,000원

25 다음 중 괄호 안에 들어갈 단어로 옳은 것은?

> 상품을 판매하고 판매대금 10,000,000원 중 2,000,000원만 현금으로 수령한 경우에도 10,000,000원 전액을 매출로 계상하여야 한다. 이와 같이 회계처리를 하는 것은 (　　　)에 근거한 회계처리 방법이다.

① 보수주의
② 현금주의
③ 중요성
④ 발생주의

26 다음 중 영업외수익에 해당하는 계정과목에 관한 설명으로 옳지 않은 것은?

① 자산수증이익 : 주주나 채권자로부터 회사 채무의 전부 또는 일부를 면제받은 경우 그 금액

② 사채상환이익 : 사채를 상환함에 따라 발생하는 이익

③ 외환차익 : 외화자산의 회수나 외화부채의 상환 시에 발생하는 이익

④ 잡이익 : 금액적으로 중요하지 않거나 그 항목이 구체적으로 밝혀지지 않은 이익

27 다음 중 비용에 관한 설명으로 옳지 않은 것은?

① 주된 영업활동에서 발생한 비용 중 매출액과 직접 대응되는 원가를 매출원가로 처리한다.

② 주된 영업활동 이외의 보조적 또는 부수적인 활동에서 발생하는 비용은 영업외비용으로 처리한다.

③ 판매활동 및 회사의 유지·관리활동과 관련된 비용은 판매비와관리비로 처리한다.

④ 당기 법인세부담액으로 인한 비용은 영업비용으로 처리한다.

28 다음은 자동차 부품 제조업을 영위하는 ㈜삼일의 비제조원가 발생항목 중 일부이다. 동 자료에 의해 판매비와관리비에 포함될 금액을 계산한 것으로 옳은 것은?

퇴직급여	10,000원	접대비	20,000원	연구비	15,000원
기부금	5,000원	외화환산손실	16,000원	이자비용	3,000원

① 35,000원

② 45,000원

③ 46,000원

④ 50,000원

29 다음 자료를 이용하여 결산절차를 순서대로 나열한 것으로 옳은 것은?

가. 장부를 마감한다.	나. 기말 수정분개를 한다.
다. 수정전시산표를 작성한다.	라. 수정후시산표를 작성한다.
마. 재무제표를 작성한다.	

① 다 → 마 → 나 → 라 → 가　　② 나 → 다 → 가 → 라 → 마

③ 다 → 나 → 라 → 가 → 마　　④ 나 → 다 → 라 → 마 → 가

30 다음 중 시산표를 통해 검증할 수 있는 오류의 유형으로 옳은 것은?

① 30,000,000원의 매출거래 1건을 누락함

② 소모품비 500,000원을 접대비로 인식함

③ 급여 100,000원을 현금으로 지급하면시 1,000,000원의 비용을 인식합

④ 거래처 외상매입 2,000,000원에 대한 전표를 중복 발행함

31 ㈜삼일의 시산표가 다음과 같은 경우 판매비와관리비는 얼마인가?

(단위: 원)

차　변	계정과목	대　변
	〈 자　산 〉	
600,000	현금및현금성자산	
1,000,000	매출채권	
450,000	재고자산	
550,000	토　지	
400,000	건　물	
	〈 부　채 〉	
	매입채무	800,000
	차 입 금	1,000,000
	〈 자　본 〉	
	자 본 금	800,000
	전기이월이익잉여금	200,000
	매　출	3,500,000
3,000,000	매출원가	
(　　　)	판매비와관리비	
	이자수익	200,000
100,000	법인세비용	
XXXXXXX	합　계	6,500,000

① 100,000원 ② 200,000원

③ 300,000원 ④ 400,000원

32 다음은 ㈜삼일의 보험료와 관련된 미지급비용 계정에 관한 설명이다. 미지급비용의 기초잔액이 50,000원, 결산 수정분개 후 기말잔액은 100,000원, 손익계산서상 보험료는 200,000원일 때 ㈜삼일이 당기에 지급한 보험료 금액은 얼마인가?

① 100,000원 　　　　　　　② 150,000원

③ 200,000원 　　　　　　　④ 250,000원

33 ㈜삼일은 20X1년 6월 30일 해외은행으로부터 $100,000를 차입하였으며 당기 말 현재 아직 상환하지 않았다. 상기 차입금과 관련한 환율이 아래와 같을 때 결산 시 손익계산서에 반영될 외화환산손익은 얼마인가?

> 20X1년 6월 30일 : 1,020원 / 1$
> 20X1년 12월 31일 : 1,060원 / 1$

① 외화환산이익 2,000,000원 　　② 외화환산이익 4,000,000원

③ 외화환산손실 2,000,000원 　　④ 외화환산손실 4,000,000원

34 다음 중 금융감독원 전자공시시스템을 통해 입수할 수 있는 정보로 옳지 않은 것은?

① 회계감사를 받은 공시된 재무제표

② 기업내부경영전략보고서

③ 사업보고서

④ 감사보고서

35 다음 신문기사의 괄호 안에 들어갈 감사의견으로 옳은 것은?

이모씨는 각종 계약서를 위조하는 등의 수법으로 A사의 당기순손실 150억원을 '0'원으로 둔 갑시켰다. 당초 (ㄱ)이라고 적혔던 감사보고서도 A사에 더 유리한 (ㄴ)으로 바뀌었다.

(ㄱ)은 회사의 장부기재가 부실하거나 감사인에게 자료제출을 거부하는 등 감사범위의 제한이 특히 중요하고 전반적이어서 충분하고 적합한 감사증거를 확보할 수 없는 경우에 표명하는 감사의견이다. (ㄱ)을 받으면 상장기업의 경우 상장폐지 사유에 해당하게 된다.

(ㄴ)은 재무제표가 기업회계기준에 따라 중요성의 관점에서 적정하게 표시되고 있다고 판단했을 경우 표명하게 된다.

즉, (ㄱ)을 받아 상장폐지 사유가 발생해야 하는 A사는 감사의견이 (ㄴ)으로 바뀜에 따라 상장폐지를 면할 수 있었던 것이다.

	(ㄱ)	(ㄴ)
①	의견거절	적정의견
②	부적정의견	한정의견
③	한정의견	부적정의견
④	의견거절	한정의견

36 다음 자료를 이용하여 당좌비율과 유동비율을 각각 계산하면 얼마인가?

현금및현금성자산	200,000원	매입채무	400,000원
매출채권	350,000원	단기차입금	600,000원
단기매매증권	200,000원	퇴직급여충당부채	600,000원
재고자산	650,000원	사채(당기발행, 3년만기)	1,000,000원
건물	1,000,000원		
영업권	600,000원		

	당좌비율	유동비율
①	55%	120%
②	55%	140%
③	75%	120%
④	75%	140%

37 ㈜삼일의 20X1년 1월 1일의 매출채권 잔액은 20,000,000원이었고, 20X1년 12월 31일의 매출채권 잔액은 25,000,000원이었다. 20X1년 ㈜삼일의 매출이 90,000,000원, 매출원가는 60,000,000원일 경우, ㈜삼일의 매출채권회수기간은 얼마인가(단, 일년은 360일로 가정하며, 기초매출채권과 기말매출채권의 평균금액을 기준으로 산정한다)?

① 90일   ② 120일

③ 180일   ④ 240일

38 다음 거래 중 부채비율이 낮아지는 거래로 옳은 것은?

① 외상매출금을 어음으로 회수한 경우
② 외상매입금 거래처로부터 채무를 면제 받은 경우
③ 장기차입금의 만기일이 결산일로부터 1년 이후로 연장된 경우
④ 주주총회에서 이익잉여금을 현금배당으로 처분할 것을 결의한 경우

39 다음 자료에 의하여 당기의 매출액을 계산하면 얼마인가(단, 영업외수익은 없으며 매출총이익률은 40%임)?

ㄱ. 판매비와관리비	420,000원
ㄴ. 영업외비용	100,000원
ㄷ. 법인세비용차감전순이익	600,000원

① 2,000,000원   ② 2,500,000원

③ 2,800,000원   ④ 3,000,000원

40 다음 자료를 이용하여 주당순이익을 계산하면 얼마인가(단, 당기 중 유통보통주식수의 변동은 없다고 가정한다)?

매출액	400,000,000원
당기순이익	60,000,000원
보통주자본금	10,000,000원
보통주 1주당 액면금액	500원
보통주 1수당 시가	1,000원

① 2,000원   ② 2,500원

③ 3,000원   ④ 6,000원

01 다음 중 재무상태표 작성기준에 대하여 옳은 설명을 한 사람은 누구인가?

① 철수 : 동일한 거래처에 매출채권과 매입채무가 동시에 있는 경우, 원칙적으로 순액으로 표시하지 않고 총액으로 표시해야 합니다.

② 영수 : 건물은 보유목적과 관계없이 유형자산으로 분류해야 합니다.

③ 지현 : 재무상태표는 금액이 큰 자산의 순서로 보여주어야 합니다.

④ 미영 : 손익거래에서 발생한 잉여금은 자본잉여금으로 구분해야 합니다.

02 다음 중 현금흐름표에 관한 설명으로 옳지 않은 것은?

① 현금흐름표는 일정기간 동안의 기업의 현금흐름과 일정시점의 현금보유액을 나타내는 재무제표이다.

② 현금의 흐름은 생산활동, 재무활동, 투자활동으로 구분하여 보고한다.

③ 재무활동이란 현금의 차입 및 상환활동, 신주발행이나 배당금의 지급활동과 같이 부채 및 자본계정에 영향을 미치는 거래이다.

④ 투자활동이란 현금의 대여와 회수활동, 유가증권·투자자산·유형자산 및 무형자산의 취득과 처분활동 등을 말한다.

03 ㈜삼일의 자산은 기초에 70,000원이었고, 기말에는 기초대비 10,000원이 증가하였다. 기말부채는 37,500원, 당기순이익은 7,500원이며 현금배당액이 3,000원이었다. ㈜삼일의 기초자본을 구하면 얼마인가?

① 36,000원 ② 38,000원

③ 40,000원 ④ 42,000원

04 다음 대화에서 언급된 상황 중 회계상 거래에 해당하지 않는 것은?

> 유부장 : 지난 달 화재로 인해 공장에 보관 중이던 상품들과 기계장치가 소실되는 사건이 발생
> 했습니다. 이로 인해 우리 회사가 많은 금전적 피해를 입었습니다.
> 박차장 : 예, 그렇습니다. 그에 따른 피해를 신속하게 복구하기 위해 최선을 다하고 있으며 소
> 실된 제품을 재생산하기 위해 원재료 500만원을 외상으로 구입하였습니다.
> 노대리 : 기계장치 또한 새로 구입했으며 자금사정이 여의치 않은 관계로 대금의 일부만 먼저
> 지급하였습니다.
> 하사원 : 회사의 신속한 업무 정상화 및 제품 생산활동의 촉진을 위하여 직원 5명을 신규로 채
> 용하였습니다.

① 유부장　　　　　　　　　　　② 박차장
③ 노대리　　　　　　　　　　　④ 하사원

05 다음 중 복식부기의 원리에 의하여 회계상의 거래로 나타날 수 없는 것은?

① 부채의 감소와 부채의 증가　　　② 자산의 증가와 자본의 증가
③ 자산의 감소와 수익의 발생　　　④ 비용의 발생과 부채의 증가

06 다음은 회계소프트웨어를 개발하는 ㈜삼일의 거래를 나열한 것이다. 옳지 않은 것은?

① 종업원 급여 15,000원을 현금으로 지급하였다.
　　(차) 급　　　여　　　　　15,000원　　(대) 현　　　금　　　　　　15,000원

② 프로그램용역을 제공하고 용역제공대가 20,000원은 다음 달에 받기로 하였다.
　　(차) 매출채권　　　　　　20,000원　　(대) 매　　　출　　　　　　20,000원

③ 컴퓨터를 70,000원에 외상으로 구입하였다.
　　(차) 유형자산　　　　　　70,000원　　(대) 외상매입금　　　　　　70,000원

④ 다음 달의 추가적인 자금사용에 대비하여 은행에서 현금 20,000원을 차입하였다.
　　(차) 현　　　금　　　　　20,000원　　(대) 차　입　금　　　　　　20,000원

07 ㈜삼일의 아래 세부 계정잔액 정보를 이용하여 기말 재무상태표에 표시될 계정과목과 금액을 산정한 것으로 옳은 것은?

외상매출금	40,000원	지급어음	100,000원
타인발행수표	100,000원	당좌예금	50,000원
외상매입금	70,000원		

① 현금및현금성자산 150,000원 ② 매출채권 140,000원

③ 매입채무 120,000원 ④ 당좌자산 290,000원

08 다음은 ㈜삼일의 재무정보이다. ㈜삼일이 기말 결산시 인식해야 하는 대손상각비는 얼마인가?

㈜삼일의 기말 매출채권 잔액은 200,000원이고, 기말 대손추계액은 3,000원이다. 한편 기말 결산 전의 대손충당금 잔액은 2,000원이다.

①   0원 ② 1,000원

③ 2,000원 ④ 3,000원

09 다음은 12월 31일이 결산일인 ㈜삼일의 단기매매증권 거래내역이다. 20X1년 해당 단기매매증권과 관련하여 손익계산서에 인식하여야 할 총 금액을 계산하면 얼마인가?

ㄱ. 20X1년 5월 1일 : ㈜용산의 주식 1,000주를 주당 1,500원에 취득하였다.

ㄴ. 20X1년 7월 1일 : ㈜용산의 주식 500주를 주당 1,300원에 처분하였다.

ㄷ. 20X1년 12월 31일 : 주당 공정가치가 1,600원인 ㈜용산의 주식 500주를 계속 보유중이다.

①   0원 ② 손실 50,000원

③ 이익 50,000원 ④ 손실 100,000원

10 다음은 ㈜삼일이 투자 목적으로 취득한 A사 주식에 관한 내용이다. 동 유가증권이 ㈜삼일의 20X2년 당기손익에 미치는 영향을 계산하면 얼마인가?

> ㄱ. 20X1년 중 주식 120주를 총 3,000,000원에 취득하고 매도가능증권으로 분류하였다.
>
> ㄴ. 20X1년 말 동 주식을 공정가치로 평가하고 총 360,000원의 평가이익을 인식하였다.
>
> ㄷ. 20X2년 중 80주를 주당 23,000원에 처분하였다.
>
> ㄹ. 20X2년 말 잔여 주식 40주에 대하여 총 120,000원의 평가손실을 인식하였다.

① 손실 80,000원   ② 손실 160,000원

③ 이익 80,000원   ④ 이익 160,000원

11 다음 중 기말재고자산의 단가를 결정하기 위한 원가의 흐름에 대한 가정으로 적절하지 않은 것은?

① 정률법   ② 선입선출법

③ 가중평균법   ④ 개별법

12 다음 중 재고자산에 관한 설명으로 옳은 것은?

① 도소매업을 영위하는 회사의 주요 재고자산은 제품, 원재료, 저장품 등으로 구성된다.

② 기업의 활동 분류(영업, 투자, 재무)를 불문하고 판매를 목적으로 보유하고 있다면 재고자산에 해당한다.

③ 시송품의 경우 해당 상품에 대한 점유가 이전된 시점부터 매입자의 재고자산에 포함된다.

④ 재고자산의 원가를 판매분과 미판매분으로 배분하는 방법에 따라 기업의 재무상태와 경영성과가 달라질 수 있다.

13 당기 상품 매출원가가 400,000원이고, 당기 중 상품 매입액이 300,000원인 경우 기말상품재고액은 기초상품재고액에 비하여 어떻게 변화하였는가?

① 기말상품재고액은 기초와 동일하다.

② 기말상품재고액은 기초에 비하여 700,000원 증가하였다.

③ 기말상품재고액은 기초에 비하여 100,000원 증가하였다.

④ 기말상품재고액은 기초에 비하여 100,000원 감소하였다.

14 아래 내용의 괄호안에 알맞은 단어와 관련 계정과목이 적절하게 짝지어진 것은?

> 비유동자산은 (   ), 유형자산, 무형자산, 기타비유동자산으로 구분된다.

① 투자자산 - 지분법적용투자주식　　② 투자자산 - 단기금융상품

③ 재고자산 - 재공품　　④ 당좌자산 - 기계장치

15 다음 중 ㈜삼일의 현금및현금성자산 관련 거래들을 분개한 것으로 옳지 않은 것은?

①　장부금액이 700,000원인 단기매매증권을 900,000원에 처분하였다.

(차) 현금및현금성자산　　900,000원　　(대) 단기매매증권　　700,000원

단기매매증권처분이익　　200,000원

②　장부금액이 200,000원(취득금액 300,000원)인 기계장치를 100,000원에 처분하였다.

(차) 현금및현금성자산　　100,000원　　(대) 기계장치　　200,000원

유형자산처분손실　　100,000원

③　유상증자(액면발행)를 통하여 현금 500,000원을 조달하였다.

(차) 현금및현금성자산　　500,000원　　(대) 자본금　　500,000원

④　당좌수표를 발행하여 외상매입금 200,000원을 지급하였다.

(당좌예금 잔액 150,000원, 당좌차월 한도 300,000원)

(차) 외상매입금　　200,000원　　(대) 현금및현금성자산　　150,000원

단기차입금　　50,000원

16 다음 중 무형자산으로 분류될 수 있는 것은?

① 저장품
② 경상연구개발비
③ 내부창출영업권
④ 산업재산권

17 다음 세부 계정잔액 자료를 이용하여 일반기업회계기준에 따른 재무상태표 상 기타비유동 자산으로 공시될 합계 금액을 계산한 것으로 옳은 것은?

ㄱ. 임대보증금	5,000,000	ㄴ. 장기미수금	3,000,000
ㄷ. 이연법인세자산	2,500,000	ㄹ. 구축물	4,500,000
ㅁ. 소프트웨어	1,500,000	ㅂ. 매출채권	2,000,000

① 2,500,000원
② 4,500,000원
③ 5,500,000원
④ 10,500,000원

18 다음에서 설명하고 있는 (가)계정과목의 명칭으로 옳은 것은?

차입당시 3년 동안 차입하기로 하였지만 기간이 경과함에 따라 상환기일이 보고기간 종료일로 부터 1년 이내로 도래하게 되면 이를 (가)과목으로 대체한다.

① 단기차입금
② 장기차입금
③ 미지급금
④ 유동성장기부채

19 다음 중 회계 사건별로 채권자와 채무자 각각의 재무상태표 계정을 연결한 것으로 옳지 않은 것은?

	회계사건	채권자계정	채무자계정
①	상품의 인수·인도 전에 상품대금을 지급 또는 수령한 경우	미수금	미지급금
②	1년치 임차료를 선지급 또는 임대료를 선수한 경우	선급비용	선수수익
③	차용증서에 의해 금전을 빌려주거나 빌려온 경우	대여금	차입금
④	제품을 판매하거나 매입하고 대가를 나중에 수령 또는 지급하기로 한 경우	매출채권	매입채무

20 ㈜삼일이 액면금액 100,000원의 사채를 105,000원에 발행하였을 경우 발행시점의 회계처리로 옳은 것은?

① (차) 현금   105,000원   (대) 사채   100,000원
                                                           사채할인발행차금   5,000원

② (차) 현금   100,000원   (대) 사채   105,000원
          사채할인발행차금   5,000원

③ (차) 현금   105,000원   (대) 사채   100,000원
                                                           사채할증발행차금   5,000원

④ (차) 현금   100,000원   (대) 사채   95,000원
                                                           사채할증발행차금   5,000원

21 다음 중 부채계정의 회계처리에 관한 설명으로 옳은 것은?

① 당기말 현재 전 종업원이 퇴직한다고 가정했을 때 지급할 퇴직금의 50% 이상을 퇴직급여충당부채로 설정한다.

② 차입금의 이자비용은 결산일 현재 도래하지 않았어도 당기 중 발생한 금액을 미지급비용으로 계상한다.

③ 이자, 임대료, 수입수수료 등을 발생시점 이전에 수령했다면 선수금으로 분류한다.

④ 기간이 경과하여 사채의 만기가 재무상태표일로부터 1년 이내에 도래하게 된 경우에도 비유동부채로 계상한다.

22 다음 중 괄호 안에 들어갈 단어로 옳은 것은?

> (   )은 채권자를 보호하고 회사의 재무적 기초를 견고히 하고자 상법의 규정에 의하여 강제적으로 적립하는 법정적립금이다. 주식회사는 자본금의 2분의 1이 될 때까지 매 결산기의 현금배당액의 10분의 1 이상의 금액을 (   )으로 적립하여야 한다.

① 이익준비금 　　　　　　　　　② 대손준비금

③ 사업확장적립금 　　　　　　　④ 기업합리화적립금

23 다음 중 수익의 측정방법에 관한 설명으로 옳은 것을 모두 고르면(단, 현재가치평가는 고려하지 않기로 한다)?

> ㄱ. 대가를 현금이나 현금청구권으로 수취한 경우에는 동 현금이나 현금청구권의 가액을 수익으로 인식한다.
> ㄴ. 매출할인이나 매출에누리가 발생한 경우에는 수익금액에 반영하지 않고 판매비와관리비로 인식한다.
> ㄷ. 토지나 건물 등으로 대가를 수취한 경우에는 제공받은 자산의 공정가치로 수익을 인식한다.

① ㄱ 　　　　　　　　　　　　② ㄱ, ㄴ

③ ㄱ, ㄷ 　　　　　　　　　　④ ㄱ, ㄴ, ㄷ

24 ㈜삼일의 기말수정분개 전 당기순이익은 200,000원이었으나, 결산과정에서 다음 사항들이 누락되어 있음을 발견하였다. 수정 후 당기순이익은 얼마인가?

보험료 선급분	10,000원 계상 누락
임대료 미수분	40,000원 계상 누락
차입금 이자 미지급분	30,000원 계상 누락
대여금 이자 미수분	25,000원 계상 누락

① 235,000원 ② 240,000원
③ 245,000원 ④ 250,000원

25 제조업을 영위하는 ㈜삼일은 20X1년 11월 10일에 $ 1,000 상당의 제품을 외상으로 수출하였고, 관련 채권을 20X2년 1월 5일에 전액 현금으로 수취하였다. 각 시점별 환율이 다음과 같을 때, 동 거래로 인하여 발생하였을 영업외손익 계정과목과 그 금액이 옳게 짝지어진 것은?

20X1년 11월 10일	1,000원 / $
20X1년 12월 31일	1,200원 / $
20X2년 1월 5일	1,100원 / $

① 외화환산손실 100,000원 외환차익 200,000원
② 외화환산이익 200,000원 외환차손 100,000원
③ 외화환산이익 100,000원 외환차손 200,000원
④ 외화환산손실 200,000원 외환차익 100,000원

26 다음 중 제조업을 영위하는 ㈜삼일의 비용에 대해 옳지 않은 주장을 하는 사람은 누구인가?

① 진희 : 감가상각비는 수익을 창출하는 과정에 사용될 것으로 기대되는 기간동안 체계
적이고 합리적인 방법으로 배분한다.

② 영수 : 매출원가는 매출액과 직접 대응되는 원가이다.

③ 영희 : 이자비용은 일반적으로 영업외비용으로 분류한다.

④ 철수 : 기부금은 일반적으로 판매비와관리비로 분류한다.

27 다음 중 법인세비용과 관련된 설명으로 옳지 않은 것은?

① 법인세비용은 실제 법인세 납부액과 일치하지 않을 수 있다.

② 법인세비용은 기타의 비용항목과 구분되며 판매비와관리비 또는 영업외비용에는 포
함되지 않는다.

③ 법인세 중간예납시에는 선급법인세로 회계처리한다.

④ 일반적인 기업은 매 분기별로 법인세를 납부한다.

28 다음은 제조업을 영위하는 ㈜삼일에서 20X1년 중 발생한 비용의 내역이다. ㈜삼일이 당해
영업이익으로 보고할 금액을 산정하기 위해 고려해야 할 항목은 모두 몇 개인가?

ㄱ. 임직원에 대한 급여	ㄴ. 이자비용
ㄷ. 대여금 대손상각비	ㄹ. 재고자산 평가손실
ㅁ. 무형자산 상각비	ㅂ. 단기매매증권 평가손실

① 3개　　　　　　　　　　② 4개

③ 5개　　　　　　　　　　④ 6개

29 다음 회계순환과정의 설명에서 (가)에 들어갈 세부절차로 옳은 것은?

> 회계순환과정은 기중거래의 기록절차와 결산절차로 구분된다. 기중거래의 기록절차는 회계상의 거래를 분개하고 전기하는 과정을 말하고, 결산절차는 기중기록과 결산정리사항을 통합하여 최종적인 재무제표를 작성하는 과정을 말한다.
>
> 결산절차는 예비절차와 [(가)]의 2단계로 이루어진다.

① 수정전시산표의 작성
② 결산수정분개
③ 결산수정분개의 전기
④ 결산보고서 작성

30 다음 중 시산표에 관한 설명으로 옳지 않은 것은?

① 시산표는 총계정원장의 기록이 정확한지를 검증하는 기능을 한다.
② 시산표의 종류에는 합계시산표, 잔액시산표, 합계잔액시산표가 있다.
③ 시산표상의 차변합계와 대변합계가 일치하는 경우 모든 오류를 파악할 수 있다.
④ 합계시산표는 각 계정의 차변합계액과 대변합계액이 기재된 시산표이다.

31 다음 중 결산에 관한 설명으로 옳지 않은 것은?

① 수익·비용에 대하여 발생주의 회계를 적용하고, 기말 현재 시점에서 자산과 부채를 적절한 상태로 평가하기 위하여 결산수정분개가 필요하다.
② 다음 회계연도에 발생할 거래들을 새롭게 기록할 준비를 하기 위하여 지금까지 기록해 온 계정들에 대하여 마무리하는 절차를 장부의 마감이라고 한다.
③ 재고자산의 평가 및 기간귀속의 조정은 결산수정분개를 통해 반영된다.
④ 손익계산서 계정은 마감 후 잔액을 산출하여, 다음 회계연도 기초금액으로 이월시킨다.

32 다음은 상품매매업을 영위하는 ㈜삼일의 20X1년 말 결산 전 재고자산 관련 부분재무상태 표이다. 다음 자료에 의해 결산수정분개를 하였을 경우, 재무상태표와 손익계산서에 미치는 영향으로 옳은 것은?

부분재무상태표

20X1년 12월 31일 　　　　　　　　　　　　　　(단위: 원)

　　　　　　재고자산
　　　　　　상품　　　　　　　　　　　25,000,000
　　재고자산평가손실충당금　　　　　(4,000,000)
　　　　　　　　　　　　　　　　　　21,000,000

〈결산수정관련 사항〉 20X1년 말 현재 위 상품의 시가는 23,000,000원 임

	손익계산서	재무상태표
①	순이익 2,000,000원 감소	자산 감소, 이익잉여금 감소
②	순이익 2,000,000원 감소	부채 증가, 이익잉여금 감소
③	순이익 2,000,000원 증가	자산 증가, 이익잉여금 증가
④	순이익 2,000,000원 증가	부채 감소, 이익잉여금 증가

33 다음 중 재무제표 상에서 금액이 항상 서로 일치하는 것으로 연결된 것은?

① 재무상태표의 현금및현금성자산 – 현금흐름표의 기말 현금및현금성자산
② 재무상태표의 퇴직급여충당부채 – 손익계산서의 퇴직급여
③ 재무상태표의 감가상각누계액 – 손익계산서의 감가상각비
④ 재무상태표의 이익잉여금 – 자본변동표의 당기순이익

34 다음 중 결산시 선수수익 계상에 관한 회계처리를 누락한 경우에 재무제표에 미치는 영향으로 옳은 것은?

① 자산이 과대계상 된다.　　　　② 수익이 과소계상 된다.

③ 수익이 과대계상 된다.　　　　④ 부채가 과대계상 된다.

35 다음의 경우 감사인이 표명한 감사의견으로 옳은 것은?

우리의 의견으로는, 회사의 재무제표는 근거문단에 기술된 사항이 미치는 영향을 제외하고는 ABC 주식회사의 20X1년 12월 31일과 20X0년 12월 31일 현재의 재무상태, 동일로 종료되는 양 보고기간의 재무성과 및 현금흐름을 일반기업회계기준에 따라 중요성의 관점에서 공정하게 표시하고 있습니다.

① 한정의견　　　　　　　　　② 저정의견

③ 부적정의견　　　　　　　　④ 의견거절

36 다음은 ㈜용산의 재무상태표이다. ㈜용산의 부채비율을 계산하면 얼마인가?

유동자산	2,000,000원	유 동 부 채	1,000,000원
비유동자산	5,500,000원	비유동부채	2,500,000원
		자　　　본	4,000,000원

① 46.7%　　　　　　　　　② 62.5%

③ 87.5%　　　　　　　　　④ 200%

37 다음 자료를 이용하여 ㈜삼일의 재고자산회전율을 계산하면 얼마인가?

ㄱ. 매출원가	40,000,000원	ㄴ. 당기순이익	30,000,000원
ㄷ. 평균매출채권	10,000,000원	ㄹ. 평균재고자산	20,000,000원

① 1.5회　　　　　　　　　　　　② 2회

③ 3회　　　　　　　　　　　　④ 4회

38 다음 중 주당순이익(EPS)에 관한 설명으로 옳은 것은?

① 주가수익비율(PER)은 주당순이익을 산정하기 위한 기초자료이다.

② 영업이익을 그 기업이 발행한 우선주식수로 나누어 산출한다.

③ 당기순이익이 작을수록 주당순이익(EPS)은 높아진다.

④ 회사가 일정기간 동안 올린 실적(이익)에 대하여 주식 1주당 귀속되는 주주의 몫을 나타내는 지표이다.

39 ㈜삼일의 20X1년 손익계산서와 관련된 자료는 다음과 같다. 다음 자료를 이용하여 ㈜삼일의 영업이익률을 계산하면(단, 소수점 첫째자리에서 반올림한다)?

매출액	4,000,000원
매출원가	1,500,000원
판매비와관리비	500,000원
영업외비용	700,000원
법인세비용	1,000,000원

① 32.5%　　　　　　　　　　　② 50.0%

③ 62.5%　　　　　　　　　　　④ 87.5%

40 다음 빈칸 (A)와 (B)에 들어갈 용어로 옳게 짝지어진 것은?

많은 정보이용자들이 합리적인 의사결정을 하기 위해 회사의 경영성과를 나타내는 손익계산서의 정보를 이용한다.

매출액과 당기순이익을 비교하여 이익의 규모와 영업효율성, 업종별 특성을 파악하며,

(A)과 (B)을 전기와 비교하여 회사의 영업 추세를 파악한다.

(A)은(는) 매출액에서 판매한 상품 또는 제품의 원가를 차감한 이익을 매출액으로 나누어 산정하며, (B)은(는) 영업을 통해서 발생되는 이익을 매출액으로 나누어 산정한다.

	(A)	(B)
①	매출총이익률	영업이익률
②	매출증가율	영업이익률
③	매출총이익률	순이익증가율
④	매출증가율	순이익증가율

삼일회계법인 자격시험
www.samilexam.com

ISBN 979-11-6784-561-0

NCS 국가직무능력표준
National Competency Standards

2026년 개정사항 반영

국가공인
회계관리2급

기출문제집

정답 및 해설

삼일회계법인 저

삼일회계법인
삼일인포마인

☑ 2024년~2025년 기출문제 16회분 수록

국가공인
회계관리 2급

회계관리 2급 기출문제집

정답 및 해설

Answer

Explanation

2025년
1회 **2025년 1월 18일 시행**

01	③	02	②	03	③	04	③	05	①
06	③	07	②	08	④	09	①	10	④
11	②	12	③	13	④	14	①	15	②
16	④	17	①	18	②	19	①	20	④
21	②	22	①	23	②	24	②	25	④
26	③	27	④	28	①	29	③	30	③
31	④	32	①	33	②	34	③	35	①
36	③	37	④	38	④	39	③	40	②

01 ③ 기중 다른 자본거래 및 배당 지급이 없었다면 이익잉여금의 증가액과 해당기간의 순이익은 동일하다.
따라서, 20X1년 당기순이익 = 250백만 원 – 200백만 원 = 50백만 원

02 ② 손익계산서에서는 해당 기간에 증감한 잉여금만을 확인할 수 있고, 일정시점에 기업에 누적된 잉여금
잔액은 재무상태표에서 확인할 수 있다.

03 ③ 회계상 거래로 인식되기 위해서는 그 거래가 회사의 재산상태에 영향을 미쳐야 하고, 그 영향을 금액
으로 측정할 수 있어야 한다.

04 ③ (차) 비용발생   100만 원   (대) 자산감소   100만 원

05 ① 보기의 거래로 인해 회사의 원장에는 현금(자산)과 차입금(부채)이 각각 증가하게 된다. 자산의 증가
는 차변에 기록되고 부채의 증가는 대변에 기록되므로 각 계정의 총계정원장에는 다음과 같이 기록
된다.

현금		차입금	
차입금 20,000			현금 20,000

06 ③   각 일자별 거래에서 현금의 유입출을 수반하지 않는 항목을 제외하고 산정한다.

기초현금		2,500원
20X1. 2. 1 유상증자	(+)	500원
20X1. 3. 5 매입채무 지급	(−)	300원
기말현금		2,700원

07 ②   당좌예금 잔액이 700,000원인데 1,000,000원을 지급결제 했으므로 차액인 300,000원은 당좌차월(단기차입금)에 해당한다. 기중에 200,000원을 추가 입금하였으므로 기말 당좌차월 잔액은 100,000원이 된다.

08 ④   ① 재고자산을 외상으로 판매하여 발생한 채권은 매출채권으로 분류한다.
      ② 주된 영업활동 이외의 거래에서 발생한 채권은 미수금으로 분류한다.
      ③ 재고자산에 대한 미지급 채무는 매입채무로 분류한다.

09 ①   매도가능증권은 처분 이전에 발생한 평가손익을 당기손익으로 실현시키지 않고 자본에 누적하므로, 처분시점에 실현할 평가손익은 처분가액에서 최초 취득가액을 차감하여 산정한다.

처분가액 (50주 × @5,200원)		260,000원
취득가액 (50주 × @5,000원)	(−)	250,000원
매도가능증권처분이익		10,000원

10 ④   재고자산은 회사가 주된 영업활동을 통해 고객에게 판매함으로써 경제적 효익을 얻고자 하는 자산을 의미한다. ㄱ 은 판매가 아닌 사용 목적이므로 무형자산으로 분류되고, ㄴ 은 투자 목적이므로 투자부동산으로 분류된다.

11 ②   총평균법에 의하면 기초재고와 당기 매입재고의 단가를 가중평균하여 당기 판매가능재고에 적용할 단가를 산정한다.

총 금액 (1,000원 + 1,100원 + 1,200원 + 1,300원)		4,600원
총 수량 (100개 + 100개 + 100개 + 100개)	÷	400개
가중평균 단가		@11.5원

매출원가 = 당기 판매수량 150개 × @11.5원 = 1,725원
기말재고 = 기말 재고수량 250개* × @11.5원 = 2,875원
* 기초재고 100개 + 당기 매입 400개 - 당기 판매 150개 = 250개

12 ③ 재고자산평가충당금은 재고자산의 순실현가능가치가 장부가액에 미달하는 경우에 해당 금액만큼 재고자산을 차감 평가하기 위하여 결산조정분개로써 계상하며, 관련 원가는 매출원가로 인식한다.

(차) 재고자산평가손실(매출원가) 7,500원*　　(대) 재고자산평가손실충당금　　　　7,500원

* (취득원가 @1,000원 - 단위당 시가 @850원) × 50개 = 7,500원

13 ④ 유형자산의 취득원가에는 운반비, 설치비, 취득관련 제세공과금, 시운전비용 등과 같은 취득부대비용이 포함된다.

14 ① 유형자산처분손익 = 처분가액 - 처분 시점의 감가상각누계액을 차감한 장부가액

처분가액	29,000,000원
장부가액*	(-) 27,200,000원
처분이익	1,800,000원

* 30,000,000원 - {(30,000,000원 - 2,000,000원) × 2년 / 20년}

15 ② ㄴ. 무형자산은 기업이 영업활동을 위해 사용할 목적으로 보유하는 물리적 형태가 없는 자산으로서, 식별가능하고 통제가능한 경우에만 인식될 수 있다.

16 ④ 단기금융상품은 당좌자산, 지분법적용투자주식은 투자자산(비유동자산), 영업권은 무형자산으로 각각 분류된다.

17 ① 퇴직급여충당부채는 실제 유출 시기를 추정하지 않고 항상 비유동부채로 분류한다.

18 ② 20X1년 말에 이자비용 발생에 대한 결산조정분개가 적절히 수행되었다면 다음과 같은 분개가 이루어졌을 것이다.

(차) 이자비용　　　　　　　600,000원*　　(대) 미지급비용　　　　　　　600,000원

* 20,000,000원 × 6% × 6개월 / 12개월 = 600,000원

20X2년 6월 30일에는 20X2년 상반기 이자비용 발생과 함께 20X1년 하반기에 발생한 미지급비용을 포함하여 총 1개년치의 이자 지급이 이루어질 것이므로 다음과 같이 분개한다.

(차) 이자비용　　　　　　　600,000원　　(대) 현금　　　　　　　　 1,200,000원
　　미지급비용　　　　　　600,000원

19 ① 사채상환손익 = 상환시점의 사채 장부가액 - 상환가액

장부가액 (10,000,000원 - 500,000원)	9,500,000원
상환가액	(-) 9,000,000원
사채상환손익	500,000원 (이익)

20 ④ 확정기여형에서는 매기간에 발생한 부담금 입금으로 퇴직급여 지급에 대한 의무가 종료되므로 별도의 퇴직급여충당부채가 설정되지 않는다.

21 ② ① 발행가액과 무관하게 주식을 발행하면 자본금이 증가한다.

③ 은 이익잉여금에 대한 설명이다.

④ 는 기타포괄손익에 대한 설명이다.

22 ① 주식할인발행차금과 자기주식은 자본조정 항목으로 분류된다.

임의적립금	400,000원
미처분이익잉여금	3,000,000원
이익준비금	100,000원
이익잉여금 계	3,500,000원

23 ② 수익의 대가를 현금 이외의 자산으로 받는 경우에는 취득한 자산의 공정가치로 수익금액을 측정한다.

24 ②

판매가격	50,000원
매출환입(반품) (3개 × @500원)	1,500원
매출에누리(할인) (2개 × @100원)	200원
수익인식액	48,300원

25 ④ ① 미수금은 자산, 선수수익은 부채 계정과목이다.

② 미수수익은 자산 계정과목이다.

③ 매도가능증권평가이익은 자본(기타포괄손익) 계정과목이다.

26 ③

기초재고		10,000원
당기매입	(+)	150,000원
기말재고	(−)	10,000원
매출원가		150,000원

27 ④ 근로소득세, 주민세, 건강보험료 등은 예수금 계정으로 처리한다.

28 ① 사업상 필요에 의하여 지출하는 접대비용 및 교제비용은 접대비(판매비와관리비)로 분류한다.

29 ③ 매출채권의 현금 회수 회계처리는 기중 각 회수가 이루어진 시점에 이루어진다.

30 ③ 시산표 상에서는 차변과 대변의 합계금액에 차이를 발생시키는 오류만을 식별할 수 있다.

31 ④ 지급기일이 도래하지 않았음에도 불구하고 당기의 비용으로 인식하는 것은 발생주의에 근거한 것이다.

32 ① 현금 증감액은 손익계산서 상의 수익(+), 비용(−) 금액에 관련 채권/채무 잔액의 증감을 고려하여 산정한다.

손익계산서 상의 임대료수익	(+) 500,000원
기초 대비 기말 미수임대료의 감소(증가)액	(−) 20,000원
임대료 수익으로 인한 현금유입액	480,000원

33 ② 대손충당금은 결산일 현재 계상된 채권 중 회수가 불가능할 것으로 추정되는 금액을 차감 평가해 주기 위하여 결산조정분개로써 계상한다.

34 ③ ① 재무제표의 일부가 기업회계기준에서 정하는 방법대로 회계처리되지 않았고, 이것이 재무제표에 중요한 영향을 미친다면 한정의견이 표명된다.
② 재무제표가 기업회계기준을 심각하게 위배하였다면 부적정의견이 표명된다.
④ 감사인이 의견표명에 필요한 충분한 감사증거를 수집하지 못하였다면 의견거절이 표명된다.

35 ① 각 단계별 활동에 따른 이익구조는 손익계산서를 통해 파악할 수 있는 내용이다.

36 ③ 당좌비율 = (당좌자산 ÷ 유동부채) × 100%

∴ (200,000원* ÷ 100,000원) × 100% = 200%

＊당좌자산 = 유동자산 - 재고자산

37 ④ 자기자본비율 = (자본 ÷ 자산) × 100%

부채비율 = (부채 ÷ 자본) × 100%

결산 시점에 재고자산 평가가 누락되었다면 과대계상된 재고자산 만큼 매출원가가 과소계상(이익이 과대계상 → 자본(이익잉여금)이 과대계상)되었을 것이다. 부채가 존재한다면 자산이 자본보다 클 것이므로, 자본과 자산이 동액만큼 증가하면 자기자본비율은 증가하게 된다.

또한, 부채는 불변한 상태에서 자본이 증가하므로 부채비율은 감소한다.

38 ④ 매출채권회전율 = 매출액 ÷ 평균매출채권

∴ 120,000,000원 ÷ 10,000,000원 = 12회

39 ③ 매출총이익률 = 매출총이익 ÷ 매출액

∴ 15,000,000원* ÷ 50,000,000원 = 30%

＊매출총이익 - 매출액 50,000,000원 - 매출원가 35,000,000원 = 15,000,000원

영업이익률 = 영업이익 ÷ 매출액

∴ 7,000,000원* ÷ 50,000,000원 = 14%

＊영업이익 = 매출총이익 15,000,000원 - 판매비와관리비 8,000,000원 = 7,000,000원

40 ② 주당순이익의 정의에 대한 내용이다.

2025년

2회 **2025년 3월 22일 시행**

01	③	02	④	03	④	04	②	05	③
06	②	07	①	08	①	09	③	10	③
11	②	12	④	13	②	14	①	15	①
16	②	17	④	18	②	19	①	20	③
21	③	22	④	23	④	24	②	25	①
26	②	27	①	28	③	29	③	30	④
31	④	32	①	33	②	34	③	35	③
36	④	37	④	38	①	39	②	40	①

01 ③

비상장기업의 K-IFRS 적용은 선택 가능한 사항이다.

02 ④

① 수익은 대변에서 발생하고 자산은 차변에서 증가한다.
② 부채와 자본은 모두 대변에서 증가한다.
③ 비용은 차변에서 발생한다.

03 ④

회계의 순환과정은 다음과 같다.
거래의 인식(분개) → 총계정원장에 전기 → 시산표 작성 → 정산표 작성 → 계정의 마감 → 재무제표 작성

04 ②

총액주의란 자산, 부채, 자본을 서로 상계하여 순액으로 표시하지 않고 총액으로 기재하는 것이다.

05 ③

사무용으로 사용할 컴퓨터는 유형자산 계정으로, 구입을 위한 외상대금은 미지급금 계정으로 회계처리한다.

06 ②

기중에 자본거래가 없었으므로 기초 대비 기말 자본의 증가는 당기순이익과 동일하다.

2기 기말자본 = (기초자산 2,000원 - 기초부채 800원) + 순이익 200 = 1,400원
3기 기말자본 = 기초자본 1,400원 + 순이익 300 = 1,700원

07 ① 현금성자산은 이자율 변동에 따른 가치변동의 위험이 경미한 금융상품으로서 취득 당시 만기일(또는 상환일)이 3개월 이내인 것을 의미한다.

08 ① 당좌자산은 유동자산 중 재고자산을 제외한 나머지를 의미한다.

현금	50,000원
미수금	1,000,000원
매출채권	300,000원
당좌자산 계	1,350,000원

09 ③ 300,000원 : 만기가 존재하는 채무증권이며 이를 만기까지 보유할 의도와 능력이 있는 경우에는 만기보유증권으로 분류한다.

100,000원 : 단기매매증권이 아닌 지분증권은 매도가능증권으로 분류한다.

10 ③ 상품의 취득원가는 매입가격에서 매입할인, 매입환출, 매입에누리를 차감하고 취득부대비용을 가산하여 산정한다.

총 매입액		8,000,000원
매입할인	(−)	100,000원
취득 부대비용(운임 및 보험료)	(+)	300,000원
상품의 취득원가		8,200,000원

11 ② 재고자산의 흐름으로 선입선출을 가정하므로, 기말재고는 최근 매입분으로 구성된다.

기말재고 수량 = 기초 10개 + 매입 28개 − 매출 25개 = 13개

기말재고 금액 = (8개 × @700원) + (5개 × @600원) = 8,600원

12 ④ 재고자산의 시가가 취득원가 이하로 하락하여 발생한 평가손실은 재고자산평가손실로 인식하고 매출원가에 가산한다.

13 ② 투자 목적으로 보유중인 토지는 투자자산(투자부동산)으로 분류한다.

자가사용목적으로 보유중인 건물	271,000,000원
영업목적으로 사용하는 공기구 및 비품	43,000,000원
건설중인 공장건물	47,000,000원
유형자산 계	361,000,000원

14 ① 유형자산 중 토지와 건설중인자산은 감가상각 대상 자산에서 제외된다.

15 ① 영업권 = 이전대가 150,000,000원 − 순자산공정가치 110,000,000원*

= 40,000,000원

* 순자산공정가치 = 자산 공정가치 200,000,000원 - 부채 공정가치 90,000,000원 = 110,000,000원

16 ② 정액법에서의 감가상각비 = (취득원가 − 잔존가액) ÷ 내용연수

17 ④ 선급금과 미수금은 자산항목이다.

18 ② 재고자산에 대한 대금 지급이 아닌 자금 조달 목적으로 어음을 발행하는 경우에는 매입채무가 아닌 차입금으로 회계처리한다.

19 ① 발행조건이 [액면이자율 〉 시장이자율] 이므로 사채는 할증발행된다. 이 경우 사채의 액면금액보다 더 큰 금액이 조달되며, 아래와 같이 대변에 사채할증발행차금이 발생한다.

(차) 현금   (대) 사채

                                   사채할증발행차금

20 ③ 당기 퇴직급여충당부채의 변동내역은 다음과 같다.

기초 퇴직급여충당부채		8,500,000원
기중 퇴직금 지급액	(−)	2,400,000원
당기 퇴직금 추가 설정액	(+)	x원
기말 퇴직급여충당부채		10,000,000원

$\therefore$ x = 3,900,000원

21 ③

조달금액(발행금액) = (100주 × @6,000원) − 직접비용 10,000원 = 590,000원

자본금 증가액 = (100주 × @5,000원) = 500,000원

22 ④

임의적립금, 기타법정적립금, 이익준비금은 이익잉여금의 세부 계정이고, 매도가능증권평가이익은 기타포괄손익의 세부 계정에 해당한다.

23 ④

① 수익은 기업의 통상적인 경영활동에서 발생하는 자산의 유입이나 부채의 감소이다.

② 재화의 판매에 있어 다른 조건이 없다면 일반적으로 판매(인도) 시점에 수익을 인식한다.

③ 대가를 현금 이외의 자산으로 받는 경우에는 취득한 자산의 공정가치를 기준으로 수익을 측정한다.

24 ②

20X1년 매출액 = 총계약금액 60,000,000원 × 진행률 30%* = 18,000,000원

* 20X1년 발생원가 15,000,000원 ÷ 총예정원가 50,000,000원 = 30%

25 ①

주주나 제3자 등으로부터 자산을 무상으로 증여받은 경우에는 자산수증이익으로 분류한다.

26 ②

① 매출액과 직접 대응되는 영업비용은 매출원가이다.

③ 접대비는 일반적으로 영업비용으로 분류된다.

④ 기부금은 일반적으로 영업외비용으로 분류된다.

27 ①

ㄱ. 35,000,000원 + ㄴ. 8,000,000원 = 43,000,000원

ㄷ. 이자비용과 ㄹ. 투자자산처분손실은 판매비와관리비가 아닌 영업외비용에 포함되어야 한다.

28 ③

① 당기순이익은 회계기준, 세무상 소득은 세법에 따라 산정되므로 일반적으로 일치하지 않는다.

② 당기순이익은 법인세차감전순손익에 법인세비용을 차감하여 산출한다.

④ 자본거래로 인한 순자산변동액은 당기순이익에 포함되지 않는다.

29 ③

예비절차에는 수정전시산표의 작성, 결산정리사항의 요약, 결산수정분개, 결산수정분개의 전기가 포함되고, 결산보고서 작성에는 계정의 마감, 재무제표 작성, 부속명세서의 작성이 포함된다.

30 ④ 시산표의 차변과 대변의 합계는 일치하므로 대변잔액의 합계도 5,200,000원이다.

따라서, 전기이월이익잉여금 = 5,200,000원 − 300,000원 − 1,200,000원 − 500,000원 − 2,500,000원 − 100,000원 = 600,000원

31 ④ 비품은 유형자산의 하위 계정이며, 임시계정이 아닌 본계정으로서 재무제표에 표시된다.

32 ① 결산조정으로 반영되었어야 할 선급비용에 대한 올바른 회계처리는 다음과 같다. 해당 분개를 누락함에 따라 (주)삼일의 재무제표에는 자산이 과소계상 되고 비용이 과대계상 되었을 것이다.

(차) 선급비용(자산)   (대) 보험료(비용)

33 ② 거래일 대비 기말 시점의 환율이 상승하면서 외화채권 보유액의 원화 환산 후 가치가 증가하였으므로 외화환산에 따른 이익이 발생한다.

외화환산이익 = ($5,000 × 2대) × (1,350원 − 1,300원) = 500,000원

34 ③ 유동자산과 유동부채는 재무상태표에서 파악할 수 있는 내용이다.

35 ③ 부적정의견에 관한 감사의견이다.

36 ④ 유동비율 = (유동자산 ÷ 유동부채) × 100%

∴ (7,500,000원* ÷ 5,000,000원**) × 100% = 150%

 * 유동자산 = 현금및현금성자산 700,000원 + 매출채권 1,800,000원 + 재고자산 5,000,000원
** 유동부채 = 미지급금 3,000,000원 + 단기차입금 2,000,000원

37 ④ ① (차) 현금(자산증가)   (대) 매출채권(자산감소) → 부채비율 불변
② (차) 단기차입금(부채감소)   (대) 현금(자산감소) → 부채비율 감소
③ (차) 장기차입금(부채감소)   (대) 유동성장기차입금(부채증가) → 부채비율 불변

38 ① 매출채권회전기간 = 360일 ÷ 매출채권회전율

매출채권회전율 = 매출액 ÷ 평균매출채권

따라서, 기말 매출채권 잔액을 x라 하면,

60일 = 360일 ÷ (60,000,000원 ÷ (11,000,000 + x) ÷ 2))

∴ x = 9,000,000원

39 ② 영업이익률이 15% 이므로,

매출액 = 영업이익 12,000,000원 ÷ 15% = 80,000,000원

매출총이익률이 50% 이므로,

매출총이익 = 매출액 80,000,000원 × 50% = 40,000,000원

40 ① 주당순이익 = 당기순이익 ÷ 보통주식수

∴ 10,000,000원 ÷ 4,000주* = 2,500원

* 보통주식수 = 보통주자본금 20,000,000원 ÷ 주당 액면금액 5,000원 = 4,000주

01	④	02	②	03	③	04	①	05	③
06	①	07	②	08	④	09	③	10	④
11	③	12	①	13	①	14	②	15	②
16	④	17	①	18	③	19	②	20	③
21	①	22	②	23	④	24	④	25	③
26	④	27	①	28	③	29	④	30	②
31	④	32	①	33	①	34	②	35	①
36	①	37	②	38	③	39	④	40	②

01 ④ 일반기업회계기준에서는 재무상태표, 손익계산서, 자본변동표, 현금흐름표 및 주석을 재무제표로 규정하고 있다.

02 ② 손익계산서의 손익은 매출총손익, 영업손익, 법인세비용차감전순손익, 당기순손익으로 구분된다.

03 ③ 자본의 감소는 차변에, 증가는 대변에 기록한다.

04 ①

05 ③ 각 거래에 대한 올바른 분개는 다음과 같다.
① (차) 유형자산(비품)　　　3,000,000원　　(대) 미지급금　　　　3,000,000원
② (차) 재고자산(원재료)　 15,000,000원　　(대) 매입채무　　　 15,000,000원
④ (차) 이자비용　　　　　　1,000,000원　　(대) 미지급비용　　　1,000,000원

06 ① ② 현금이 대변에서 감소하면서 상대계정이 토지이므로 토지의 취득대금 3,000,000원이 지급되었음을 알 수 있다.
③ 현금이 차변에서 증가하면서 상대계정이 외상매출금이므로 거래처로부터 매출채권 1,000,000원을 회수하였음을 알 수 있다.
④ 현금이 대변에서 감소하고 있으므로 2,500,000원의 차입금이 상환되었음을 알 수 있다.

07 ② 당좌차월 한도는 추후 당좌예금의 잔액이 부족하더라도 해당 한도까지는 지급결제가 가능하도록 금융기관과 사전에 약정한 금액을 의미하며, 실제로 실행되기 전까지는 재무제표에 영향을 미치지 않는다.

08 ④ ① 현금및현금성자산 = 수표 100,000원 + 당좌예금 50,000원 = 150,000원
② 매출채권 = 외상매출금 40,000원
③ 매입채무 = 지급어음 100,000원 + 외상매입금 70,000원 = 170,000원
④ 당좌자산 = 현금및현금성자산 150,000원 + 매출채권 40,000원 = 190,000원

09 ③ 만기보유증권에 대한 설명이다.

10 ④ ② 저장품의 장부금액 = 150,000원
③ 제품 취득원가 1,200,000원 + 재공품 취득원가 2,200,000원 = 3,400,000원
④ 재고자산평가손실충당금은 차기 이후에 재고자산의 시가가 회복되는 경우 본래의 장부금액을 한도로 하여 환입된다.

11 ③ 매출액 690,000원 - 매출원가 455,000원* = 235,000원
* 기초재고 180,000원 + (총매입액 560,000원 - 매입할인 15,000원 - 매입환출 20,000원) - 기말재고 250,000원 = 455,000원

12 ① 투자의 목적 또는 비영업용으로 소유하는 토지와 건물은 투자부동산으로 분류되고, 영업활동에서의 판매를 위하여 보유하고 있는 토지와 건물은 재고자산으로 분류된다.

13 ① 후속적지출의 효과가 단기간에 종료되는 지출로서 유형자산의 원상을 회복시키거나 능률 유지를 위한 지출에 해당하는 경우 발생 시 비용계정으로 회계처리한다.
반면, 지출의 효과가 장기간에 걸쳐 발생하는 지출로서 유형자산의 내용연수가 늘어나거나 가치가 증대되는 지출인 경우 발생한 지출을 자산으로 처리한다.

14 ② 　차량의 보유에 따라 감가상각비가 발생하고, 처분함으로써 처분손익이 발생하여 각각 당기손익에 영향을 미친다.

20X2년 감가상각비 = 20,000,000원 ÷ 5년 × 6개월 / 12개월 = 2,000,000원
처분이익 = 처분가액 15,000,000원 - 장부가액 14,000,000원* = 1,000,000원
* 20,000,000원 - (20,000,000원 × 18개월 / 60개월) = 14,000,000원

따라서 손익에 미친 영향은,
감가상각비 (-)2,000,000원 + 처분이익 1,000,000원 = (-)1,000,000원

15 ② 　경상개발비는 자산의 인식요건을 충족하지 못한 지출로서 비용에 해당한다.

16 ④ 　ㄱ. 과 ㄹ. 은 투자자산, ㄷ. 은 무형자산, ㅁ. 은 유형자산으로 각각 분류된다.

17 ① 　기존의 분개 : (차) 원재료 200,000원　　(대) 당좌예금　　200,000원
올바른 분개 : (차) 원재료 200,000원　　(대) 외상매입금 200,000원

따라서 기존의 분개를 올바른 분개로 수정하기 위해서는 오류로 인하여 과소계상된 외상매입금과 당좌예금을 각각 대변과 차변에 기록하여 증가시켜 주어야 한다.

18 ③ 　예수금 계정에 대한 설명이다.

19 ② 　① 액면이자율이 시장이자율보다 작은 경우 사채는 할인발행된다.
② 사채의 할인발행 또는 할증발행 여부와 무관하게 만기에는 사채의 액면금액을 상환한다.
③ 사채발행비가 발생하면 발행가액(조달금액)이 작아지므로 미래의 이자비용이 증가한다.
④ 사채의 중도상환 시, 현금상환액이 상환시점의 사채 장부가액보다 크다면 사채상환손실이 발생한다.

20 ③ 　ㄴ. 은 자본항목 중 자본잉여금에 해당하는 주식발행초과금에 대한 설명이다.
ㄹ. 퇴직급여충당부채는 임직원의 퇴직시점을 추정하지 않고 항상 비유동부채로 분류한다.

21 ① 　이익준비금에 대한 설명이다.

22 ② 보기의 자료를 회계처리하면 다음과 같다.

(차) 현금　　　　　　　　　　　3,900,000원　　　(대) 자본금　　　　　　　　　　5,000,000원
　　주식할인발행차금　　　　1,100,000원

① 납입자본금 = 1,000주 × 액면가액 @5,000원
② 주식할인발행차금 = 납입자본금 5,000,000원 - 조달한 현금 3,900,000원*
　　* (1,000주 × 발행가액 @4,000원) - 신주발행비 100,000원 = 3,900,000원
③ 주식할인발행차금은 자본조정의 하위 계정이므로 상기 ②와 같다.
④ 기타포괄손익에 미치는 영향은 없다.

23 ④ 판매 대가를 현금 이외의 자산으로 받는 경우 취득한 자산의 공정가치로 수익을 측정 및 인식한다.

24 ④ 발생주의에 대한 설명이다.

25 ③ 20X2년의 공사수익 = 총계약금액 40,000,000원 × 누적진행률 70%* - 20X1년 기인식한 공사수익 12,000,000원** = 16,000,000원
　* (8,400,000원 + 9,100,000원) ÷ 25,000,000원 = 70%
　** 40,000,000원 × (8,400,000원 ÷ 28,000,000원) = 12,000,000원

26 ④ 기부금은 일반적으로 영업외비용으로 분류한다.

27 ① 당기 말에 확정될 법인세의 일부를 기중에 선납한 것이므로 지급한 현금을 선급법인세로 회계처리한다.

28 ③ 유가증권 투자손익은 (주)삼일의 주된 영업활동에서 발생한 것이 아니므로 영업이익에는 영향을 주지 않고 영업외손익으로 회계처리한다.

29 ④ 감가상각비 인식과 퇴직급여충당부채의 추정은 결산조정사항이다.

30 ② 결산절차는 예비절차와 결산보고서 작성의 2단계로 이루어진다.

31 ④ 합계시산표는 각 계정의 차변 합계와 대변 합계가 총액으로 기재된 시산표이다.

32 ①　20X1년 말에 추가로 설정해야 할 퇴직급여충당부채
= 기말 추계액 20,000,000 − 수정 전 잔액 5,000,000원 = 15,000,000원

33 ①　20X1년 발생이자 = 200,000,000원 × 5% × 3개월 / 12개월 = 2,500,000원

34 ②　20X1년 말에 이루어져야 할 결산조정분개는 다음과 같다.

(차) 재고자산평가손실(매출원가) 1,270,000원*　　(대) 재고평가충당금 1,270,000원
* 취득원가 35,000,000원 − 순실현가능가치 32,730,000원 − 기초이월 재고평가충당금 1,000,000원
= 1,270,000원

이와 같이 재고자산평가충당금이 추가 계상되면, 재고자산의 평가액이 감소하고, 매출원가가 증가함에
따라 당기순이익과 이익잉여금도 감소하게 된다.

35 ①　한정의견에 대한 설명이다.

36 ①　자기자본이익율은 주주입장에서 바라본 기업의 이익창출능력을 의미한다.

37 ②　① 유동비율 = (유동자산 300,000원 ÷ 유동부채 200,000원) × 100% = 150%
② 당좌비율 = (당좌자산 50,000원 ÷ 유동부채 200,000원) × 100% = 25%
→ 1년 안에 지급해야 할 부채 대비, 재고자산을 제외하고 1년 안에 현금화할 수 있는 자산의 비율이
25% 수준이므로 단기적 유동성에 대한 검토가 필요한 상황이다.

38 ③　재고자산회전율이 높을수록 재고자산회전기간은 짧아지며, 재고자산이 기업에 머무는 기간이 짧아짐
으로써 진부화 가능성은 낮아지게 된다.

39 ④　주석은 재무제표에 포함된다.

40 ②　① 은 영업이익률에 대한 설명이다.
③ 은 주당순이익률 등에 대한 설명이다.
④ 당기순이익은 매출총이익이나 영업이익에 비하여 상대적으로 경상성이 낮다.

2025년

4회 2025년 6월 21일 시행

01	③	02	①	03	④	04	③	05	①
06	②	07	①	08	②	09	②	10	④
11	②	12	①	13	③	14	④	15	③
16	④	17	①	18	②	19	①	20	③
21	①	22	①	23	②	24	④	25	④
26	④	27	③	28	③	29	②	30	②
31	③	32	④	33	④	34	③	35	①
36	②	37	④	38	②	39	①	40	③

01 ③

02 ① 부기는 회계의 한 과정이다.

03 ④

04 ③ 유동성배열법에 따라 재무상태표의 자산과 부채는 유동성이 큰 순서로 표시한다.

05 ① ②,③,④는 모두 [(차) 자산의 증가 - (대) 부채의 증가] 거래이고,
①은 [(차) 부채의 감소 - (대) 자산의 감소] 거래이다.

06 ② 원장에 의하면 회사는 10월 1일에 임대료를 받으면서 이를 전액 선수수익으로 계상하였고, 이후 결산일에 당기 발생(3개월치) 임대료를 수익으로 대체하고 있다.

① 1년치 임대료 120,000원 중 당기 발생분 30,000원은 수익으로 대체하였으므로 결산일에 남은 선수수익은 90,000원이다.
③ 회사는 최초 선수수익(부채계정)을 이용하여 회계처리 하였고 결산조정을 통해 수익계정을 인식하였다.
④ 당해 경과기간 3개월에 대하여 30,000원을 수익을 대체하였으므로 1개월분 임대료는 10,000원임을 알 수 있다.

07 ① 보기에서 현금및현금성자산으로 분류될 항목은 ㄱ, ㄴ, ㅅ 이다.
ㄷ. 은 취득일로부터의 만기가 3개월 이상인 금융상품이므로 당좌자산으로 분류되어야 한다.

08 ② 기말 대손추계액이 대손충당금 잔액이 되도록 결산수정분개를 반영하여야 한다.
따라서, 추가 설정할 대손충당금 = (5,000,000원 × 3%) - 90,000원 = 60,000원

09 ② 단기매매증권의 취득가액에는 취득과 직접 관련된 거래원가가 포함되지 않는다.
따라서, 평가손익 = (@1,200원 - @1,000원) × 100주 = 20,000원(이익)

10 ④ ① 선적지인도조건으로 판매한 상품은 선적시점에 이미 매입자에게 인도되었으므로 판매자의 기말재
고자산에서는 제외되어야 한다.
② 시용판매의 경우 매입자가 매입 의사를 표시하기 전까지는 미인도된 것으로 보므로 판매자의 재
고자산에 포함하여야 한다.
③ 수탁판매의 경우 최종 소비자에게 인도되기 전까지 위탁자의 기말재고자산에 포함하여야 한다.

11 ② 매출원가율 = 매출원가 ÷ 매출액
∴ 68,500원* ÷ 100,000원 = 68.5%
 * 선입선출법에 따른 매출원가 = (300개 × @100원) + ((650개 - 300개) × @110원) = 68,500원

12 ① 결산시점에 장부상 재고수량과 실제 보유수량을 대사하고 부족한 수량에 해당하는 금액을 재고자산
감모손실로 인식한다. 이 때, 정상감모는 매출원가로, 비정상감모는 영업외비용으로 각각 분류한다.

따라서, 영업이익에 영향을 미치는 재고자산감모손실 =
(((200개 - 180개) × @500원) + ((300개 - 250개) × @300원)) × 20%
= 5,000원

13 ③ 금융상품은 투자 목적 뿐 아니라 예상 보유기간에 따라 당좌자산(유동자산)과 투자자산(비유동자산)
으로 분류한다.

14 ④ (가)는 정액법, (나)는 정률법을 각각 의미한다.
ㄴ. 유형자산의 내용연수 전체 기간에 대하여 인식될 감가상각비는 (가)와 (나)가 동일하다.
ㄷ. 정액법에서 연간 감가상각비는 잔존가액을 차감한 취득원가를 내용연수로 나누어 산정한다.

15 ③ 유형자산의 취득원가에는 매입가격 뿐만 아니라, 기업이 의도된 용도대로 해당 자산을 이용할 수 있기까지의 취득에 직접 관련된 부대비용이 포함된다.

구입대금	3,000,000원
운임	(+) 200,000원
설치비	(-) 30,000원
시운전비	70,000원
기계장치 취득원가	3,300,000원

16 ④ 재무제표에 무형자산으로서 인식되기 위해서는 해당 자산에 대하여 식별가능성, 통제가능성, 미래 경제적 효익의 유입 가능성이 있어야 한다. 그러나 법적 권리의 유무는 무형자산의 인식 요건이 아니다.

17 ① 당좌예금 잔액을 초과하여 지급결제된 금액을 당좌차월이라 하며, 이는 재무상태표 상 단기차입금으로 분류된다. 그러나 본 문제에서는 당좌예금 기말 잔액이 부의 금액이 아니므로 차입금으로 분류될 금액은 없다.

기초 당좌예금 잔액	3,000,000원
기중 판매대금 입금	(+) 2,000,000원
기중 매입대금 지급	(-) 4,000,000원
기말 당좌예금 잔액	1,000,000원

18 ② 사채의 발행가액은 미래 계약상 현금흐름을 시장이자율로 할인한 금액이다.
사채 발행자가 약속한 미래 현금흐름에는 만기상환금액(액면금액)과 이자(액면이자)가 포함된다.

19 ①

20 ③ 장기차입금의 만기가 1년 내로 도래하게 되어 유동부채로 분류할 때에는 단기차입금이 아닌 유동성 장기부채 계정과목으로 대체한다.

21 ① 배당이 확정되고 주주총회에서 선언되면 기업은 해당 배당금에 대한 지급 의무를 갖게되므로 이익잉여금의 처분과 함께 미지급배당금을 계상한다.
이 때 상법에 의해 적립한 이익준비금은 기업 내에 유보되는 것이므로 실제 배당금으로 지급할 금액은 30,000,000원이다. 따라서 실제 배당금의 지급 시점에 이루어질 분개는 다음과 같다.

(차) 미지급배당금　　　　30,000,000원　　(대) 현금　　　　　　30,000,000원

22 ①　　발행수수료와 등기비용을 고려해도 주식의 발행가액이 액면가액을 초과하므로 동 유상증자로 인하여 현금, 자본금 및 자본잉여금이 각각 증가할 것이다.
한편, 증자거래는 이익잉여금에 영향을 미치지 않는다.

23 ②　　대가를 현금 이외의 자산으로 받은 경우에는 취득한 자산의 공정가치로 수익을 측정한다.

24 ④

오류 수정 전 당기순이익		220,000원
보험료 이연	(+)	15,000원
임대료수익 인식	(+)	30,000원
차입금 이자비용 인식	(−)	20,000원
대여금 이자수익 인식	(+)	5,000원
오류 수정 후 당기순이익		250,000원

25 ④　　기초순자산 = 기초자산 300,000원 − 기초부채 80,000원 = 220,000원
기말순자산 = 기말자산 370,000원 − 기말부채 90,000원 = 280,000원

기초 대비 기말의 순자산 증가액 60,000원은 출자로 인한 증가 20,000원과 당기순이익 40,000원 발생으로 구성되어 있을 것이므로 총수익 금액을 x라 하면,
x − 총비용 70,000원 = 당기순이익 40,000원
∴ x = 110,000원

26 ④　　기업의 법인세는 영업활동과 비영업활동을 불문하고 모든 수익에 대하여 발생하므로 영업비용 또는 영업외비용으로 분류하지 않는다.

27 ③　　퇴직급여 11,000원 + 접대비 20,000원 + 연구비 15,000원 = 46,000원
제조업을 영위하는 회사에서 기부금, 외화환산손실, 이자비용은 영업외비용에 해당한다.

28 ③　　매입할인에 대한 설명이다.

29 ②　　결산절차에서는 시산표의 작성, 결산수정분개, 계정마감, 재무제표 및 부속명세서의 작성이 이루어진다.
한편, 거래의 분개, 총계정원장에의 전기 등은 기록절차에 해당한다.

30 ② 시산표의 검토 과정에서 오류가 발견되었다면 결산의 역순으로 검토하는 것이 효율적이다.

31 ③ 선수금은 결산 시점이 아닌, 해당 대금의 수령시점(거래의 발생시점)에 기록된다.

32 ④ 결산 시 화폐성 외화부채가 존재하는 경우 환율이 오를수록 기업이 부담해야 하는 부채가치가 증가하므로 불리한 영향(손실)을 받게된다.

33 ④ ① 집합손익계정의 차변에는 비용계정을, 대변에는 수익계정을 기재한다.
② 장부를 마감하게 되면 손익계정만 0이 되며, 재무상태표계정은 차기로 이월된다.
③ 당기순손익은 이익잉여금 계정으로 대체한다.

34 ③ 금융감독원 전자공시시스템에는 관계 법령 등에 의하여 기업이 외부에 제공하여야 하는 재무자료(감사보고서) 및 사업에 관한 정보들(사업보고서)이 주로 공시된다.

35 ① ② 감사의견은 회사기 제시한 재무제표가 회계기준에 근거하여 적정하게 작성되었는지 여부에 대하여 외부감사인이 제공하는 것으로서, 투자적격성에 대한 판단을 포함하지는 않는다.
③ 회사의 재무제표가 전반적으로 기업회계기준을 심각하게 위반한 경우 부적정의견을 표명한다.
④ 감사의견이 부적정, 또는 의견거절인 것은 상장기업의 상장폐지 사유에 해당된다.

36 ② 유동비율 = (유동자산 ÷ 유동부채) × 100%
∴ (8,155,000원* ÷ 3,500,000원) × 100% = 233%
*유동자산 = 당좌자산 5,000,000원 + 재고자산 3,155,000원 = 8,155,000원

37 ④ 재고자산회전율 = 매출원가 ÷ 평균 재고자산
매출원가를 x라 하면,
2회 = x ÷ 20,000,000원
∴ x = 40,000,000원

38 ② 자기자본이익률(ROE) = (당기순이익 ÷ 자기자본) × 100%
∴ (10,000,000원 ÷ (30,000,000원 − 20,000,000원)) × 100% = 100%

39 ①　　당기의 매출액을 x라 하면,
　　　　　　(x × 50%) − 600,000원 − 400,000원 = 1,000,000원
　　　　　　∴ x = 4,000,000원

40 ③　　① 영업비용은 매출원가와 판매비와관리비의 합인 7,000원이다.
　　　　　　② 영업외비용은 1,600원이다.
　　　　　　③ 매출총이익률(매출총이익 ÷ 매출액)은 64% 이며, 이는 회사의 매출총이익이 매출액 대비 64%
　　　　　　　임을 의미한다.
　　　　　　④ 영업이익률 = 영업이익 3,000원 ÷ 매출액 10,000원 = 30%

2025년

5회

2025년 7월 26일 시행

01	④	02	③	03	②	04	①	05	③
06	①	07	③	08	③	09	④	10	③
11	②	12	②	13	④	14	③	15	③
16	④	17	③	18	①	19	①	20	①
21	②	22	③	23	②	24	④	25	④
26	②	27	②	28	④	29	③	30	④
31	①	32	③	33	②	34	④	35	④
36	③	37	③	38	①	39	④	40	④

01 ④ 관리회계는 주로 내부관리 및 의사결정 등의 목적으로 활용되며, 기업 외부의 이해관계자들에게 재무정보를 제공하는 것을 주된 목적으로 하는 것은 재무회계이다.

02 ③ 유동성배열법에 따라 자산과 부채 모두 유동성이 높은 순서대로 표시한다.

03 ② ㄱ – (차) 건물(자산)의 증가 　　　(대) 현금(자산)의 감소
ㄴ – (차) 차입금(부채)의 감소 　　　(대) 현금(자산)의 감소
ㄷ – (차) 급여(비용)의 발생 　　　(대) 현금(자산)의 감소
ㄹ – (차) 미지급비용(부채)의 감소 　(대) 현금(자산)의 감소
ㅁ – (차) 퇴직급여(비용)의 발생 　　(대) 퇴직급여충당부채(부채)의 증가

따라서, 비용이 증가하는 거래는 ㄷ. 과 ㅁ. 이다.

04 ① (ㄱ) 기초부채 = 기초자산 1,800원 – 기초자본 1,200원 = 600원
(ㄹ) 순이익 = 총수익 1,300원 – 총비용 900원 = 400원
(ㄷ) 기말자본 = 기초자본 1,200원 + 순이익 400원 = 1,600원
(ㄴ) 기말자산 = 기말부채 400원 + 기말자본 1,600원 = 2,000원

05 ③   보기의 거래는 다음과 같이 분개된다.

(차) 매출채권	70,000원	(대) 매출	70,000원
(차) 매출원가	XX 원	(대) 재고자산	XX원

따라서 매출채권은 차변에서 증가하고, 재고자산은 대변에서 감소한다.

06 ①   올바른 분개는 다음과 같다.

(차) 현금	100,000원	(대) 매출채권	100,000원

07 ③   현금및현금성자산 =

현금시재액 120,000원 + 만기 3개월 이내 국공채 200,000원 = 320,000원

취득 당시 만기가 3개월 이상이고 1년 이하인 정기예금은 당좌자산으로 분류되며, 주식은 현금이 될 수 없다.

08 ③   당좌차월은 당좌예금의 잔액을 초과하여 지급결제된 금액을 의미하며, 단기차입금으로 분류한다.

09 ④   금전대차계약을 맺고 빌려준 금액(채권)은 대여금으로 분류한다.

10 ③   ㄴ. 도착지 인도조건으로 구입하였다면 도착지 도달 전까지는 구입자가 아닌 판매자의 재고자산에 포함된다.

기말재고 금액 = ㄱ. 160,000원 + ㄷ. 50,000원 + ㄹ. 90,000원 = 300,000원

11 ②   기말재고자산 수량은 입고 500개에서 출고 100개를 차감한 400개이다.
(주)삼일이 선입선출을 적용하므로 400개의 기말재고는 최근에 매입한 순서대로 남아있다고 가정한다.

따라서, 기말재고 단가 =
((300개 × @190원) + (100개 × @150원)) ÷ 400개 = @180원

12 ②   재고자산평가손실충당금은 차기 이후에 동 재고자산의 시가가 회복되는 경우 본래의 장부금액을 한 도로 하여 환입된다.

13 ④ 매도가능증권은 처분 이전에 발생한 평가손익을 당기손익으로 실현시키지 않고 자본에 누적하므로, 다음과 같이 처분 시점에 이를 고려하여야 한다.

(차) 현금   5,300,000원   (대) 매도가능증권   5,500,000원
    매도가능증권평가이익   500,000원   매도가능증권처분이익   300,000원

14 ③ (1) 건물 감가상각비 = 취득원가 20,000,000원 ÷ 20년 = 1,000,000원
(2) 기계장치 감가상각비 = 기초 장부가액 4,500,000 × 0.25 = 1,125,000원
따라서, 총 감가상각비 = (1) + (2) = 2,125,000원

15 ③ 무형자산 중 영업권에 대한 설명이다.

16 ④ ㄷ, ㅂ 은 당좌자산, ㄹ. 은 유형자산, ㅁ. 은 무형자산으로 각각 분류된다.

임차보증금   5,000,000원
장기미수금   3,000,000원
기타비유동자산 계   8,000,000원

17 ③ 미지급비용에 대한 설명이다.
선급비용은 비용 발생 전에 먼저 현금을 지급하였을 때 사용하는 계정과목이다.

18 ① 보기의 거래로 인하여 유동부채인 매입채무가 감소하고 대신 비유동부채인 장기차입금이 증가한다. 유동부채가 감소함에 따라 유동비율*이 증가하나, 총부채 및 순자산 금액에 변동이 없으므로 부채비율은 불변이다.
* 유동비율 = (유동자산 ÷ 유동부채) × 100%

19 ① 사채상환손익 = 상환시점의 사채 장부가액 − 상환가액

장부가액 (1,000,000원 − 45,000원)   955,000원
상환가액   (−) 970,000원
사채상환손익   15,000원 (손실)

20 ① 퇴직급여충당부채는 유동과 비유동을 구분하지 않고 항상 비유동부채로 분류한다.

21 ② 주식할인발행차금은 자본조정으로 분류된다.

22 ③ 유상증자로 인한 현금유입액
= (100주 × 발행가액 @12,000원) − 신주발행비 30,000원 = 1,170,000원
자본금증가액 = 100주 × 액면가액 @10,000원 = 1,000,000원
주식발행초과금 = 1,170,000원 − 1,000,000원 = 170,000원

23 ② 현금이 유입되거나 유출될 때 거래를 인식하는 것이 현금주의이다.
즉, 외상판매 시에 인도시점에서 수익을 인식하면 발생주의이고 대금 수취 시 수익을 인식하는 것이
현금주의이다.

24 ④ 매출액증가율 = (당기매출액 ÷ 전기매출액) − 1
매출액 − 매출원가 − 판매비와관리비 = 영업이익
∴ (2,800,000원* ÷ 2,000,000원) − 1 = 40%
　* 당기매출액 = 500,000원 + 300,000원 + 2,000,000원 = 2,800,000원

25 ④ ① 건설형공사계약의 경우 공사가 진행되는 기간에 걸쳐 진행률에 따라 수익이 인식된다.
② 완성기준이 아닌 진행기준에 따라 수익을 인식한다.
③ 20X2년 공사이익 = 20,000,000원* − 15,000,000원** = 5,000,000원
　　* 공사수익 = 총계약금액 80,000,000원 × 25% = 20,000,000원
　　** 공사원가 = 총예정원가 60,000,000원 × 25% = 15,000,000원
④ 매년 진행률이 25% 로 동일하므로 20X4년에도 20,000,000원의 공사수익이 발생한다.

26 ② ①,③,④ 는 영업외비용으로, ② 는 판매비와관리비(영업비용)로 각각 분류된다.

27 ② ㄴ,ㄷ,ㅂ 은 판매비와관리비(영업비용)로 분류되며, ㄹ. 은 비용이 아닌 이익의 처분에 해당된다.

기타의 대손상각비	100,000원
잡손실	120,000원
기부금	300,000원
영업외비용 계	520,000원

28 ④   ① 비유동부채가 유동부채로 대체되며, 손익에는 영향이 없다.

② 채권이 현금자산으로 대체되며, 손익에는 영향이 없다.

③ 현금자산과 부채가 동시에 감소하며, 손익에는 영향이 없다.

④ 수익의 증가하므로 당기순이익이 증가한다.

29 ③   수정전시산표 작성 – 결산 수정분개 – 장부(계정) 마감 – 재무제표 작성의 순서로 결산절차를 수행한다.

30 ④   합계시산표에 대한 설명이다. 잔액시산표에는 각 계정의 잔액만이 기재된다.

31 ①   1년치 임대료 2,400,000원 중 20X1년 귀속 2개월 분을 제외한 나머지는 20X2년의 수익으로 이연되어야 하므로, 다음과 같이 분개한다.

(차) 임대료수익   2,000,000원*   (대) 선수수익   2,000,000원

 * 2,400,000원 × 10개월 / 12개월 = 2,000,000원

32 ③   결산조정을 통해 기간 경과분 이자비용을 계상하는 분개는 다음과 같다.

(차) 이자비용(비용)   (대) 미지급비용(부채)

해당 분개를 누락하였다면 비용과 부채가 각각 과소계상 되고, 비용의 과소계상으로 인하여 이익과 자본(이익잉여금)이 과대계상 된다.

33 ②   기말에 존재하는 화폐성 외화자산(부채)을 평가함에 따라 발생한 미실현 외환손익을 외환환산손익으로, 화폐성 외화자산(부채)가 회수(지급)됨에 따라 발생한 실현 외환손익을 외환차손익으로 구분한다.

34 ④   재무제표에 기업회계기준을 위반하는 사항이 있더라도, 해당 위반사항이 중요하지 않다면 적정의견이 표명될 수 있다.

35 ④   다음 중 손익계산서 없이 산정 가능한 비율은 ④번이다.

① 매출채권회전율 = 매출액 ÷ 평균매출채권

② 매출액증가율 = (당기매출액 ÷ 전기매출액) − 1

③ 재고자산회전기간 = 365일 ÷ (매출원가 ÷ 평균재고자산)

④ 당좌비율 = (당좌자산 ÷ 유동부채) × 100%

36 ③ 부채비율 = (부채 ÷ 자본) × 100%

∴ (3,000,000 ÷ 4,000,000) × 100% = 75%

37 ③ ① 보기의 거래로 인하여 재고자산과 매입채무가 각각 증가하며, 자본의 변동은 없다.

② 유동비율은 유동자산을 유동부채로 나누어 산정한다. 재고자산 구입 전 유동자산이 유동부채보다 크므로, 유동자산인 재고자산과 유동부채인 매입채무가 같은 금액만큼 늘어날 때 유동비율은 감소하게 된다.

③ 재고자산회전율은 매출액(또는 매출원가)을 평균 재고자산으로 나누어 산정한다. 재고자산이 증가하였으므로 매출채권회전율은 감소한다.

④ 당좌비율은 당좌자산을 유동부채로 나누어 산정하며, 당좌자산은 유동자산 중 재고자산을 제외한 금액이다. 당좌비율은 매입채무의 증가로 인하여 감소한다.

38 ① 주당순이익 = 당기순이익 ÷ 보통주식수

∴ 30,000,000원 ÷ 6,000원 = 5,000원

39 ④ 매출총이익률은 수익성 지표이다.

40 ④ 당기순이익률 = (당기순이익 ÷ 매출액) × 100%

∴ (2,400,000원* ÷ 6,000,000원) × 100% = 40%

＊ 당기순이익 = 매출액 6,000,000원 - 매출원가 2,500,000원 - 판매비와관리비 1,000,000원 + 영업외수익 110,000원 - 영업외비용 60,000원 - 법인세비용 150,000원 = 2,400,000원

2025년 6회

2025년 9월 27일 시행

01	④	02	③	03	②	04	①	05	④
06	①	07	④	08	④	09	④	10	④
11	②	12	③	13	①	14	③	15	③
16	②	17	③	18	②	19	②	20	①
21	①	22	①	23	①	24	③	25	③
26	④	27	②	28	④	29	③	30	④
31	②	32	②	33	③	34	④	35	④
36	④	37	①	38	②	39	③	40	②

01 ④ 일정기간 동안 발생한 기업의 현금유입과 유출에 대한 정보는 현금흐름표를 통해서 파악할 수 있다.

02 ③ 일반기업회계기준에서는 재무상태표, 손익계산서, 자본변동표, 현금흐름표 및 주석을 재무제표로 규정하고 있다.

03 ② 기중 다른 자본거래 및 배당 지급이 없었다면 이익잉여금의 증가액과 해당기간의 순이익은 동일하다.

20X1년 기초자본을 x라 하면,

(기말자산 1,000,000원 – 기말부채 450,000원) – x = 당기순이익 250,000원

∴ x = 300,000원

04 ① 매출 – 매출원가 – 판매비와관리비 = 영업이익

05 ④ 7월 15일에는 현금이 차변에 증가하면서 상대계정이 매출채권으로 기록되어 있으므로, 기존에 발생한 매출채권이 회수되었음을 알 수 있다.

06 ① 7월 1일에 차량 취득대금 10,000,000원이 미지급금 계정의 대변에 기록되고, 8월 10일에 그 중 3,000,000원을 지급하면서 미지급금 계정의 차변에 기록된다.

07 ④ 결산 시점까지 원인이 밝혀지지 않은 현금부족액은 잡손실 등의 비용으로 처리된다.

08 ④ 단기금융상품, 외상매출금, 보통예금은 당좌자산에 해당한다.

09 ④ 매도가능증권의 평가손익은 기타포괄손익(자본)에 반영되므로, 20X2년 당기손익에 영향을 미치는 거래는 처분손익 뿐이다.

매도가능증권처분손익 = 처분가액 – 최초 취득가액
∴ (@27,000원 – @25,000원*) × 80주 = 160,000원(이익)
* 취득단가 = 3,000,000원 ÷ 120주 = 25,000원

10 ④ 당기 대손충당금의 변동내역은 다음과 같다.

기초 대손충당금		500,000원
기중 감소(채권제각)	(–)	300,000원
당기 추가 설정액(대손상각비)	(+)	x원
기말 대손충당금(대손추산액)		400,000원

∴ x = 200,000원

11 ② 선입선출법은 먼저 매입된 재고가 먼저 판매된다고 가정하므로 물가가 지속적으로 상승한다면 가중평균법에 비해 매출원가가 상대적으로 적게 계상되며, 이에 따라 매출총이익은 크게 계상된다.

12 ③ ② 재고자산평가손실 계상액 = (취득원가 8,000원 – 시가 5,000원) × 1,000개
③ 재고자산평가손실충당금은 재고자산을 차감 평가하기 위한 계정과목이다.

13 ① ② 단기매매증권은 당좌자산으로 분류된다.
③,④ 재고자산과 당좌자산은 유동자산에 해당한다.

14 ③ ① 처분시점 기계장치 장부가액 = 취득원가 – 처분시점까지의 누적 감가상각비
∴ 2,000,000원 – (2,000,000원 – 200,000원) × 2년 / 3년 = 800,000원
③ 유형자산처분이익 = 처분금액 – 처분시점 장부가액
∴ 1,200,000원 – 800,000원 = 400,000원

15 ③   내부적으로 창출한 영업권은 무형자산으로 인식할 수 없다.

16 ②   자본금은 자본, 매입채무와 미지급금은 부채이므로 계산에서 제외된다.

현금	130,000원	산업재산권(무형자산)	350,000원
상품(재고자산)	470,000원	장기미수금(기타비유동자산)	75,000원
매출채권	180,000원	기계장치(유형자산)	720,000원
유동자산 계	780,000원	비유동자산 계	1,145,000원

17 ③   상품의 외상매입 시 분개는 다음과 같다.

          (차) 상품(자산증가)   (대) 매입채무(부채증가)

          동 분개를 이중기록하였다면 자산과 부채가 각각 과대계상되었을 것이다.

18 ②   보기의 계정과목 중 미수금, 선급비용, 선급금, 받을어음은 자산 계정과목이다.
          유동부채 =
          미지급비용 1,000원 + 미지급금 1,500원 + 예수금 1,500원 + 선수수익 1,000원 = 5,000원

19 ②   사채를 할인발행 하였을 경우, 사채할인발행차금은 차변에 기록하고, 사채액면가액은 대변에 기록한다.

20 ①   장기차입금의 만기가 1년 내로 도래하게 되어 유동부채로 분류되어야 할 때에는 차변에서 장기차입
          금을 감소시키고 대변에서 유동성장기부채 계정과목을 증가시킴으로써 유동성 대체를 수행한다.

21 ①   ② 단기매매증권평가손익은 당기손익으로 인식한다.
          ③ 은 자본조정이 아닌 미처분이익잉여금에 대한 설명이다.
          ④ 는 자본잉여금이 아닌 자본조정에 대한 설명이다.

22 ①   이익준비금에 대한 설명이다.

23 ①

보기의 각 항목별로 수익으로 인식할 금액은 다음과 같다.

ㄱ. 20,000,000원 − 4,000,000원 = 16,000,000원

ㄴ. 9,000,000원 − 2,500,000원 = 6,500,000원

ㄷ. 4,500,000원 − 2,500,000원 = 2,000,000원

당기 인식할 매출액 = ㄱ + ㄴ + ㄷ = 24,500,000원

24 ③

25 ③

① 사채상환이익 − 영업외수익

② 자산수증이익 − 영업외수익

③ 광고선전비 − 판매비와관리비(영업비용)

④ 유가증권평가손실 − 영업외비용(또는 기타포괄손익)

26 ④

ㄷ. 외환차손은 영업외비용이고,

ㅁ. 토지취득과 관련된 취득세는 유형자산의 취득원가에 가산되므로 비용이 아니다.

판매직사원 급여	1,700,000원
판매직사원 퇴직급여	1,500,000원
매출채권 대손상각비	140,000원
본사 건물 감가상각비	360,000원
판매비와관리비 계	3,700,000원

27 ②

당기 말에 확정될 법인세의 일부를 기중에 선납한 것이므로 지급한 현금을 선급법인세로 회계처리한다.

28 ④

예비절차에는 수정전시산표의 작성, 결산정리사항의 요약, 결산수정분개, 결산수정분개의 전기가 포함되고, 결산보고서 작성에는 계정의 마감, 재무제표 작성, 부속명세서의 작성이 포함된다.

29 ③

시산표의 차변과 대변의 합계는 일치하므로 대변잔액의 합계도 6,500,000원이다.

따라서, 매출 = 6,500,000원 − 매입채무 800,000원 − 차입금 1,000,000원 − 자본금 800,000원

− 전기이월이익잉여금 200,000원 − 이자수익 200,000원

= 3,500,000원

30 ④   외환차손익은 기중 화폐성 외화자산(부채)이 회수(지급)되는 시점에 인식된다.

31 ②   이자비용 발생액 = 10,000,000원 × 6% × 3개월 / 12개월 = 150,000원

32 ②   당기 퇴직급여충당부채의 변동내역은 다음과 같다.

기초 퇴직급여충당부채	10,000,000원
기중 퇴직금 지급액	(−) 2,000,000원
당기 퇴직금 추가 설정액	(+) x원
기말 퇴직급여충당부채	12,000,000원

∴ x = 4,000,000원

33 ③   (ㄷ) 은 부채비율을 낮추기 위해 부채를 과소계상하고 자본을 과대계상한 것이다.

34 ④   감사범위의 제한이 없거나 중요하지 않은 경우, 재무제표에 기업회계기준 위배사항이 없거나 중요하지 않은 경우에는 적정의견을 표명한다.

35 ④   부채비율 = (부채 ÷ 자본) × 100%

36 ④   ① 부채비율이 증가하고 있다면 일반적으로 채무불이행 위험이 높아지고 있다고 해석된다.
       ② 당기순이익률이 증가하였다면 일반적으로 수익성이 개선된 것으로 본다.
       ③ 매출채권회전율이 감소하였다면 채권의 회수가 지연되고 있는 것이다.

37 ①   (1) 당좌비율 = (당좌자산 ÷ 유동부채) × 100%
        ∴ (750,000원* ÷ 1,000,000원**) × 100% = 75%
          * 당좌자산 = 현금및현금성자산 200,000원 + 매출채권 350,000원 + 단기매매증권 200,000원
          ** 유동부채 = 매입채무 400,000원 + 단기차입금 1,000,000원
       (2) 유동비율 = (유동자산 ÷ 유동부채) × 100%
        ∴ (1,400,000원* ÷ 1,000,000원) × 100% = 140%
          * 유동자산 = 당좌자산 750,000원 + 재고자산 650,000원
       (2) − (1) = 65%

38 ② 재고자산회전율 = 매출원가 ÷ 평균재고자산

20X3년) 120,000,000원* ÷ ((17,000,000원 + 23,000,000원) ÷ 2) = 6회

* 매출원가 = 매출액 216,000,000원 - 매출총이익 96,000,000원 = 120,000,000원

20X2년) 128,000,000원* ÷ ((15,000,000원 + 17,000,000원) ÷ 2) = 8회

* 매출원가 = 매출액 216,000,000원 - 매출총이익 96,000,000원 = 120,000,000원

39 ③ 매출원가율 = (매출원가 ÷ 매출액) × 100%

매출액을 x라 하면,

(45,000,000원* ÷ x) × 100% = 80%

* 매출원가 = 기초재고 3,000,000원 + 당기매입 47,000,000원 - 기말재고 5,000,000원

∴ x = 56,250,000원

40 ② 당기순이익을 유통보통주식수로 나누어 1주당 창출한 이익이 얼마인지를 파악할 수 있는 재무비율을 주당순이익이라고 하며, 회사가 1년간 올린 수익에 대한 주주의 몫을 나타내는 지표이다.

2025년 7회 — 2025년 11월 22일 시행

01	④	**02**	①	**03**	③	**04**	②	**05**	①
06	②	**07**	④	**08**	③	**09**	①	**10**	④
11	③	**12**	①	**13**	③	**14**	④	**15**	②
16	②	**17**	③	**18**	④	**19**	②	**20**	①
21	②	**22**	③	**23**	④	**24**	②	**25**	①
26	②	**27**	④	**28**	①	**29**	④	**30**	①
31	③	**32**	②	**33**	④	**34**	③	**35**	③
36	②	**37**	④	**38**	④	**39**	①	**40**	①

01 ④ 기중 다른 자본거래 및 배당 지급이 없었다면 기초 대비 기말 이익잉여금의 증가액과 해당기간의 이익은 동일하다.
따라서, 당기순이익 = 280백만 원 – 200백만 원 = 80백만 원

02 ① 부기는 회계의 한 과정이다.

03 ③ 재무상태표의 차변과 대변의 합계액은 언제나 일치한다.

04 ② 해당 거래는 다음과 같이 분개된다.
(차) 매출채권(자산의 증가)   (대) 매출(수익의 발생)

05 ①

06 ② ① 5월 1일에는 유상증자(자기자본 조달), 5월 11일에는 차입거래(타인자본 조달)가 각각 발생하였다.
② 건설중인자산은 유형자산의 세부계정과목이다.
③ 5월 5일의 거래로 20,000원의 수익이 인식되므로 동액만큼 손익에 영향을 미친다.
④ 5월 8일에는 대여금이 상환(감소)되면서 현금및현금성자산이 유입되고 있다.

07 ④
① 현금및현금성자산 = 수표 100,000원 + 당좌예금 50,000원 = 150,000원
② 매출채권 = 외상매출금 40,000원
③ 매입채무 = 지급어음 100,000원 + 외상매입금 70,000원 = 170,000원
④ 당좌자산 = 현금및현금성자산 150,000원 + 매출채권 40,000원 = 190,000원

08 ③
기중 대손충당금의 변동내역은 다음과 같다.

기초 대손충당금	2,800,000원
기중 감소(채권제각)	(−) 500,000원
당기 추가 설정액(대손상각비)	(+) x원
기말 대손충당금(대손추산액)*	4,150,000원

* 대손추산액 = (15,000,000원 × 3%) + (7,000,000원 × 10%) + (6,000,000원 × 50%)

∴ x = 1,850,000원

09 ①

10 ④
단기매매증권의 평가이익은 기타포괄손익(자본)이 아닌 당기손익에 반영된다.

11 ③
① 시송품은 고객에게 인도되었으나 아직 수익 인식요건을 충족하지 못하여 판매자의 재고자산에 포함되는 항목이다.
② 적송품은 수탁자에게 인도되었으나 아직 최종 고객에게 판매되지 않아 판매자의 재고자산에 포함되는 항목이다.
④ 미착품은 선적지인도조건으로 매입하여, 아직 운송중에 있음에도 구매자에게 귀속되는 재고자산이다.

12 ①
실사 수량이 장부상의 수량보다 작은 A 재고에서 감모손실이 발생하고, 예상 판매단가가 취득단가보다 낮은 B 재고에서 평가손실이 발생한다.

감모손실(A) = (500개 − 400개) × @100원 = 10,000원
평가손실(B) = (@200원 − @100원) × 200개 = 20,000원

13 ③
기업의 영업을 위해 장기적으로 사용할 목적의 자산은 그 형태의 유무에 따라 유형자산 또는 무형자산으로 분류된다.

14 ④   유형자산처분손익 = 처분가액 − 처분 시점의 감가상각누계액을 차감한 장부가액

(주)삼일이 20X1년에 인식한 감가상각비를 x라 하면,

처분가액	4,000,000원
장부가액	(−) (4,200,000원 − x)원
처분이익	150,000원

∴ x = 350,000원

15 ②   ① 재공품은 재고자산으로 분류되고, ④ 경상연구개발비는 자산이 아닌 비용으로 인식된다.
④ 내부창출영업권은 인식 대상이 아니다.

16 ②   이연법인세자산은 회계와 세법의 차이로 인하여 발생하는 미래의 세금 절감액을 말한다. 만약, 당기에
회계와 세법의 차이로 인하여 미래의 세금 증가가 예상된다면 이는 이연법인세부채를 발생시킨다.

17 ③   상품을 판매하면서 수령한 부가가치세 500,000원은 예수금으로 처리한다.

18 ④   사채의 할인발행 또는 할증발행 여부와 무관하게 사채 발행자는 만기에 사채의 액면금액을 상환한다.

19 ②   ① 일반적인 보통주주는 확정적인 배당금을 약속받지 않으며, 기업에 이익이 발생하여 배낭의 새원
이 존재할 때에 한하여 배당을 지급받는다.
③ 일반적인 (선순위)사채권자는 타 채권자와 동등한 순위를 갖지만, 주주는 잔여재산에 대하여만
청구권을 가진다.
④ 일반적인 보통주주는 경영참가권이 있지만 사채권자는 의결권이 없다.

20 ①   각 시점별 올바른 분개는 다음과 같다.

② (차) 이자비용	500,000원	(대) 현금	500,000원		
③ (차) 이자비용	500,000원	(대) 현금	500,000원		
장기차입금	5,000,000원	유동성장기부채	5,000,000원		
④ (차) 이자비용	500,000원	(대) 현금	500,000원		
유동성장기부채	5,000,000원	현금	5,000,000원		

21 ② 보기의 각 거래를 분개하면 다음과 같다.

ㄱ. (차) 현금   1,000,000원   (대) 자본금   500,000원

                                                          주식발행초과금(자본잉여금)   500,000원

ㄴ. (차) 미처분이익잉여금(이익잉여금) 1,000,000원   (대) 현금 1,000,000원

따라서, 자본금이 500,000원만큼 증가, 이익잉여금이 1,000,000원만큼 감소하며, 자본조정 항목에 미치는 영향은 없다.

22 ③ 주식발행초과금은 자본잉여금으로, 자기주식은 자본조정으로 각각 분류된다.

임의적립금	30,000,000원
미처분이익잉여금	10,000,000원
이익준비금	3,000,000원
이익잉여금 계	43,000,000원

23 ④ 판매대가를 현금 이외의 자산으로 받는 경우, 취득한 자산의 공정가치로 수익을 측정하여 인식한다.

24 ②

25 ① 당기 공사진행률 = 공사수익 52,500,000원 ÷ 총도급금액 210,000,000원 = 25%

당기발생원가를 x라 하면,

25% = (x ÷ 총예정원가 160,000,000원)

∴ x = 40,000,000원

26 ② 자산수증이익은 제조업을 영위하는 회사에서 주된 영업활동을 통해 벌어들인 수익이 아니므로, 영업외수익으로 분류되어야 한다.

27 ④ 업무와 관련하여 거래처로부터 대가를 받지 않고 제품을 제공하면 접대비로 처리하며, 회사의 사업과 무관하게 제품을 제공하였다면 기부금으로 처리한다.

28 ① 화폐성 외화자산(부채)가 회수(지급)되는 시점에서 기존 장부금액과의 환율변동 효과는 외환차손익으로 인식한다.

외환차손익 = $10,000 × (1,200원 - 1,100원) = 1,000,000원(이익)

29 ④　　장부를 마감하게 되면 손익계정만 0이 되며, 재무상태표계정은 차기로 이월된다.

30 ①　　합계잔액시산표는 계정과목별로 발생합계와 잔액이 모두 표시되는 시산표이다.

31 ③　　시산표 상에서는 차변과 대변의 합계금액에 차이를 발생시키는 오류만을 식별할 수 있다.

32 ②　　20X1년 경과이자 = 100,000,000원 × 5% × 6개월 / 12개월 = 2,500,000원

33 ④　　현금 증감액은 손익계산서 상의 수익(+), 비용(-) 금액에 관련 채권/채무 잔액의 증감을 고려하여 산정한다.

　　　　손익계산서 상의 이자수익　　　　　　　　　× 원
　　　　미수이자 증가액　　　　　　　　(-)　100,000원
　　　　이자로 인한 현금유입액　　　　　　 500,000원

　　　　∴ x = 600,000원

34 ③　　금융감독원 전자공시시스템에는 관계 법령 등에 의하여 기업이 외부에 제공하여야 하는 재무자료(감사보고서) 및 사업에 관한 정보들(사업보고서)이 주로 공시된다.

35 ③　　기업회계기준을 재무제표 전반적으로 심각하게 위반했다면 부적정 의견이 표명된다.

36 ②　　총자산회전율 = 매출액 ÷ 평균총자산
　　　　∴ 260,000,000원 ÷ 130,000,000원* = 2회
　　　　*평균총자산 = (기초자산 110,000,000원 + 기말자산 150,000,000원) ÷ 2 = 130,000,000원

37 ④　　당좌비율 = (당좌자산 ÷ 유동부채) × 100%
　　　　∴ (6,000,000원* ÷ 4,000,000원) × 100% = 150%
　　　　*당좌자산 = 재고자산 9,000,000원 - 재고자산 3,000,000원 = 6,000,000원

38 ④   ① 매출총이익률 = (매출총이익 ÷ 매출액) × 100%

∴ (2,400,000원* ÷ 6,000,000원) × 100% = 40%

* 매출총이익 = 매출액 6,000,000원 - 매출원가 3,600,000원 = 2,400,000원

② 영업이익률 = (영업이익 ÷ 매출액) × 100%

∴ (1,500,000원* ÷ 6,000,000원) × 100% = 25%

* 영업이익 = 매출총이익 2,400,000원 - 판매비와관리비 900,000원 = 1,500,000원

③ 당기순이익률 = (당기순이익 ÷ 매출액) × 100%

∴ (1,620,000원* ÷ 6,000,000원) × 100% = 27%

* 당기순이익 = 영업이익 1,500,000원 + 영업외수익 500,000원 - 영업외비용 300,000원 -
법인세비용 80,000원 = 1,620,000원

④ 주당순이익 = 당기순이익 1,620,000원 ÷ 유통보통주식수 1,000주 = 1,620원

39 ①   ② 는 주당순이익에 대한 설명이다. 주당순이익은 당기순이익을 보통주식수로 나누어 산정하므로 손
익계산서 정보를 필요로 한다.

③은 손익계산서를 통해서 파악할 수 있다.

④ 재무상태표의 유동자산 항목을 통해 대략적인 경제적 효익의 유입액을 파악할 수 는 있다. 그러나
가령 재고자산의 경우 현금 회수시점에 불확실성이 존재하므로 그 금액을 정확하게 산정할 수는
없다.

40 ①   ① 상여에 대한 미지급비용 반영 시 유동부채가 증가하므로 유동비율*이 하락한다.

* 동비율 = (유동자산 ÷ 유동부채) × 100%

② 당좌비율*은 유동자산에서 재고자산을 제외한 당좌자산을 기준으로 산정하므로 재고자산의 증감
은 당좌비율에 영향을 미치지 않는다.

* 당좌비율 = (당좌자산 ÷ 유동부채) × 100%

③ 유동부채와 비유동부채 간의 대체만 발생할 뿐 총 부채에는 변동이 없으므로 부채비율*에 미치는
영향이 없다.

* 부채비율 = (부채 ÷ 자본) × 100%

④ 선수금(유동부채)의 증가로 인하여 부채비율이 상승한다.

2025년
8회 2025년 12월 20일 시행

01	④	02	③	03	④	04	④	05	②
06	④	07	①	08	②	09	③	10	③
11	①	12	③	13	②	14	②	15	①
16	③	17	①	18	④	19	③	20	②
21	①	22	③	23	②	24	②	25	③
26	③	27	①	28	①	29	④	30	①
31	④	32	④	33	④	34	①	35	③
36	③	37	②	38	②	39	④	40	②

01 ④

02 ③

03 ④
① 미지급비용 – 재무상태표(부채) 계정
② 매도가능증권평가이익 – 재무상태표(자본) 계정
③ 선수수익 – 재무상태표(부채) 계정

04 ④
선급금 계정이 차변에서 증가하면서 상대계정(대변)이 현금으로 기록되어 있으므로, 선급금의 지급 거래가 발생하였음을 알 수 있다.

05 ②
각 일자별 거래에서 현금의 유입출을 수반하지 않는 항목을 제외하고 산정한다.

기초현금		3,200원
20X1. 3. 5 유상증자	(+)	1,000원
20X1. 5.17 매출채권 회수	(+)	2,000원
기말현금		6,200원

06 ④
현금성자산은 이자율 변동에 따른 가치변동의 위험이 경미한 금융상품으로서 취득 당시 만기일(또는 상환일)이 3개월 이내인 것을 의미한다.

07 ①　당좌차월 한도는 추후 당좌예금의 잔액이 부족하더라도 해당 한도까지는 지급결제가 가능하도록 금융기관과 사전에 약정한 금액을 의미하며, 실제로 실행되기 전까지는 인식 대상 거래가 아니다.

08 ②　상품은 재고자산으로 분류된다.

09 ③　매도가능증권은 공정가치 평가에 따른 자산의 가치 증감을 자본(기타포괄손익)에 반영하기 때문에, 처분으로 실현되기 전까지는 당기손익에 영향을 미치지 않는다.

10 ③　① 선적지 인도조건인 경우 선적 시점에 재고자산에 대한 책임과 권리가 매입자에게 이전된다.
　　② 아직 생산에 투입되지 않은 원재료도 제품의 제조 과정을 거쳐 궁극적으로 고객에게 판매할 목적으로 보유하는 것이므로 재고자산에 포함된다.
　　④ 환급이 가능한 수입관세는 기업이 재고자산의 취득과 관련하여 부담하는 원가가 아니므로 매입부대비용에서 제외된다.

11 ①　기말재고자산 수량 = 기초 1,000개 + 매입 3,000개 − 판매 2,500개 = 1,500개
　　ㄱ. 후입선출법을 적용할 경우 기말재고자산 1,500개는 기초이월분 1,000개와 1월 7일자 매입분 500개로 구성되므로,
　　　　재고금액 = (1,000개 × @100원) + (500개 × @120원) = 160,000원
　　ㄴ. 선입선출법을 적용할 경우 기말재고자산은 모두 가장 최근에 매입된 재고로 이루어져 있을 것이다.
　　ㄷ. 평균법을 적용할 경우의 당월 가중평균단가는 124원*이다.
　　　　* (100,000원 + 144,000원 + 252,000원) ÷ (1,000개 + 1,200개 + 1,800개) = 124원
　　ㄹ. 원가흐름의 가정에 따라 달라지는 것은 재고자산의 수량이 아닌 단가이다.

12 ③　결산시점에 장부상 재고수량과 실제 보유수량을 대사하고 부족한 수량에 해당하는 금액을 재고자산감모손실로 인식한다. 이 때, 정상감모는 매출원가로, 비정상감모는 영업외비용으로 각각 분류한다.
　　재고자산감모손실 = (100개 − 96개) × @5,300원 = 21,200원

13 ②　보기의 계정과목 중 투자자산에 해당되는 것은 ㅁ, ㅂ. 두 개이다.
　　ㄱ, ㄴ. 은 투자목적이지만 유동자산이므로 당좌자산으로 분류되고,
　　ㄷ, ㄹ. 은 유형자산으로 분류된다.

14 ② 유형자산의 취득원가에는 매입가격(제조원가) 분만 아니라, 기업이 의도된 용도대로 해당 자산을 이용할 수 있기까지의 취득에 직접 관련된 부대비용이 포함된다.

15 ① 건설중인자산은 아직 사용이 개시되지 않았으므로 감가상각 대상 자산이 아니다.

차량 감가상각비 = 14,000,000원 ÷ 5년 × 3개월 / 12개월 = 700,000원

16 ③ 영업권 = 인수가격 40,000,000원 − 순자산공정가치 20,000,000원*

= 20,000,000원

* 순자산공정가치 = 자산 공정가치 50,000,000원 - 부채 공정가치 30,000,000원 = 20,000,000원

17 ① 퇴직급여충당부채는 임직원의 퇴직시점을 추정하지 않고 항상 비유동부채로 분류한다.

18 ④ 재고자산의 외상 매입과 관련하여 발생한 채무는 외상매입금(매입채무) 계정으로 분개한다.

19 ③ 방안 A : 발행금액이 액면금액을 초과하는 주식의 할증발행이다. 이를 통해 조달할 수 있는 금액은 발행금액 @10,000원에 총 50,000주를 곱한 500,000,000원이다.

방안 B : 액면이자율이 시장이자율보다 높은 조건이므로 동 사채는 할증발행 되며, 조달금액은 액면금액 5억 원보다 큰 금액이다.

따라서, 보다 더 많은 자금을 조달할 수 있는 방안은 방안 B 이다.

20 ②

21 ① 감자차익에 대한 설명이다.

22 ③ ① 자기주식은 발행된 주식의 일부이므로 미발행된 주식과는 구별하여야 한다.

② 자기주식은 자본조정 항목으로 분류하며 자본의 차감으로 표시한다.

③ 20X1년에는 자기주식 취득 금액만큼 자본이 감소하고, 20X2년에는 자기주식처분이익만큼 자본잉여금이 증가한다.

④ 자기주식처분손익은 재무상태표의 자본 계정으로 분류된다.

23 ②

24 ② 수익의 대가를 현금 이외의 자산으로 받는 경우에는 취득한 자산의 공정가치로써 수익 금액을 측정한다.

25 ③ 20X2년의 공사수익 = 총계약금액 100,000,000원 × 누적진행률 100% – 20X1년 기인식한 공사수익 45,000,000원* = 55,000,000원

* 100,000,000원 × 45% = 45,000,000원

공사이익 = 공사수익 55,000,000원 – 공사원가 44,000,000 = 11,000,000원

26 ③ 일정기간 동안 판매된 상품이나 제품에 대하여 배분된 원가는 매출원가로 처리한다.

27 ① 기부금, 외화환산손실, 유형자산처분손실, 사채상환이익은 영업외손익으로 분류된다.

28 ① ㅁ. 이자비용과 ㅇ. 재해손실은 영업외비용에 해당하며,
ㄹ. 배당금 지급은 비용이 발생이 아닌 잉여금의 처분으로써 인식된다.

급여(관리사원)	900,000원
퇴직급여(관리사원)	800,000원
임차료(본사건물)	380,000원
경상개발비	120,000원
판매비와관리비 계	2,200,000원

29 ④ 결산절차에서는 시산표의 작성, 결산수정분개, 계정마감, 재무제표 및 부속명세서의 작성이 이루어진다. 한편, 거래의 분개, 총계정원장에의 전기 등은 기록절차에 해당한다.

30 ① 시산표에 대한 설명이다.

31 ④ 감가상각비 인식과 퇴직급여충당부채의 추정은 결산조정사항이다.

32 ④   결산 시 발생주의에 따라 선수수익을 계상하였다면 다음과 같은 분개가 반영된다.

        (차) 매출액(수익)   (대) 선수수익(부채)

        따라서, 이를 누락하였다면 수익이 과대계상 되고, 부채는 과소계상 된다.

33 ④   결산 시 화폐성 외화부채가 존재하는 경우 환율이 오를수록 기업이 부담해야 하는 부채가치가 증가하므로 불리한 영향(손실)을 받게된다.

        외화환산손익 = \$50,000 × (1,020원 - 1,100원) = 4,000,000원 (손실)

34 ①   ② 감사의견은 회사가 제시한 재무제표가 회계기준에 근거하여 적정하게 작성되었는지 여부에 대하여 외부감사인이 제공하는 것으로서, 투자적격성에 대한 판단을 포함하지는 않는다.

        ③ 재무제표가 전반적으로 심각하게 왜곡된 경우에는 부적정의견이 표명된다.

        ④ 감사의견이 부적정, 또는 의견거절인 것은 상장기업의 상장폐지 사유에 해당된다.

35 ③   유동비율 = (유동자산 ÷ 유동부채) × 100%

        ∴ (9,300,000원* ÷ 3,500,000원) × 100% = 266%

        * 유동자산 = 당좌자산 5,000,000원 + 재고자산 4,300,000원 = 9,300,000원

36 ③   유형자산을 900,000원에 처분한다면 유형자산처분이익은 100,000원 발생하므로 현재의 결손금을 전부 보전할 수 없다.

37 ②   매출채권회전율 = 매출액 ÷ 평균매출채권

        ∴ 80,000,000원 ÷ 10,000,000원 = 8회

        매출채권회수기간 = 360일 ÷ 8회 = 45일

38 ②   매출액 = 영업이익 750,000원 ÷ 영업이익률 15% = 5,000,000원

        매출원가 = 매출액 5,000,000원 × (1 - 매출총이익률 40%) = 3,000,000원

39 ④   자기자본이익률 = (당기순이익 ÷ 평균자기자본) × 100%

40 ②   주당순이익은 당기순이익을 그 기업이 발행한 유통보통주식수로 나누어 산출한다.

2024년
1회 **2024년 1월 27일 시행**

01	④	**02**	③	**03**	④	**04**	④	**05**	③
06	④	**07**	④	**08**	②	**09**	④	**10**	③
11	③	**12**	③	**13**	③	**14**	②	**15**	④
16	②	**17**	②	**18**	④	**19**	②	**20**	①
21	②	**22**	②	**23**	④	**24**	①	**25**	②
26	③	**27**	②	**28**	①	**29**	③	**30**	①
31	③	**32**	②	**33**	①	**34**	①	**35**	③
36	④	**37**	②	**38**	④	**39**	④	**40**	①

01 ④　일반기업회계기준에서 규정하고 있는 재무제표는 재무상태표, 손익계산서, 자본변동표, 현금흐름표 및 주석이다.

02 ③　자본의 감소는 차변에, 증가는 대변에 기록한다.

03 ④　보고기간 말의 결산작업은 [시산표 작성 → 정산표 작성 → 계정의 마감 → 재무제표 작성]의 순서로 이루어진다.

04 ④　차입금 차입 시의 올바른 분개는 다음과 같다.
(차) 현금　　　　　　　　　20,000원　　(대) 차입금　　　　　　　　　20,000원

05 ③

기초현금	4,000원
20X1. 2. 1 출자	(+) 1,000원
20X1. 3. 5 매출채권 회수	(+) 2,000원
20X1. 5.17 외상 매입	–
20X1. 8. 1 외상 매출	–
20X1.12.31 급여 미지급	–
기말현금	7,000원

06 ④ 차변에는 유형자산이 증가하고, 대변에는 미지급금*이 증가한다.

* 일반적인 상품거래 이외에서 발생한 채무

07 ④ ① 1월 15일   매출대금 5,000원이 입금되었다(현금 증가).

② 1월 22일   대여금 3,000원이 상환되었다(현금 증가).

③ 1월 25일   현금 2,000원을 당좌예금에 입금하였다(현금 감소).

④ 1월 31일   기말현금잔액은 9,000*원이다.

* 전기이월 10,000원 + 매출대금 입금 5,000원 + 대여금 상환 3,000원 – 매입대금 지급 7,000원 – 당좌예금 입금 2,000원 = 9,000원

08 ② 선수수익은 부채 계정이다.

09 ④ ① 만기보유증권에 대한 설명이다.

② 단기매매증권에 대한 평가손익은 당기손익으로 처리한다.

③ 매도가능증권에 대한 평가손익은 기타포괄손익으로 처리한다.

10 ③ ① 재공품에 대한 설명이다.

② 제품에 대한 설명이다.

④ 저장품은 소모품, 수선용부분품 및 기타 저장품을 말한다.

11 ③ 5. 1일 판매된 200개는 전량 2. 2일 매입분이고,

9. 5일 판매된 300개는 7. 1일 매입분 150개, 2. 2일 매입분 50개 및 기초재고 100개로 구성되어 있다.

따라서 기말재고 150개는 12. 1일 매입분 100개와 기초재고 50개로 구성되므로,

∴ 기말재고 금액 = (100개 × 45원) + (50개 × 30원) = 6,000원

12 ③ 재고자산평가손실 = 100개 × (1,000원 – 800원) = 20,000원

13 ③ 채무증권으로서 만기까지 보유할 의도와 능력이 있는 유가증권은 만기보유증권으로 분류되며, 지분증권으로서 단기매매증권에 해당되지 않는 유가증권은 매도가능증권으로 분류된다.

14 ② ① 차량 취득원가 = 10,000,000원 + 1,000,000원 = 11,000,000원
②,③ 후속적 지출 중 수익적 지출은 발생 기간의 비용으로 인식한다.
④ 연간 감가상각비 = 11,000,000원 ÷ 10년 = 1,100,000원

15 ④ 무형자산의 상각기간은 관계 법령이나 계약에 의하여 정해진 경우를 제외하고는 20년을 초과할 수 없다.

16 ② 이연법인세자산은 회계와 세법의 차이로 인하여 발생하는 미래 세금 절감액이다.

17 ② 매입채무(유동부채)와 현금(유동자산)이 각각 감소하는 거래이다.

18 ④ 미지급금 1,500원 + 선수수익 1,000원 + 단기차입금 2,000원 + 선수금 1,000원 + 예수금 1,500원 = 7,000원

19 ② 액면이자율(12%) 〉 시장이자율(10%) 이므로 사채는 할증발행된다.
즉, 사채의 발행가액(현금유입액)이 액면금액을 초과하게 되며, 이 때의 초과금액은 사채할증발행차금으로 회계처리 된다.

20 ① 일자별 올바른 분개는 다음과 같다.
② 20X1년 12월 31일

(차) 이자비용	100,000원	(대) 현금	100,000원

③ 20X2년 12월 31일

(차) 이자비용	100,000원	(대) 현금	100,000원
장기차입금	1,000,000원	유동성장기부채	1,000,000원

④ 20X3년 12월 31일

(차) 이자비용	100,000원	(대) 현금	100,000원
유동성장기부채	1,000,000원	현금	1,000,000원

21 ② 매도가능증권평가손익은 기타포괄손익으로 인식한다.

22 ② 주식의 발행금액과 액면금액이 동일한 것을 액면발행이라고 한다.

23 ④ 이자수익은 은행의 주된 영업활동에서 발생한 수익이므로 매출로 분류될 수 있다.

24 ① 600,000원 − (9개 × 6,000원) − (10개 × 800원) = 538,000원

25 ② 120,000,000원 × 40%* = 48,000,000원
* 20X1년의 진행률 = 40,000,000원 ÷ 100,000,000원 = 40%

26 ③ 사업상 필요에 의하여 지출하는 접대비용 및 교제비용은 접대비이다.

27 ②

기초상품재고액	250,000원
당기매입액	(+) 920,000원*
기말상품재고액	(−) 350,000원
매출원가	820,000원

* 총 매입액 900,000원 + 매입운임 70,000원 − 매입환출 20,000원 − 매입할인 30,000원
  = 920,000원

28 ① ㄱ. 1,000,000원 + ㄴ. 1,500,000원 + ㄹ. 140,000원 + ㅂ. 360,000원 = 3,000,000원

29 ③ 계정의 마감은 결산보고서 작성 절차에 해당한다.

30 ① 시산표는 재무제표 작성 전에 작성되며, 총계정원장의 기록이 정확한가를 검증한다.

31 ③ 선수수익 발생 시의 회계처리는 다음과 같으므로, 해당 회계처리가 누락되면 수익이 과대계상 되고 부채가 과소계상 된다.
(차) 수익　　　　　　　　　　XX　　(대) 선수수익　　　　　　　　　XX

32 ② 재고자산과 매출원가의 관계를 설명하는 산식이다.

33 ① 매출은 실현주의에 따라 인도 시점인 20X2년에 인식되어야 하므로, 20X1년에 오인식된 매출을 취소하는 수정분개가 반영되어야 한다.

34 ① 전자공시시스템에서는 외부감사의 대상이 되는 회사의 재무제표만을 확인할 수 있다.

35 ③ ① 적정의견에 대한 설명이다.
② , ④ 의견거절에 대한 설명이다.

36 ④ 유동비율 = (유동자산 ÷ 유동부채) × 100%
∴ {(5,000,000원 + 4,300,000원) ÷ 3,500,000원} × 100% = 266%

37 ② ① 유동비율은 유동자산을 유동부채로 나누어 산정한다.
③ 부채비율이 높을수록 채권자에 대한 위험은 증가함을 의미한다.
④ 자기자본비율이 높을수록 기업의 안정성은 높다고 할 수 있다.

38 ④ 매출채권회전율 = 매출액 ÷ 평균매출채권
∴ 40,000,000원 ÷ 10,000,000원 = 4회

39 ④ ① 주당순이익이 높을수록 경영실적이 양호하다고 할 수 있다.
② 당기순이익을 그 기업이 발행한 유통보통주식수로 나누어 산출한다.
③ 당기순이익이 높을수록 주당순이익은 높아진다.

40 ① 주당순이익 = 당기순이익 ÷ 유통보통주식수
∴ 60,000,000원 ÷ 6,000주 = 10,000원

2024년 2회 2024년 3월 30일 시행

01	①	**02**	④	**03**	③	**04**	②	**05**	④
06	①	**07**	③	**08**	③	**09**	①	**10**	①
11	③	**12**	③	**13**	②	**14**	③	**15**	④
16	③	**17**	④	**18**	①	**19**	③	**20**	④
21	②	**22**	③	**23**	①	**24**	①	**25**	③
26	④	**27**	①	**28**	①	**29**	②	**30**	①
31	③	**32**	②	**33**	②	**34**	④	**35**	①
36	②	**37**	①	**38**	③	**39**	①	**40**	②

01 ① 재무상태표의 자산은 유동성이 높은 순서로 보여주어야 한다.

02 ④ 부기는 회계의 한 과정으로 회계의 일부 요소이다.

03 ③

04 ② ① 1월 2일 유상증자로 현금 5,000,000원이 증가하였다.
③ 1월 15일 외상매출금 1,000,000원을 회수하였다(현금 증가).
④ 1월 25일 차입금 2,500,00원을 상환하였다(현금 감소).

05 ④ 매출거래의 결과로, 현금계정의 차변 및 매출계정의 대변이 각각 50,000원 증가한다.

06 ① 증자거래의 결과로, 현금계정의 차변 및 자본금 계정의 대변이 각각 500,000원 증가한다.

07 ③ ① 현금이 들어온 경우 차변에, 나간 경우 대변에 각각 기재한다.
② 현금출납장에 대한 설명이다.
④ 현금부족액의 원인이 밝혀지지 않을 경우 비용으로 처리한다.

08 ③   400,000원 × (1 - 3%) = 388,000원

09 ①   10주 × 30,000원 = 300,000원
(단기매매증권의 취득 관련 거래원가는 최초 인식하는 공정가치에 가산하지 않고 당기비용으로 처리한다.)

10 ①   매입운임은 재고자산의 취득원가에 가산되는 매입부대비용에 해당한다.

11 ③   ① 선입선출법을 사용하면 기말재고액은 전액 당기매입분(8. 1)으로 구성된다.
② 원가흐름의 가정과 무관하게 기말재고수량은 100개* 이다.
④ 후입선출법을 사용하면 매출원가는 25,000원**이 된다.
　*당기 총 판매가능재고 300개 - 당기판매재고 200개 = 100개
**8. 1 일자 매입분 13,000원 + 4. 1 일자 매입분 12,000원 = 25,000원

12 ③   기말재고 평균단가 = {(220원* × 100개) + (280원 × 100개)} ÷ 200개 = 250원
* (20,000원 + 24,000원) ÷ 200개 = 220원
∴ 기말재고 금액 = 100개 × 250원 = 25,000원

13 ②   매도가능증권처분손익 = 처분가액 - 취득가액
∴ (5,500원 - 5,000원) × 1,000주 = 500,000 (이익)

14 ③   3,000,000원 × (5개월 ÷ 60개월) = 250,000원
(건설중인자산은 상각 대상 유형자산이 아니다.)

15 ④   ① 무형자산의 인식요건을 충족한 지출은 자산으로 인식한다.
② 경상개발비는 비용 계정과목이다.
③ 무형자산의 인식요건을 충족하는 개발비는 상각대상인 무형자산이다.

16 ③   개발비는 무형자산으로, 지분법적용투자주식은 투자자산으로 각각 분류되며 미수금은 유동자산(당좌자산)에 해당한다.

17 ④

회사의 회계처리는 다음과 같다.

(차) 상품   500,000원   (대) 당좌예금   500,000원

올바른 분개는 다음과 같다.

(차) 상품   500,000원   (대) 외상매입금   500,000원

회사의 회계처리를 올바른 분개로 수정하기 위해서는 과소계상된 당좌예금과 외상매입금을 각각 증가시키는 분개가 필요하다.

18 ①

퇴직급여충당부채는 항상 비유동부채로 분류된다.

19 ③

① 액면이자율 〈 시장이자율인 경우, 사채는 할인발행된다.

② 사채를 할인발행한 경우에도 만기에는 액면금액을 상환하여야 한다.

④ 사채의 조기상환 시 현금상환액이 사채의 장부가액보다 큰 경우에는 사채상환손실이 발생한다.

20 ④

장기차입금의 유동성 대체 시에는 단기차입금이 아닌 유동성장기부채 계정과목을 사용한다.

21 ②

① 법정자본금은 발행주식 총수에 1주당 액면금액을 곱하여 산정된 금액이다.

③ 이익잉여금에 대한 설명이다.

④ 주식발행초과금은 주식의 발행가액이 액면금액을 초과하는 금액이다.

22 ③

해당 감자거래를 분개하면 다음과 같다.

(차) 자본금   50,000원   (대) 현금   60,000

     감자차손(자본조정)   10,000원

23 ①

② 수익은 실현주의에 따라 인식된다.

③ 반품(매출환입)이 발생한 경우 수익 측정 시 해당 금액을 차감한다.

④ 기업회계기준에서는 재화를 판매한 경우 해당 재화를 인도할 때(실현되었을 때) 수익을 인식하는 것을 원칙으로 한다.

24 ① ① 20X1년 공사수익 = 80,000,000원 × 25% = 20,000,000원
② 건설공사는 진행기준으로 매출을 인식한다.
③ 20X2년 공사이익 = {(80,000,000원 × 50%) − 20,000,000원} − 15,000,000원*
= 5,000,000원
④ 공사가 완료되는 20X4년 공사수익도 진행률에 따라 80,000,000원의 25%인 20,000,000원이
인식된다.
* 총예정원가 60,000,000 × 25% = 15,000,000원

25 ③ 기업이 영업활동에 사용할 목적으로 보유하는 자산은 유형자산에 해당되며, 장부가액 5,000,000원
의 자산을 6,000,000원에 처분하였으므로 유형자산처분이익 1,000,000원이 나타난다.

26 ④ ① 영업비용에 대한 설명이다.
② 영업외비용에 대한 설명이다.
③ 판매비와관리비에 대한 설명이다.

27 ① ㄱ.10,000,000원 + ㄷ.6,000,000원 + ㄹ.2,000,000원 = 18,000,000원

28 ① ㅁ.100,000원 + ㅇ.300,000원 = 400,000원
(배당금의 지급은 비용이 아닌 이익의 처분에 해당한다.)

29 ② 총계정원장에의 전기는 기중거래의 기록절차에 해당한다.

30 ① ②,③,④는 시산표 상 차변과 대변 금액의 차이를 발생시키지 않으므로 시산표를 통해서는 검증하기
어렵다.

31 ③ 1년분 보험료 중 3개월(1월~3월)에 해당되는 비용은 발생주의에 따라 차년도로 이월되어야 한다.

32 ② ① 대손충당금은 회수가 불가능한 금액을 합리적으로 추정하여 계상한다.
③ 매출채권이 아닌 기타채권에서 발생한 대손상각비는 영업외비용에 해당한다.
④ 대손추산액은 매출채권에서 직접 차감하지 않고 대손충당금 계정을 통해 매출채권을 간접적으로 감소시킨다.

33 ② 수익의 이연을 나타내는 계정과목은 선수수익이다.

34 ④ (ㄹ)에서는 재고자산을 과대계상하여 매출원가를 실제보다 과소계상함으로써 이익을 증가시키는 방법을 사용하고 있다.

35 ① ①,② 감사는 회사의 재무제표가 회계기준에 따라 적정하게 작성되었는지를 확인하는 절차이며, 회사의 경영성과나 재무상태가 양호한지 여부를 판단하는 것은 아니다.
③ 부적정의견에 대한 설명이다.
④ 적정의견에 대한 설명이다.

36 ② 매출채권회수기간 = 360일 ÷ 매출채권회전율
∴ 360일 ÷ 2회* = 180일
* 매출채권회전율 = 90,000,000원 ÷ {(40,000,000원 + 50,000,000원) ÷ 2} = 2회

37 ① 유동비율 = (유동자산 ÷ 유동부채) × 100%
∴ (2,000,000원 ÷ 1,000,000원) × 100% = 200%

38 ③ 회사는 실지재고조사법을 채택하고 있으므로 재고자산의 감소 및 매출원가의 인식은 이루어졌을 것이며, 매출채권과 매출을 인식하는 다음의 분개만이 누락되었을 것이다.
(차) 매출채권　　　　　　　　　　XX　　(대) 매출　　　　　　　　　　　　XX
따라서,
①,② 당좌자산이자 유동자산인 매출채권이 과소계상 되었으므로 유동비율 및 당좌비율에 영향을 미친다.
④ 매출액과 기말 매출채권이 각각 과소계상 되었으므로 매출채권회전율에 영향을 미친다.

39 ① ②,③,④는 재무상태표를 통해 확인할 수 있는 지표이다.

40 ② 주당순이익 = 당기순이익 ÷ 유통보통주식수

∴ 20,000,000원 ÷ (10,000,000원 ÷ 1,000원) = 2,000원

2024년 3회 — 2024년 5월 18일 시행

01	④	02	②	03	①	04	③	05	②
06	①	07	③	08	④	09	③	10	②
11	②	12	①	13	②	14	④	15	③
16	①	17	①	18	④	19	④	20	③
21	④	22	①	23	②	24	②	25	③
26	②	27	③	28	①	29	①	30	③
31	③	32	④	33	①	34	④	35	①
36	②	37	④	38	②	39	①	40	③

01 ④ 과세정보의 제공은 회사 외부 이해관계자인 세무서를 위한 것으로서, 관리회계보다는 재무회계의 영역에 해당한다.

02 ② 회계상 거래로 인식되기 위해서는 그 거래가 회사의 재산상태에 영향을 미쳐야하고, 그 영향을 금액으로 측정할 수 있어야 한다.

03 ① 해당 거래로 인하여 재고자산이 감소(대변)하고, 매출채권이 증가(차변)하게 된다.

04 ③ 올바른 분개는 다음과 같다.

① (차) 현금	1,000,000원	(대) 매출채권	1,000,000원
② (차) 토지	5,000,000원	(대) 미지급금	5,000,000원
④ (차) 현금	800,000원	(대) 차량운반구	500,000원
감가상각누계액	200,000원	유형자산처분이익	500,000원

05 ② 해당 거래로 인하여 차변에 현금(자산)이 증가하고, 대변에 자본이 증가한다.

06 ①

기초현금	2,000원
20X1. 3. 5 매출채권 회수	(+) 1,500원
20X1. 5.17 외상 매입	–
20X1. 8. 1 외상 매출	–
20X1.12.31 급여 지급	(–) 800원
기말현금	2,700원

07 ③

① 선급금에 대한 설명이다.
② 매출채권에 대한 설명이다.
③ 원재료를 외상구입한 경우 미지급한 구입대금은 매입채무(부채)로 계상된다.
④ 재고자산에 대한 설명이다.

08 ④

현금성자산은 당좌예금, 보통예금 및 큰 거래비용 없이 현금으로 전환이 용이하고 이자율 변동에 따른 가치변동의 위험이 경미한 금융상품으로서 취득 당시 만기일(또는 상환일)이 3개월 이내인 것을 말한다.

09 ③

영업활동이 아닌 투자활동현금흐름을 통해 파악할 수 있는 내용이다.

10 ②

단기매매증권이나 만기보유증권으로 분류되지 않는 유가증권은 매도가능증권으로 분류된다.

11 ②

당기 재고자산 증감액 = 300,000원 – {500,000원 × (1 – 20%)} = (–) 100,000원

12 ①

ㄴ. 70,000원 + ㄷ. 50,000원 = 120,000원

13 ②

장기금융상품 10,000원 + 만기보유증권 90,000원 = 100,000원
(건설중인자산과 토목설비는 유형자산, 장기미수금은 기타비유동자산에 각각 해당된다.)

14 ④

6,000,000원 – {20,000,000원 × (27개월* ÷ 60개월)} = (–) 3,000,000 (손실)
* 전체 내용연수 60개월 – 취득 시점부터 처분시점까지의 경과 내용연수 33개월 = 27개월

15 ③ 무형자산의 상각방법을 합리적으로 결정할 수 없다면 정액법으로 상각한다.

또한 관계 법령이나 계약 상의 독점적, 배타적 권리가 존재하지 않는다면 내용연수는 20년을 초과할 수 없다.

따라서, 20X1년의 감가상각비 = 18,000,000원 ÷ 20년 = 900,000원

16 ① 순자산공정가치 = 자산 30,000,000원 − 부채 10,000,000원 = 20,000,000원

영업권 = 인수가격 30,000,000원 − 순자산공정가치 20,000,000원 = 10,000,000원

17 ① 미수금과 선급금은 자산계정이다.

18 ④ 회사의 회계처리는 다음과 같다.

(차) 상품	300,000원	(대) 당좌예금	300,000원

올바른 분개는 다음과 같다.

(차) 상품	300,000원	(대) 외상매입금	300,000원

회사의 회계처리를 올바른 분개로 수정하기 위해서는 과소계상된 당좌예금과 외상매입금을 각각 증가시키는 분개가 필요하다.

19 ④ 사채권자에 한하여 옳은 설명이다. 주주에 대한 배당의 경우 이익발생여부에 영향을 받으며, 그 금액도 확성되어 있지 않다.

20 ③

21 ④ ① 자본금은 '발행주식수 × 1주당 액면금액'으로 계산한다.
② 단기매매증권평가손익은 당기손익으로 인식한다.
③ 자본잉여금이 아닌, 이익잉여금에 대한 설명이다.

22 ① ①은 자본잉여금으로, ②,③,④는 자본조정으로 각각 분류된다.

23 ②

24 ②   ① 정기구독 기간에 걸쳐 수익을 인식한다.
③ 수탁자가 위탁자의 최종 고객에게 판매한 때에 수익을 인식한다.
④ 상품권이 상품으로 교환되어 고객에게 인도된 때에 수익을 인식한다.

25 ③   매출액 − 매출원가 2,300,000원 − 판매비와관리비 200,000원 = 영업이익 300,000원
∴ 매출액 = 2,800,000원

26 ②   ① 회계상 이익에서 세무조정을 거쳐 과세대상 소득이 산정되므로 일반적으로 회계상 이익은 과세대상 소득과 불일치한다.
③ 법인세비용은 영업과 영업 외를 구분하지 않고 별도의 비용항목으로 회계처리 한다.
④ 결산일에 당기의 법인세 부담(또는 환급)액에 대하여 회계처리 한다.

27 ③   이자비용(비용)과 미지급비용(부채)의 계상이 누락되게 되므로 비용과 부채가 과소계상된다. 또한 비용이 과소계상되므로 순이익이 과대계상된다.

28 ①   접대비는 사업상 필요에 의하여 지출하는 접대비용 및 교제비용으로서 영업비용에 해당된다.

29 ①   ② 만기보유증권은 상각후원가로 후속측정 하므로 공정가치 평가는 불필요하다.
③ 재고자산 수량 부족분에 대해서는 재고자산감모손실을 인식한다.
④ 감가상각비의 계상 및 충당부채의 설정은 일반적으로 결산수정분개를 통해 인식된다.

30 ③   ① 미결산계정은 결산시에 그 거래내역에 따라 본계정으로 대체되어야 한다.
② 발생주의에 따른 비용의 기간귀속 조정이 필요하다
④ 재고자산에 대한 평가(재고자산평가손실 인식)가 필요하다.

31 ③   ① 시산표는 재무제표 작성 전에 작성되며, 총계정원장의 기록이 정확한가를 검증한다.
② 차변과 대변의 합계가 일치한다고 해서 오류가 존재하지 않는 것은 아니다.
④ 잔액시산표에 대한 설명이다.

32 ④ ① 퇴직급여충당부채는 누적된 금액이고, 퇴직급여는 당기 발생된 금액이다.

② 이익잉여금은 누적된 금액이고, 당기순이익은 당기 발생된 금액이다.

③ 감가상각누계액은 누적 금액이고, 감가상각비는 당기 발생된 금액이다.

33 ① 기말에 화폐성외화부채가 존재하는 경우 환율이 상승하면 외화환산손실이 발생한다.

따라서, $50,000 × (1,250원 − 1,190원) = 3,000,000원 (손실)

34 ④ 전자공시시스템에서는 외부감사의 대상이 되는 회사의 재무제표만을 확인할 수 있다.

35 ① 감사인이 의견표명에 필요한 충분한 감사증거를 수집하지 못하였을 경우 의견거절이 표명된다. 반면, 감사범위의 제한이 없거나 중요하지 않고 재무제표에 기업회계기준 위배사항이 없거나 중요하지 않은 경우에는 적정의견이 표명된다.

36 ② 당좌비율 = (당좌자산 ÷ 유동부채) × 100%

∴ {(5,000,000원 − 1,290,000원) ÷ 3,500,000원} × 100% = 106%

37 ④

38 ② 총자산회전율 = 매출액 ÷ 평균총자산

∴ 260,000,000원 ÷ {(110,000,000원 + 150,000,000원) ÷ 2} = 2회

39 ① ① 영업이익의 절대적인 금액은 동일하지만 매출액 대비 영업이익의 비율은 상이하므로 시장에서는 A사와 B사의 수익성을 달리 평가할 것이다.

② 매출의 규모를 비교한 것이다.

③ A사의 매출총이익률*은 40% 이고, B사의 매출총이익률은 37.5% 이다.

　* 매출총이익 ÷ 매출액

40 ③ 주당순이익 = 당기순이익 ÷ 유통보통주식수

∴ 90,000,000원 ÷ 6,000주 = 15,000원

2024년
4회 2024년 6월 15일 시행

01	①	02	④	03	③	04	②	05	②
06	④	07	①	08	②	09	③	10	④
11	④	12	①	13	④	14	③	15	④
16	①	17	③	18	①	19	②	20	③
21	②	22	②	23	①	24	④	25	①
26	③	27	③	28	④	29	①	30	②
31	②	32	④	33	②	34	①	35	④
36	②	37	③	38	③	39	④	40	①

01 ① 자산 − 부채 = 순자산(자본)
∴ (매출채권 450,000원 + 기계장치 1,100,000원 + 개발비 670,000원) − (미지급금 250,000원 + 차입금 300,000원 + 선수수익 220,000원) = 1,450,000원

02 ④ ①,②는 비유동자산에, ③은 재고자산에 각각 해당한다.
따라서 유동성이 가장 높은 당좌자산인 ④가 가장 상단에 위치하게 된다.

03 ③ 보고기간 말의 결산작업은 [시산표 작성 → 정산표 작성 → 계정의 마감 → 재무제표 작성]의 순서로 이루어진다.

04 ②

05 ② 올바른 분개는 다음과 같다.
(차) 매출채권 20,000원 (대) 매출 20,000원

06 ④
① (차) 현금 XXX (대) 자산(미수금) XXX
② (차) 현금 XXX (대) 부채(사채) XXX
③ (차) 비용 XXX (대) 현금 XXX
④ (차) 자산(유형자산) XXX (대) 현금 XXX

07 ① 현금및현금성자산 = ㄱ. 500,000원
(ㄴ. 부의 당좌예금은 단기차입금으로 분류되며, ㄷ. 취득 시 만기가 3개월 초과, 1년 이내인 금융상품은 단기금융상품으로 분류된다.)

08 ② 기말 대손추계액 = (5,000,000원 × 1%) + (2,000,000원 × 3%) = 110,000원
당기 대손상각비 = 110,000원 − 80,000원 = 30,000원
따라서, 아래와 같은 결산조정분개가 이루어진다.
(차) 대손상각비   30,000원   (대) 대손충당금   30,000원

09 ③ 단기매매증권처분손익 = 처분가액 − 장부가액
∴ 400,000원 − 1,200,000원 = (−) 800,000원
(단기매매증권의 취득 관련 거래원가는 최초 인식하는 공정가치에 가산하지 않고 당기비용으로 처리한다.)

10 ④

11 ④ 후입선출법을 사용하면 매출원가는 25,000원*이 된다.
* 8. 1 일자 매입분 13,000원 + 4. 1 일자 매입분 12,000원 = 25,000원

12 ① 감모손실 = (A 장부수량 500개 − A 실사수량 400개) × 100원 = 10,000원
평가손실 = B 200개 × (200원 − 100원) = 20,000원

13 ④ 지분증권에는 만기의 개념이 없으므로 만기보유증권으로는 분류될 수 없고, 단기매매증권과 매도가능증권 중 하나로 분류한다.

14 ③ ㄴ.40,000,000원 + ㄷ.15,000,000원 + ㄹ.20,000,000원 + ㅁ.10,000,000원 = 85,000,000원
(ㄱ.은 투자자산으로 분류된다.)

15 ④ 경상연구개발비는 비용 계정과목이다.

16 ① 투자부동산은 투자자산으로 분류된다.

17 ③ 회사는 아래의 거래를 이중으로 기록함에 따라 재고자산과 매입채무를 각각 과대계상 하였다.

(차) 상품 　　　　　　　　　　 XXX 　　　(대) 매입채무 　　　　　　　　　　 XXX

18 ① 비유동부채 중 1년 이내에 상환될 금액은 단기차입금이 아닌 유동성장기부채로 회계처리 한다.

19 ② 액면이자율 〈 시장이자율 이므로 사채는 할인발행 되며, 이 경우 분개는 다음과 같다.

(차) 현금 　　　　　　　　　　 XXX 　　　(대) 사채 　　　　　　　　　　 XXX

　　　사채할인발행차금 　　　 XXX

20 ③ 20X2년 9월 30일 의 올바른 분개는 다음과 같다.

(차) 이자비용 　　　　 3,750,000원* 　　(대) 현금 　　　　　　　　　 5,000,000원

　　　미지급비용 　　　 1,250,000원

* (50,000,000원 × 10%) × 9/12 = 3,750,000원

21 ② 주식배당도 배당이므로 이익잉여금이 감소한다.

22 ② 해당 감자거래를 분개하면 다음과 같다.

(차) 자본금 　　　　　　 50,000원 　　(대) 현금 　　　　　　　　　　 60,000원

　　　감자차손(자본조정) 　 10,000원

23 ① 판매대가를 현금 이외의 자산으로 받는 경우 취득한 자산의 공정가치를 수익으로 인식한다.

24 ④ 기초 대비 기말의 자본증가액 = 당기순이익 + 기타자본거래

440,000원* − 280,000원** = (총수익 − 50,000원) + 100,000원

∴ 총수익 = 110,000원

　* 기말자본 = 기말자산 500,000원 − 기말부채 600,000원 = 440,000원

** 기초자본 = 기초자산 370,000원 − 기초부채 90,000원 = 280,000원

25 ① (30,000,000원 × 24%*) – 6,000,000원 = 1,200,000원
* 진행률 = 당기 발생 공사원가 6,000,000원 ÷ 총공사예정원가 25,000,000원 = 24%

26 ③ 기부금은 무상으로 증여하는 금전, 기타 자산의 가액으로 정의되며 영업외비용에 해당한다.

27 ③ 매출액 3,500,000원 – 매출원가 2,000,000원 – 판매비와관리비 = 영업이익 500,000원
∴ 판매비와관리비 = 1,000,000원

28 ④ 회사는 제조업을 주된 영업으로 영위하고 있으므로 유가증권의 평가손실은 영업외비용으로 분류된다.

29 ① 결산절차는 예비적절차와 결산보고서 작성의 2단계로 이루어진다.

30 ② 시산표 상의 검증기능이 모든 유형의 오류를 식별할 수 있는 것은 아니다. 차변 – 대변 잔액 간 차이를 발생시키지 않는 유형의 오류는 시산표를 통해 파악할 수 없다.

31 ② 미결산계정은 결산시에 그 거래내역에 따라 본계정으로 대체되어야 한다.

32 ④ 기초재고 450,000원 + 당기매입 2,850,000원 – 기말재고 300,000 = 3,000,000원

33 ② 결산 시 화폐성외화부채를 보유한 경우 환율이 오를수록 외화환산손실이 발생한다.

34 ①

법인세비용	(–) 3,150,000원
미지급법인세 증가액	(+) 120,000원
법인세 지급액(Cash Flow)	3,030,000원

35 ④ 회사의 재무제표가 기업회계기준을 심각하게 위배한 경우 부적정의견이 표명된다.

36 ② ① 주석은 재무제표의 일부를 구성한다.
③ 일반기업회계기준에서는 손익계산서에서 기타포괄손익을 확인할 수 없다.
④ 유동자산은 재무상태표에서 확인할 수 있다.

37 ③ 매출채권회전율 = 매출액 ÷ 평균매출채권
∴ 390,000,000원 ÷ {(120,000,000원 + 140,000,000원) ÷ 2} = 3회

38 ③ ① 자산(현금)이 증가하고 자산(매출채권)이 감소한다.
② 부채(차입금)가 감소하고 자산(현금)이 감소한다.
③ 자산(현금)이 감소하고 부채(선수금)가 증가한다. → 부채비율 상승
④ 자산(유형자산)이 증가하고 자산(현금)이 감소한다.

39 ④ 삼일의 20X2년 영업이익률은 9%로, 업종평균인 11%를 하회한다.
비록 당기순이익률은 업종평균보다 높은 8.7%를 보고하였으나, 여기에는 영업외손익이 포함되어 있
으므로 본질적인 영업성과가 개선되었다고 판단하기는 어렵다.

40 ① ② 주당순이익은 주가수익비율 계산의 기초 자료가 된다.
③ 주당순이익은 당기순이익을 유통보통주식수로 나누어 산정하므로, 당기순이익이 클수록 주당순
이익도 커진다.
④ 주당순이익은 당기순이익에 대하여 주식 1주당 귀속되는 주주의 몫을 나타낸다.

2024년

5회 2024년 7월 27일 시행

01	②	02	③	03	①	04	④	05	③
06	④	07	②	08	①	09	③	10	①
11	②	12	①	13	④	14	②	15	③
16	①	17	②	18	②	19	④	20	③
21	①	22	③	23	③	24	②	25	④
26	③	27	②	28	①	29	④	30	①
31	③	32	②	33	④	34	①	35	①
36	③	37	②	38	④	39	①	40	③

01 ②

① 서로 다른 거래처의 매출채권과 선수금을 상계하는 것은 총액주의의 원칙에 위배된다.

③ 이자수익과 이자비용은 총액주의에 따라 상계하지 않고 각각 총액 표시하여야 한다.

④ 유동성배열법에 따라 자산과 부채 모두 유동성이 높은 순서로 표시하여야 한다.

02 ③

아래 각 분개에서 경영성과(수익 또는 비용)에 엉향을 미치지 않는 항목을 고른다.

① (차) 비용　　2,000,000원　　(대) 자산　　　2,000,000

② (차) 자산　　3,000,000원　　(대) 수익　　　3,000,000

③ (차) 자본　50,000,000원　　(대) 자산　　50,000,000

④ (차) 비용　　　100,000원　　(대) 자산　　　　100,000

03 ①

수익 1,000원 − 비용 (ㄷ) = 이익 600원

전기 말 자본 900원 + 이익 600원 = 당기 말 자본 (ㄴ)

당기말 자산 2,000원 = 당기 말 부채 (ㄱ) + 당기 말 자본 (ㄴ)

∴ (ㄱ) = 500원, (ㄴ) = 1,500원, (ㄷ) = 400원

04 ④

자본의 증가는 대변에, 자산의 감소는 차변에 각각 나타난다.

05 ③

06 ④   7월 15일에는 매출채권의 회수로 인하여 현금이 증가하였다.

07 ②   ① 타인발행수표 100,000원 + 당좌예금 50,000원 = 150,000원

              ② 외상매출금 40,000원

              ③ 외상매입금 70,000원 + 지급어음 100,000원 = 170,000원

              ④ 현금및현금성자산 150,000원 + 매출채권 40,000원 = 190,000원

08 ①   대손추산액에 대한 매출채권의 차감 평가계정을 대손충당금이라고 한다.

              설정대상금액 = 기말매출채권 200,000원 × 3% = 6,000원

09 ③   채무증권으로서 만기까지 보유할 의도와 능력이 있는 유가증권은 만기보유증권으로 분류되며, 지분증권으로서 단기매매증권에 해당되지 않는 유가증권은 매도가능증권으로 분류된다.

10 ①   선적지 인도조건인 경우 전적 시점에 소유권이 매입자에게 이전된다.

11 ②   당기 판매된 650개의 원가 = (300개 × 100원) + (350개 × 110원) = 68,500원

12 ①   실사수량 1,900개 × (취득단가 700원 − 순실현가능가치 650원) = 95,000원

13 ④   토지와 건물은 그 보유 목적에 따라 영업활동에의 사용 목적이면 유형자산으로, 투자 등 비영업용이면 투자부동산으로 각각 분류한다.

14 ②   (1,100원 − 1,000원) × 200주 = 20,000원 (이익)

              (단기매매증권의 취득 관련 거래원가는 최초 인식하는 공정가치에 가산하지 않고 당기비용으로 처리한다.)

15 ③   유형자산의 취득원가에는 매입가액 또는 제조원가 분 아니라 부수적으로 발생한 취득부대비용이 포함된다.

16 ① 영업권 = 이전대가 20,000,000원 − 순자산공정가치 10,000,000원* = 10,000,000원

* 자산의 공정가치 30,000,000원 − 부채의 공정가치 20,000,000원 = 10,000,000원

상각비 = 10,000,000원 ÷ 10년 = 1,000,000원

17 ② ① 매입채무가 아닌 미지급금에 해당한다.

③ 선급금이 아닌 선수금에 해당한다.

④ 미지급금이 아닌 매입채무에 해당한다.

18 ② ① 자산(현금) 및 부채(차입금)가 증가한다.

② 자산(매출채권) 및 수익(매출액)이 증가한다.

③ 자산(재고) 및 부채(매입채무)가 증가한다.

④ 비용(급여) 및 부채(미지급비용)가 증가한다.

19 ④ 사채의 액면금액을 초과하여 발행된 부분은 사채할증발행차금으로 회계처리 한다.

20 ③ 퇴직급여충당부채는 발생주의 및 수익비용대응원칙에 따라 근로를 제공한(비용이 발생한) 시점에 인식한다.

21 ① 해당 증자거래를 분개하면 다음과 같다.

(차) 현금　　　　　　747,000,000원　　(대) 자본금　　　　　　500,000,000원

　　　　　　　　　　　　　　　　　　　　자본잉여금　　　　247,000,000원*

* 발행가액 (100,000주 × 7,500원) − 자본금 500,000,000원 − 거래비용 3,000,000원 = 247,000,000원

따라서, 자본금과 자본잉여금(주식발행초과금)은 증가하고, 이익잉여금은 불변이다.

22 ③ 이익준비금은 영업활동의 결과인 이익잉여금의 하위 계정과목이다.

23 ③ 수익의 측정 시 매출에누리와 매출할인을 차감한다.

24 ② 채무면제이익은 채권자로부터 회사 채무의 전부 또는 일부를 면제받은 경우 발생하는 것으로, 영업외수익에 해당한다.

25 ④ (6,000,000원 × 55%*) − 1,500,000원** = 1,800,000원

  * 2차년도 누적 공사진행률 = (1,250,000원 + 1,500,000원) ÷ 5,000,000원 = 55%

** 1차년도 공사수익 = 6,000,000원 × (1,250,000원 ÷ 5,000,000원) = 1,500,000원

26 ③ ① 주된 영업활동에서 발생한 비용 중 매출액과 직접 대응되지 않는 원가는 판매비와관리비로 처리한다.

② 주된 영업활동 이외의 보조적 또는 부수적인 활동에서 발생한 비용은 영업외비용으로 처리한다.

④ 당기 법인세부담액으로 인한 비용은 법인세비용으로 처리한다.

27 ② ㄱ.30,000,000원 + ㄴ.10,000,000원 + ㄷ.2,000,000원 = 42,000,000원

28 ① ㄱ. 자산(토지)의 증가 및 자산(현금)의 감소

ㄴ. 자산(현금)의 증가 및 자본(자본금, 자본잉여금)의 증가

ㄷ. 비용(급여)의 증가 및 자산(현금)의 감소

이 중 수익과 비용에 영향을 미치지 않는 ㄱ과 ㄴ은 당기순이익에 영향을 미치지 않는다.

29 ④ 재무상태표 계정에 대한 설명이다.

30 ① ②,③,④는 차변금액과 대변금액에 차이를 발생시키지 않으므로 시산표를 통해서는 검증이 어렵다.

31 ③ ①,②는 비용의 발생, ④는 수익의 감소로써 각각 당기순이익을 감소시킨다.

반면 ③은 비용의 감소로써 당기순이익을 증가시킨다.

32 ②

임대료수익	(+) 200,000원
미수임대료(자산) 증가액	(−) 100,000원
임대료 수령액(Cash Flow)	100,000원

33 ④   퇴직급여 = 퇴직금추계액 15,000,000원 − 수정 전 잔액 5,000,000원 = 10,000,000원

34 ①   ①,② 감사는 회사의 재무제표가 회계기준에 따라 적정하게 작성되었는지를 확인하는 절차이며, 투자적격성 여부를 판단하는 것은 아니다.
③ 부적정의견에 대한 설명이다.
④ 부적정의견은 상장기업의 상장폐지 사유에 해당한다.

35 ①   감사범위의 제한이 없거나 중요하지 않고, 재무제표에 기업회계기준 위배사항이 없거나 중요하지 않은 경우 적정의견이 표명된다.

36 ③   당좌비율 = (당좌자산 ÷ 유동부채) × 100%
∴ (600,000원* ÷ 1,000,000원**) × 100% = 60%
　* 현금및현금성자산 100,000원 + 매출채권 300,000원 + 단기매매증권 200,000원 = 600,000원
** 매입채무 400,000원 + 단기차입금 600,000원

유동비율 = (유동자산 ÷ 유동부채) × 100%
∴ (1,400,000원* ÷ 1,000,000원) × 100% = 140%
* 당좌자산 600,000원 + 재고자산 800,000원 = 1,400,000원

37 ②   ① 재무상태표의 대변에서 자금조달의 구성내역을 확인할 수 있다.
③ 기업 운용자원의 구성내역은 재무상태표의 차변에서 확인할 수 있다.
④ 경영성과의 세부내역은 손익계산서에서 확인할 수 있다.

38 ④   매출원가 ÷ 평균재고자산 = 재고자산회전율
12,000,000 ÷ {(800,000 + 재고자산 기말잔액) ÷ 2} = 12회
∴ 재고자산 기말잔액 = 1,200,000원

39 ①   당기순이익률 = (당기순이익 ÷ 매출액) × 100%
∴ (6,000,000원* ÷ 50,000,000원) × 100% = 12%
* 매출액 50,000,000원 − 매출원가 32,000,000원 − 판매비와관리비 8,000,000원 + 영업외수익 3,000,000원 − 영업외비용 5,000,000원 − 법인세비용 2,000,000원 = 6,000,000원

40 ③   ① 매출액에 대한 설명이다.

② 영업외수익에 대한 설명이다.

③ 매출총이익률은 매출총이익을 매출액으로 나누어 산정한다.

(6,400원 ÷ 10,000원) × 100% = 64%

④ 영업이익률은 영업이익을 매출액으로 나누어 산정한다.

(3,000원 ÷ 10,000원) × 100% = 30%

2024년
6회

2024년 9월 28일 시행

01	②	02	③	03	③	04	④	05	①
06	④	07	①	08	④	09	④	10	①
11	②	12	③	13	④	14	①	15	②
16	③	17	②	18	②	19	①	20	①
21	①	22	②	23	②	24	③	25	③
26	②	27	④	28	④	29	③	30	①
31	①	32	②	33	④	34	③	35	①
36	④	37	②	38	③	39	③	40	①

01 ② 회계는 외부보고를 주된 목적으로 하는 재무회계와 내부보고를 주된 목적으로 하는 관리회계로 구분된다.

02 ③ 직원을 채용한 사실 자체는 재무상태나 경영성과에 영향을 미치지 않으므로 회계상 거래에 해당하지 않는다.

03 ③ 선수수익은 재무상태표의 부채 계정에 해당한다.

04 ④ 손익계산서의 당기순이익이 결정되고 이익잉여금으로 이월되어야 재무상태표의 작성이 완료된다.

05 ① ② 부채의 증가는 대변에, 감소는 차변에 기록한다.
③ 자본의 증가는 대변에, 감소는 차변에 기록한다.
④ 수익의 발생은 대변에, 비용의 발생은 차변에 기록한다.

06 ④ ① (차) 자산(단기금융상품) 3,000,000원 (대) 자산(현금) 3,000,000원
② (차) 자산(매출채권) 10,000,000원 (대) 수익(매출액) 10,000,000원
③ (차) 자산(현금) 100,000,000원 (대) 부채(차입금) 100,000,000원
④ (차) 비용(급여) 1,000,000원 (대) 자산(현금) 1,000,000원

07 ① 20X1년 10월 1일에는 9월 중 지출한 금액을 전도금으로 보충해주기 위하여 다음의 분개가 이루어 진다.

(차) 소액현금   400,000원*   (대) 현금   400,000원

* 교통비 230,000원 + 접대비 80,000원 + 통신비 70,000원 + 잡비 20,000원 = 400,000원

08 ④ 현금및현금성자산 = 현금시재액 30,000원 + 자기앞수표 120,000원 + 당좌예금 1,000,000원 = 1,150,000원

단기금융상품 = 정기예금 1,500,000원

(취득 시 만기가 3개월 초과, 1년 이내인 금융상품은 단기금융상품으로 분류된다.)

09 ④ 지분증권에는 만기의 개념이 없으므로 만기보유증권으로는 분류될 수 없고, 단기매매증권과 매도가 능증권 중 하나로 분류한다.

10 ① 매도가능증권처분손익 = 처분가액 − 취득가액

∴ (55,000원 − 50,000원) × 100주 = 500,000 (이익)

11 ② 매입에누리와 매입환출은 재고자산의 취득원가에서 차감될 항목이다.

12 ③ 기말재고수량 = 기초 1,000개 + 당기매입 2,000개 − 당기판매 1,000개 = 2,000개

선입선출법에 따라 당기 판매분은 모두 기초 재고수량으로 구성되어 있으므로,

기말재고금액 = (1,000개 × 140원) + (1,000개 × 120원) = 260,000원

13 ④ 재고자산평가손실충당금환입은 손실충당금 설정 전 장부금액을 한도로 한다.

14 ① 6,000,000원 × (3개월 ÷ 60개월) = 300,000원

(건설중인자산은 상각 대상 유형자산이 아니다.)

15 ② 경상개발비는 비용 계정과목이다.

16 ③　비품을 유형자산으로 올바르게 인식하였다면 감가상각 해당액만 손익계산서 상 비용으로 인식되고 잔여 원가는 자산으로 계상되었을 것이나, 회사는 이를 전액 수선비로 비용처리 하였다.
따라서 유형자산은 과소계상, 수선비는 과대계상 되었고, 비용이 과대계상 됨에 따라 당기순이익은 과소계상 되었다.

17 ②　매입채무(유동부채)와 현금(유동자산) 이 각각 감소하는 거래이다.

18 ②　1년 내 지급이 예상되어 있는 부채는 유동부채로 분류한다.

19 ①　사채 상환손익 = 상환 시의 사채 장부금액 − 상환금액
∴ (5,000,000원 − 200,000원) − 4,500,000원 = 300,000원(이익)

20 ①　각 시점별 올바른 분개는 다음과 같다.
② 20X1년 12월 31일

(차) 이자비용	500,000원	(대) 현금	500,000원

③ 20X2년 12월 31일

(차) 이자비용	500,000원	(대) 현금	500,000원
장기차입금	5,000,000원	유동성장기부채	5,000,000원

④ 20X3년 12월 31일

(차) 이자비용	500,000원	(대) 현금	500,000원
유동성장기부채	5,000,000원	현금	5,000,000원

21 ①　신주발행비는 주식발행초과금에서 차감하므로,
주식발행초과금 = {(600원 − 500원) × 500주} − 10,000원 = 40,000원

22 ②

23 ②　① 실현주의는 현금의 유입과 상관 없이 실현된 시기를 기준으로 수익을 계상한다는 의미이다.
③ 수익을 인식하기 위해서는 수익획득활동으로 인한 현금 또는 현금청구권을 합리적으로 추정할 수 있어야 한다.
④ 판매시점 또는 인도시점에 수익을 인식하는 것이 일반적이다.

24 ③ 20X1년 귀속 = 4,800,000원 × (8개월 ÷ 24개월) = 1,600,000원
20X2년 귀속 = 4,800,000원 × (12개월 ÷ 24개월) = 2,400,000원
20X3년 귀속 = 4,800,000원 × (4개월 ÷ 24개월) = 800,000원

25 ③ 부동산임대업을 주된 영업으로 영위하는 기업에서는 임대료수익이 매출액(영업수익)으로 분류된다.

26 ②

27 ④ 기초재고 30,000원 + 당기매입 230,000원* − 기말재고 60,000원 = 200,000원
* 총매입액 250,000원 + 매입운임 20,000원 − 매입환출 10,000원 − 매입할인 30,000원 = 230,000원

28 ④ 사채상환이익은 영업외수익에 해당되고, 유형자산처분손실, 기부금, 외화환산손실은 영업외비용에
해당된다.

29 ③ 부속명세서의 작성은 결산보고서 작성 단계에 해당된다.

30 ① 시산표의 차변합계와 대변합계는 일치하여야 하므로 대변 합계는 5,800,000원이다.
5,800,000원 = 매입채무 800,000원 + 차입금 1,200,000원 + 자본금 1,000,000원 + 전기이월
이익잉여금 + 매출 2,500,000원 + 이자수익 100,000
∴ 전기이월이익잉여금 = 200,000원

31 ① 1년치 보험료 1,200,000원 중 결산일 현재 미경과분인 5개월치는 다음의 분개를 통해 차년도로
이월되어야 한다.
(차) 선급보험료   500,000원*   (대) 보험료   500,000원
* 1,200,000원 × (5개월 ÷ 12개월) = 500,000원
따라서 당기의 비용은 500,000원 감소하고, 당기순이익은 동액만큼 증가한다.

32 ② 수익의 이연과 관련된 계정과목은 선수수익이다.

33 ④ ① 집합손익계정의 차변에는 비용계정 잔액을, 대변에는 수익계정 합계를 기록한다.
② 장부 마감 후 손익계산서 계정은 0이 되나, 재무상태표 계정은 누적 잔액이 차년도로 이월된다.
③ 집합손익계정의 대변과 차변의 차액은 이익잉여금으로 대체된다.

34 ③ ① 감사는 회사의 재무제표가 회계기준에 따라 적정하게 작성되었는지를 확인하는 절차이며, 투자적
격성 여부를 판단하는 것은 아니다.
② 감사인은 독립적인 입장에서 감사의견을 표명하여야 하므로 원칙적으로 기업의 결산을 지원할
수 없다.
④ 회계감사를 받는 경우에도 재무보고의 책임은 기업에 있다.

35 ① 감사의견에는 적정(공정), 한정, 부적정, 의견거절의 네 가지가 있다.

36 ④ 장기차입금 조기상환 시 유동자산인 현금과 비유동부채인 장기차입금이 각각 감소하게 되므로, 아래
산식에 따라 유동비율과 부채비율이 모두 감소한다.
유동비율 = (유동자산 ÷ 유동부채) × 100%   부채비율 = (부채 ÷ 자본) × 100%

37 ② 매출채권회수기간 = 360일 ÷ 매출채권회전율
∴ 360일 ÷ (6,000,000원 ÷ 500,000원) = 30일

38 ③ ① 부채비율이 증가하고 있다면 채무불이행 위험이 승가하고 있는 것이다.
② 당기순이익률의 증가는 수익성이 개선되고 있음을 의미한다.
④ 재고자산회전기간의 감소는 재고 회전율이 증가하였음을 의미한다.

39 ③ 영업이익률 = (영업이익 ÷ 매출액) × 100%
15% = (750,000원 ÷ 매출액) × 100%
∴ 매출액 = 5,000,000원
매출원가율 = (1 - 매출총이익률) = (매출원가 ÷ 매출액) × 100%
(1- 40%) = (매출원가 ÷ 5,000,000원) × 100%
∴ 매출원가 = 3,000,000원

40 ① 주당순이익 = 당기순이익 ÷ 유통보통주식수
∴ 20,000,000원 ÷ (5,000,000원 ÷ 500원) = 2,000원

2024년

7회 2024년 11월 16일 시행

01	④	02	③	03	①	04	②	05	②
06	①	07	④	08	①	09	②	10	③
11	③	12	④	13	④	14	③	15	③
16	②	17	①	18	②	19	①	20	④
21	①	22	②	23	①	24	③	25	④
26	①	27	④	28	②	29	③	30	③
31	④	32	②	33	④	34	②	35	①
36	④	37	①	38	②	39	③	40	③

01 ④

ㄱ, ㄴ, ㄷ은 재무회계에 대한 설명이다.

02 ③

① 부기는 회계의 한 과정이다.
② 자기검증 기능을 가지는 것은 복식부기의 장점이다.
④ 수익의 증가는 대변에, 비용의 증가는 차변에 기록된다.

03 ①

04 ②

①	(차) 자산(현금)	100,000,000원	(대) 부채(차입금)	100,000,000원
②	(차) 부채(미지급금)	50,000,000원	(대) 자산(현금)	50,000,000원
③	(차) 자산(재고자산)	20,000,000원	(대) 부채(매입채무)	20,000,000원
④	(차) 자산(유가증권)	10,000,000원	(대) 부채(차입금)	10,000,000원

05 ②

기초자산 1,800원 = 기초부채 (ㄱ) + 기초자본 1,200원
기말자본 (ㄷ) – 기초자본 1,200원 = 순이익 400원
기말자산 (ㄴ) = 기말부채 400원 + 기말자본 (ㄷ)
총수익 (ㄹ) – 총비용 900원 = 순이익 400원
∴ (ㄱ) = 600, (ㄴ) = 2,000원, (ㄷ) = 1,600원, (ㄹ) = 1,300원

06 ① ① 4월 1일부터 12월 31일까지 9개월분 임대료가 45,000원이므로 월별 임대료는 5,000원이며, 나머지 3개월분 15,000원은 차기로 이연된다.
② 당기 손익계산서에는 당기 기간경과분 임대료인 45,000원이 수익으로 인식된다.
③ 회사는 최초 부채계정(선수수익)을 이용하여 회계처리하였고, 결산조정을 통해 수익계정을 인식하였다.
④ 당기 기간 미경과분 임대료인 15,000원이 재무상태표 상 선수수익으로 인식된다.

07 ④ 현금흐름표에서는 현금의 유, 출입을 영업, 투자, 재무활동으로 구분하여 보고한다.

08 ① 현금 150,000원 예금한 것이 당좌예금으로 기록된다.

09 ② 만기보유증권이나 단기매매증권으로 분류되지 않는 유가증권은 매도가능증권으로 분류한다.

10 ③ ① 선적지 인도조건인 경우에는 선적 시점에 소유권이 매입자에게 이전된다.
② 생산에 투입될 원재료는 재고자산에 포함된다.
④ 환급이 불가능한 수입관세는 매입부대비용에 포함된다.

11 ③ 선입선출법을 적용하면 기말재고자산은 최근에 구입한 상품의 원가로 구성되고, 매출원가는 과거에 구입한 상품의 원가로 구성된다.

12 ④ ① 장부금액은 취득원가에서 평가충당금을 차감한 순액을 의미한다.
② 저장품에 대한 설명이다.
③ 취득원가는 평가충당금 설정 전 금액을 의미한다.
④ 재고자산의 시가가 회복되는 경우 손실충당금 설정 전 본래의 장부금액을 한도로 환입이 가능하다.

13 ④ 토지와 건물은 그 보유 목적에 따라 영업활동에의 사용 목적이면 유형자산으로, 투자 등 비영업용이면 투자부동산으로 각각 분류한다.

14 ③ (1,200,000원 – 200,000원) × (15개월 ÷ 48개월) = 312,500원

15 ③　일반기업회계기준에서 영업권은 상각대상 무형자산에 해당한다.

16 ②　이연법인세자산은 회계와 세법의 차이로 인하여 발생하는 미래 세금 절감액이다.

17 ①　회사의 회계처리는 다음과 같다.

(차) 상품	200,000원	(대) 당좌예금	200,000원

올바른 분개는 다음과 같다.

(차) 상품	200,000원	(대) 외상매입금	200,000원

회사의 회계처리를 올바른 분개로 수정하기 위해서는 과소계상된 당좌예금과 외상매입금을 각각 증가시키는 분개가 필요하다.

18 ②　미지급금 1,500원 + 선수수익 1,000원 + 선수금 1,000원 + 예수금 1,500원 = 5,000원

19 ①　사채는 만기 이전이라도 조기상환 될 수 있다.

20 ④　일반기업회계기준에서는 미래 퇴직시점이 아닌 결산일을 기준으로 하여 퇴직급여충당부채를 추정한다.

21 ①　①은 자본조정에, ②,③,④는 자본잉여금에 각각 해당한다.

22 ②　아래와 같이 유상증자로 인하여 자본금과 자본잉여금이 증가하고 배당으로 인하여 이익잉여금이 감소하나, 자본조정에는 영향이 없다.

ㄱ. (차) 현금	1,000,000원	(대) 자본금	500,000원
		주식발행초과금	500,000원
		(자본잉여금)	
ㄴ. (차) 이익잉여금	1,000,000원	(대) 현금	1,000,000원

23 ①　수익은 통상적인 경영활동에서 발생하는 경제적 총유입을 의미한다.

24 ③   (30,000,000원 × 50%*) − 7,200,000원** = 7,800,000원
   * 2차년도 누적 공사진행률 = (5,280,000원 + 5,720,000원) ÷ 22,000,000원 = 50%
  ** 1차년도 공사수익 = 30,000,000원 × (5,280,000원 ÷ 22,000,000원) = 7,200,000원

25 ④   발생주의는 수익과 비용을 그것이 발생한 기간에 정당하게 배분되도록 처리하는 것이다.

26 ①   채무면제이익에 대한 설명이다.

27 ④   법인세비용은 회계상 순이익 전체에 대하여 산출한 것으로서, 영업비용이나 영업외비용으로 분류되지 않고 별도의 비용 계정을 사용한다.

28 ②   퇴직급여 10,000원 + 접대비 20,000원 + 연구비 15,000원 = 45,000원

29 ③

30 ③   ①,②,④는 차변금액과 대변금액의 차이를 발생시키지 않으므로 시산표 상의 합계 검증으로 발생 여부를 파악하기 어렵다.

31 ④   시산표의 차변합계와 대변합계는 일치하여야 하므로 차변 합계는 6,500,000원이다.
6,500,000원 = 현금및현금성자산 600,000원 + 매출채권 1,000,000원 + 재고자산 450,000원 + 토지 550,000원 + 건물 400,000원 + 매출원가 3,000,000원 + 판매비와관리비 + 법인세비용 100,000
∴ 판매비와관리비 = 400,000원

32 ②

보험료	(−) 200,000원
미지급보험료(부채) 증가액	(+) 50,000원
보험료 지급액(Cash Flow)	150,000원

33 ④　(1,060원 - 1,020원) × $100,000 = 4,000,000원 (손실)
　　　　(결산 시 화폐성외화부채를 보유한 경우 환율이 오를수록 외화환산손실이 발생한다.)

34 ②　기업내부전략보고서는 대외 공시가 요구되지 않는다.

35 ①　감사인이 의견표명에 필요한 충분한 감사증거를 수집하지 못하였을 경우 의견거절이 표명된다. 반
　　　　면, 감사범위의 제한이 없거나 중요하지 않고 재무제표에 기업회계기준 위배사항이 없거나 중요하지
　　　　않은 경우에는 적정의견이 표명된다.

36 ④　당좌비율 = (당좌자산 ÷ 유동부채) × 100%
　　　　∴ (750,000원* ÷ 1,000,000원**) × 100% = 75%
　　　　 * 현금및현금성자산 200,000원 + 매출채권 350,000원 + 단기매매증권 200,000원 = 750,000원
　　　　** 매입채무 400,000원 + 단기차입금 600,000원

　　　　유동비율 = (유동자산 ÷ 유동부채) × 100%
　　　　∴ (1,400,000원* ÷ 1,000,000원) × 100% = 140%
　　　　 * 당좌자산 750,000원 + 재고자산 650,000원 = 1,400,000원

37 ①　매출채권회수기간 = 360일 ÷ 매출채권회전율
　　　　∴ 360 ÷ 4회* = 90일
　　　　 * 90,000,000원 ÷ {(20,000,000원 + 25,000,000원) ÷ 2}

38 ②　① 자산(받을어음)이 증가하고 자산(외상매출금)이 감소한다.
　　　　② 부채(외상매입금)가 감소하고 수익(채무면제이익)이 증가한다. → 부채비율 하락
　　　　④ 자본(이익잉여금)이 감소하고 부채(미지급배당금)이 증가한다.

39 ③　매출원가율 = (1 - 매출총이익률)
　　　　매출액 - {매출액 × (1 - 40%)} - 판매비와관리비 420,000원 - 영업외비용 100,000원 = 법인세
　　　　차감전순이익 600,000원
　　　　∴ 매출액 = 2,800,000원

40 ③　주당순이익 = 당기순이익 ÷ 유통보통주식수
　　　　∴ 60,000,000원 ÷ (10,000,000원 ÷ 500원) = 3,000원

2024년

8회 2024년 12월 21일 시행

01	①	02	②	03	②	04	④	05	③
06	③	07	①	08	②	09	②	10	②
11	①	12	④	13	④	14	①	15	②
16	④	17	③	18	④	19	①	20	③
21	②	22	①	23	③	24	③	25	②
26	④	27	④	28	①	29	④	30	③
31	④	32	③	33	①	34	③	35	①
36	③	37	②	38	④	39	②	40	①

01 ①
② 건물은 보유목적에 따라 유형자산, 투자부동산 또는 재고자산으로 분류된다.
③ 재무상태표의 자산과 부채는 유동성이 큰 순서대로 보여주어야 한다.
④ 손익거래에서 발생한 잉여금은 이익잉여금으로 구분 표시한다.

02 ②
현금흐름표에서는 현금이 유, 출입을 영업, 투자, 재무활동으로 구분하여 보고한다.

03 ②
기초 대비 기말의 자본증가액 = 당기순이익 + 기타자본거래
42,500원*   기초자본 = 7,500원 − 3,000원
∴ 기초자본 = 38,000원
* 기말자본 = 기말자산 80,000원 − 기말부채 37,500원 = 42,500원

04 ④
직원을 채용한 사실 자체는 재무상태나 경영성과에 영향을 미치지 않으므로 회계상 거래에 해당하지 않는다.

05 ③
자산의 감소와 수익의 발생은 모두 대변에 나타난다.

06 ③
올바른 분개는 다음과 같다.
(차) 유형자산   70,000원   (대) 미지급금   70,000원
(일반적인 상품거래 이외에서 발생한 채무에 대해서는 미지급금 계정을 사용하여 회계처리 한다.)

07 ① ① 타인발행수표 100,000원 + 당좌예금 50,000원 = 150,000원

② 외상매출금 40,000원

③ 외상매입금 70,000원 + 지급어음 100,000원 = 170,000원

④ 현금및현금성자산 150,000원 + 매출채권 40,000원 = 190,000원

08 ② 대손상각비 = 대손추계액 3,000원 − 결산 전 잔액 2,000원 = 1,000원

09 ② (1) 단기매매증권처분손익 = (1,300원 − 1,500원) × 500주 = (−) 100,000원 (손실)

(2) 단기매매증권평가손익 = (1,600원 − 1,500원) × 500주 = 50,000원 (이익)

손익에 미치는 영향 = (1) + (2) = (−) 50,000원 (손실)

10 ② 매도가능증권처분손익 = (23,000원 − 25,000원*) × 80주 = (−) 160,000원 (손실)

* 취득가액 = 3,000,000원 ÷ 120주 = 25,000원

(매도가능증권평가손익은 당기손익이 아닌 기타포괄손익에 반영된다.)

11 ① 원가흐름의 가정에는 개별법, 선입선출법, 후입선출법 및 평균법이 있다.

정률법은 감가상각 방법에 해당한다.

12 ④ ① 도소매업을 영위하는 회사의 주요 재고자산은 상품으로 구성된다.

　(제품, 원재료, 저장품 등은 제조업을 영위하는 회사의 주요 재고자산을 구성한다.)

② 정상적인 영업활동 과정에서 판매를 목적으로 보유하는 경우 재고자산으로 분류한다.

③ 시송품은 비록 상품에 대한 점유가 이전되었더라도 매입자가 매입 의사를 표시하기 전까지는 판매자의 재고자산에 포함된다.

13 ④ 당기 재고자산 증감액 = 매입 300,000원 − 판매 400,000원 = (−) 100,000원

14 ① 비유동자산은 투자자산, 유형자산, 무형자산, 기타비유동자산으로 구분된다.

② 단기금융상품은 유동자산에 해당된다.

15 ② 올바른 분개는 다음과 같다.

(차) 현금및현금성자산	100,000원	(대) 기계장치	300,000원
감가상각누계액	100,000원		
유형자산처분손실	100,000원		

16 ④ ①은 재고자산, ②는 비용의 계정과목이다.
③ 내부창출영업권은 별도의 자산으로 인식될 수 없다.

17 ③ ㄴ.3,000,000원 + ㄷ.2,500,000원 = 5,500,000원
(ㄹ.은 유형자산, ㅁ.은 무형자산, ㅂ.은 유동자산(당좌자산)에 각각 해당되며, ㄱ.은 부채의 계정과목이다.)

18 ④

19 ① 채권자에게는 선급금, 채무자에게는 선수금이 발생한다.

20 ③ 사채의 액면금액을 초과하여 발행된 부분은 사채할증발행차금으로 회계처리 한다.

21 ② ① 퇴직금 추계액 전체가 퇴직급여충당부채로 계상되어야 한다.
③ 이자수익, 임대료, 수입수수료를 발생시점 이전에 선수한 경우 선수수익으로 분류한다.
④ 기간 경과로 만기가 1년 이내에 도래하게 된 사채는 유동성 대체한다.

22 ①

23 ③ ㄴ. 매출할인이나 매출에누리는 수익의 측정 시 차감한다.

24 ③

수정 전 당기순이익	200,000원
보험료 선급분	(+) 10,000원
임대료 미수분	(+) 40,000원
차입금 이자 미지급분	(−) 30,000원
대여금 이자 미수분	(+) 25,000원
수정 후 당기순이익	245,000원

25 ②

각 거래 시점별 분개는 다음과 같다.
20X1년 11월 10일
(차) 매출채권   1,000,000원*   (대) 매출액   1,000,000원
  * $1,000 × 1,000원 = 1,000,000원

20X1년 12월 31일
(차) 매출채권   200,000원*   (대) 외화환산이익   200,000원
  * $1,000 × (1,200원 - 1,000원) = 200,000원

20X2년 1월 5일
(차) 현금   1,100,000원*   (대) 매출채권   1,200,000원
   외환차손   100,000원
  * $1,000 × 1,100원 = 1,100,000원

26 ④

기부금은 무상으로 증여하는 금전, 기타 자산의 가액으로 정의되며, 영업외비용으로 분류된다.

27 ④

일반적인 기업은 중간예납을 포함하여 1년에 두 차례 법인세를 납부한다.

28 ①

영업비용에 해당하는 ㄱ, ㄹ, ㅁ을 고려하여야 한다.

29 ④

결산절차는 예비절차와 결산보고서 작성의 2단계로 이루어진다.

30 ③

시산표 상의 검증기능이 모든 유형의 오류를 식별할 수 있는 것은 아니다. 차변 − 대변 잔액 간 차이를 발생시키지 않는 유형의 오류는 시산표를 통해 파악할 수 없다.

31 ④   재무상태표 계정에 대한 설명이다.

32 ③   재고자산평가충당금이 결산 전 4,000,000원에서 결산 후 2,000,000원*으로 감소하므로, 재고자산
평가충당금환입이 2,000,000원 발생한다. 따라서 동 금액만큼 재고자산, 순이익 및 이익잉여금이
증가하게 된다.
* 재고자산 취득원가 25,000,000 - 기말 현재 순실현가능가치 23,000,000 = 재고자산평가충당금
　2,000,000원

33 ①   ② 퇴직급여충당부채는 누적된 금액이고, 퇴직급여는 당기 발생된 금액이다.
③ 감가상각누계액은 누적 금액이고, 감가상각비는 당기 발생된 금액이다.
④ 이익잉여금은 누적된 금액이고, 당기순이익은 당기 발생된 금액이다.

34 ③   선수수익 발생 시의 회계처리는 다음과 같으므로, 해당 회계처리가 누락되면 수익이 과대계상 되고
부채가 과소계상 된다.
(차) 수익　　　　　　　　XX　　(대) 선수수익　　　　　　　　XX

35 ①   재무제표의 일부가 기업회계기준에서 정하는 방법대로 회계처리 되지 않고, 이것이 재무제표에 중요
한 영향을 미치는 경우 한정의견이 표명된다.

36 ③   부채비율 = (부채 ÷ 자본) × 100%
∴ {(1,000,000원 + 2,500,000원) ÷ 4,000,000원} × 100% = 87.5%

37 ②   재고자산회전율 = 매출원가 ÷ 평균 재고자산
∴ 40,000,000원 ÷ 20,000,000원 = 2회

38 ④   ① 주당순이익은 주가수익비율을 산정하기 위한 기초자료이다.
②, ③ 주당순이익은 당기순이익을 유통보통주식수로 나누어 산정하므로, 당기순이익이 클수록 높아
진다.

39 ②

영업이익률 = (영업이익 ÷ 매출액) × 100%

∴ (2,000,000원* ÷ 4,000,000원) × 100% = 50%

* 매출액 4,000,000원 − 매출원가 1,500,000원 − 판매비와관리비 500,000원 = 2,000,000원

40 ①

회계관리2급 기출문제집

2026년 4월 27일 개정3판 발행

저 자 **삼일회계법인**

발행인 오　　연　　관

발행처 **삼일피더블유씨솔루션**

저 자 와
협 의 하 에
인 지 생 략

서울특별시 용산구 한강대로 273 용산빌딩 4 층
등록 : 1995. 6. 26 제 3 - 633 호
TEL : (02) 3489 - 3100
FAX : (02) 3489 - 3141

ISBN 979 - 11 - 6784 - 561-0　13320

정가　27,000 원

※ 파본은 구입하신 서점이나 출판사에서 교환해 드립니다.

※ 이 책을 무단복사, 복제, 전재하는 것은 저작권법에 저촉됩니다.

※ 수정사항 확인방법 : www.samili.com ⇒ 제품몰 ⇒ 해당 단행본 ⇒ 수정사항

※ '삼일인포마인'은 '삼일피더블유씨솔루션'의 단행본 브랜드입니다.
삼일인포마인 발간책자는 정확하고 권위 있는 해설의 제공을 목적으로 하고 있습니다. 다만
그 완전성이 항상 보장되는 것은 아니고 또한 특정사안에 대한 구체적인 의견제시가 아니므로,
적용결과에 대하여 당사가 책임지지 아니합니다. 따라서 실제 적용에 있어서는 충분히 검토
하시고, 저자 또는 능력있는 전문가와 상의하실 것을 권고합니다.